Je pratique

exercices de GRAMMAIRE

B1
du Cadre européen

Christian BEAULIEU

Didier

Conception graphique couverture et intérieur : Isabelle AUBOURG

Illustrations : Marlene POHLE

Réalisation P.A.O. : SYNTEXTE

 - ISBN 978-2-278-05281-1 - Dépôt légal 05821/01
Imprimé en France

Avant-propos

Public et niveau

Ce cahier d'activités s'adresse à de grands adolescents ou à des adultes ayant déjà acquis les niveaux A1 et A2 en français. Il présente des activités d'entraînement correspondant au niveau B1 du *Cadre européen commun de référence pour les langues* et peut être utilisé en classe ou en autonomie.

Objectif

Toutes les activités doivent permettre aux apprenants de fixer et de maîtriser progressivement les règles de grammaire préalablement étudiées.

Forme et contenu

Ce cahier est divisé en cinq unités : *Le groupe nominal*, *Le groupe verbal*, *Les mots invariables*, *La phrase* et *Exprimez*. Chaque unité se compose de plusieurs chapitres.

Le nombre d'activités varie en fonction de l'importance du thème abordé. La **difficulté est progressive** et le **champ lexical est toujours homogène**. De nombreux exercices **sont contextualisés** afin d'être le plus proche des situations de communication réelles. Figurent également dans ce cahier plus d'une centaine de **documents authentiques**.

Parmi les thèmes abordés figurent les goûts, la santé, le sport, la musique, la nourriture, le logement, l'actualité, les transports, les voyages, l'éducation, le travail, l'argent, la littérature...

Les activités sont variées dans leur forme afin de rendre l'apprentissage plus ludique.

Évaluation

À la fin de chaque chapitre de chaque unité, plusieurs activités récapitulatives servent d'auto-évaluation à l'apprenant. Une note sur 10 points pour toutes les activités permet d'évaluer le degré d'acquisition.

Mémento grammatical/Tableaux de conjugaison

À la fin des activités, l'apprenant pourra se référer, en cas de besoin, à un mémento grammatical simplifié ainsi qu'à un tableau de conjugaisons.

Index

Un index en fin d'ouvrage permet à l'apprenant de repérer toutes les activités dans le cahier pour un même point de grammaire pouvant être traité dans différentes unités.

Corrigés

Des corrigés sont disponibles en fin d'ouvrage afin de vérifier les réponses.

L'auteur

Sommaire

Unité 1

Le groupe nominal

PAGES

1 Les adjectifs

Mémento p. 252

1 **Complétez le texte de Théophile Gautier et retrouvez le dessin correspondant à la description.**

Au premier plan, un orme au tronc couvert de mousse,
Dans la brume hochant sa tête **chauve** (chauve) et .... (roux) ;
Une mare d'eau .... (sale) où plongent les canards,
Assourdissant l'écho de leurs cris .... (nasillard) ;
Quelques .... (rare) buissons où pendent des fruits .... (aigre),
Comme un pauvre la main, tendant leurs branches .... (maigre) ;
Une .... (vieux) maison, dont les murs mal .... (fardé)
Bâillent de toutes parts largement .... (lézardé).
Au second, des moulins dressant leurs .... (long) ailes,
Et découpant en noir leurs linéaments .... (frêle)
Comme un fil d'araignée à l'horizon .... (brumeux),
Puis, **tout au fond** Paris, Paris .... (sombre) et .... (fumeux),
où déjà, points .... (brillant) au front des maisons .... (terne),
Luisent comme des yeux des milliers de lanternes ;
Paris avec ses toits .... (déchiqueté), ses tours
Qui ressemblent de loin à des cous de vautours,
Et ses clochers .... (aigu) à flèche .... (dentelé),
Comme un peigne .... (mordant) la nue .... (échevelé).

Théophile GAUTIER, « Point de vue », *Albertus...*, 1832.

❑ **a.**

❑ **b.**

❑ **c.**

2 **Choisissez la bonne réponse.**

Oluf a bientôt quinze ans. Son caractère devient de plus en plus (**inexplicable**/blanc), sa physionomie, quoique parfaitement (embarrassante/belle), est d'une expression (antique/embarrassante) ; il est (velouté/blond) comme sa mère, avec tous les traits de la race du Nord ; mais sous son front (illuminé/blanc) comme la neige que n'a rayée encore ni le patin du chasseur ni maculée le pied de l'ours, et qui est bien le front de la race (antique/belle) des Lodbrog, scintille entre deux paupières (doucereux/orangées) un œil aux (longs/noirs) cils (noirs/longs), un œil de jais (illuminé/antique) des (orangées/fauves) ardeurs de la passion (italienne/velouté), un regard (velouté/noirs), (blanc/cruel) et (longs/doucereux) comme celui du maître chanteur de Bohême.

Théophile GAUTIER, *Le Chevalier double*, 1840.

3 **Accordez les adjectifs.**

Des poussières pleines de lumière

[...] L'hiver au pays Rebeillard était toujours une saison **étincelante** (étincelant). Chaque nuit la neige descendait .... (serré) et .... (lourd). Les villes, les villages, les fermes du Rebeillard dormaient .... (enseveli) dans ces .... (épais) nuits .... (silencieux). De temps en temps toutes les poutres d'un village craquaient, on s'éveillait, les .... (épais) nuages battaient des ailes au ras de terre en froissant les forêts. Mais tous les matins arrivaient dans un .... (grand) ciel sans nuages, ... (lavé) par une .... (petit) brise .... (tranchant). À peine sorti de l'horizon, le soleil .... (écrasé) par un azur .... (terrible) ruisselait de tous côtés sur la neige .... (gelé) ; le plus .... (maigre) buisson éclatait en cœur de flamme. Dans les forêts .... (métallique) et .... (solide) le vent ne pouvait pas remuer un .... (seul) rameau ; il faisait seulement jaillir sur l'embrasement .... (blanc) des embruns d'étincelles. Des poussières .... (plein) de lumière couraient sur le pays. [...]

Jean GIONO, *Le Chant du Monde*, Gallimard, 1933.

4 À partir des noms entre parenthèses, retrouvez les adjectifs et accordez-les.

M. Hippolyte Patard avait cette particularité d'être tantôt un **petit** (la petitesse) vieillard .... (la fraîcheur) et .... (la rosée), ... (l'amabilité) et .... (le sourire), ... (l'accueil), ... (la bienveillance), ... (le charme), que tout le monde à l'Académie appelait « mon .... (la bonté) ami » excepté les domestiques bien entendu, bien qu'il fût plein de prévenances pour eux, leur demandant alors des nouvelles de leur santé ; et tantôt, M. Hippolyte Patard était un .... (la petitesse) vieillard tout .... (la sécheresse), ... (la jaunisse) comme un citron, ... (la nervosité), ... (la fâcherie), ... (la bile). Ses meilleurs amis appelaient alors M. Hippolyte Patard : « Monsieur le secrétaire .... (la perpétuité) », ... (la grosseur) comme le bras, et les domestiques n'en menaient pas large.

Gaston LEROUX, *Le Fauteuil hanté*, 1909.

5 Placez les adjectifs.

libertines – dissimulées – **méchantes** – vraies – laides – sensées – pleines d'esprit – petites – éclairées – libérales – discrètes

Et les voilà embarqués dans une querelle interminable sur les femmes ; l'un prétendant qu'elles étaient bonnes, l'autre **méchantes** : et ils avaient tous deux raison ; l'un sottes, l'autre .... : et ils avaient tous deux raison ; l'un fausses, l'autre .... : et ils avaient tous deux raison ; l'un avares, l'autre .... : et ils avaient tous deux raison ; l'un belles, l'autre .... : et ils avaient tous deux raison ; l'un bavardes, l'autre .... ; l'un franches, l'autre .... ; l'un ignorantes, l'autre .... ; l'un sages, l'autre .... ; l'un folles, l'autre .... ; l'un grandes, l'autre .... : et ils avaient tous deux raison.

Denis DIDEROT, *Jacques le fataliste et son maître*, 1773.

6 Complétez les phrases avec les adjectifs et accordez-les. Attention à leur place !

Exemple : *petit/excellent* → *Cette Renault est une* ***excellente petite*** *voiture.*

a. premier/vrai → Il vient d'acheter son .... 4 x 4.

b. jeune/splendide → Je te présente une .... pilote : Vanessa.

c. gros/beau → Voici une voiture qui rivalise avec les plus .... cylindrées.

d. dernier/grand → Dans ce musée tu verras les .... berlines des années 1950.

e. curieux/autre → Il possède aussi deux .... tractions avant.

f. rare/vieux → La robe de cette Mercedes est d'un .... rose.

g. fabuleux/vieux → Après le déjeuner, nous partirons à bord d'une des .... voitures américaines.

h. seul/joli → C'est actuellement la .... décapotable sur le marché.

7 **Retrouvez l'adjectif à partir des définitions et faites comme dans l'exemple.**

sale – jeune – triste – grand – **curieux** – pauvre – brave – seul – heureux

Exemple : *Un enfant qui s'intéresse à beaucoup de chose :* ***un enfant curieux.***
Un enfant bizarre : ***un curieux enfant.***

a. Un homme de haute taille : ....
Un génie, un héros : ....

b. Un unique élève : ....
Un élève non accompagné : ....

c. Un type qui ne s'est pas lavé : ....
Un type très désagréable : ....

d. Une femme sans argent : ....
Une femme malheureuse : ....

e. Un ministre peu avancé en âge : ....
Un ministre relativement moins âgé que les autres : ....

f. Un gagnant qui a de la chance : ....
Un gagnant qui exprime le bonheur : ....

g. Un individu qui a du chagrin : ....
Un individu qui a mauvaise réputation, peu recommandable : ....

h. Un homme courageux : ....
Un homme bon, honnête : ....

Évaluation 1

❶ Choisissez la bonne réponse. /10 points

Au lieu de l'air (**fétide/**fétides) et (cadavéreux/cadavéreuse) que j'étais accoutumé à respirer en ces veilles (funèbre/funèbres), une (langoureux/langoureuse) fumée d'essences (orientaux/orientales), je ne sais quelle (amoureux/amoureuse) odeur de femme, nageait doucement dans l'air (attiédi/attiédie). Cette (pâle/pâles) lueur avait plutôt l'air d'un demi-jour (ménagée/ménagé) pour la volupté que de la veilleuse au reflet (jaune/jaunes) qui tremblote près des cadavres. Je songeais au (singulier/singuliers) hasard qui m'avait fait retrouver Clarimonde au moment où je la perdais pour toujours, et un soupir de regret s'échappa de ma poitrine.

Théophile GAUTIER, « La Morte amoureuse », in *Contes et récits fantastiques*, 1836.

❷ Accordez les adjectifs. /10 points

Le **vieil** (vieux) homme était .... (maigre) et .... (sec), avec des rides comme des coups de couteau sur la nuque. Les taches .... (brun) de cet inoffensif cancer de la peau que cause la réverbération du soleil sur la mer des Tropiques marquaient ses joues ; elles couvraient presque entièrement les deux côtés de son visage ; ses mains portaient les entailles .... (profond) que font les filins au bout desquels se débattent les .... (lourd) poissons. Mais aucune de ces entailles n'était .... (récent) : elles étaient .... (vieux) comme les érosions d'un désert sans poissons. Tout en lui était .... (vieux), sauf son regard, qui était .... (gai) et .... (brave), et qui avait la couleur de la mer.

Ernest HEMINGWAY, *Le vieil Homme et la Mer* ; Traduction Jean Dutourd, Gallimard, 1952.

3 Complétez le texte. /20 points

a. dominicaine – inventive – **bouleversante** – soignée – chaleureux – musical – goûteuse – souriants – cosy

Aux Couleurs du Monde

Quelle bonne surprise ! ★★★
Cuisine : Excellent/Accueil : Excellent/Décor : Excellent

La découverte de ce restaurant a été **bouleversante** tout simplement !

Une cuisine du monde ……………………………, ……………………………, ……………………………, un accueil des plus …………………………… et que de couleurs dans notre assiette, à découvrir sans plus attendre !

Bravo à cette famille qui a ouvert ce restaurant …………………………… et …………………………… à la fois où l'on se laisse bercer par un fond …………………………… de la République …………………………… 20/20 !

b. fine – excellent – chaleureux – bonne – délicieuse

Soirée en amoureux ★★★
Cuisine : Excellent/Accueil : Excellent/Décor : Excellent

C'est réellement une …………………………… adresse, l'accueil est ……………………………, la cuisine ……………………………, …………………………….
Un …………………………… souvenir pour mon 25e anniversaire.

c. raffinée – idéal – parfait – petit – correct – bonne – bon

Trop fort ★★★
Cuisine : Excellent/Accueil : Excellent/Décor : Très Bien

Très …………………………… …………………………… resto, …………………………… pour LE dîner en amoureux, cuisine …………………………… avec une …………………………… carte.
Prix très …………………………… . ……………………………, à recommander.

Extrait de : http://www.restoaparis.com/avis-restaurant-paris/75017-5000-1.

2 Les indéfinis

Mémento p. 252

1 Complétez les phrases avec *quelqu'un de / d', personne de / d', quelque chose de / d'* ou *rien de / d'*.

Exemple : ***Quelqu'un de*** *très beau m'a ouvert la porte.*

a. Je n'ai .... vu .... intéressant dans ce magasin.

b. À part un jeune vendeur, ... autre ne m'a renseigné.

c. Il lui a dit qu'il recherchait .... utile pour la maison.

d. Dans cette boutique il n'y avait .... compétent.

e. Ma sœur s'est acheté .... très chic ici la semaine dernière.

f. Nous recherchons .... sérieux pour s'occuper de la comptabilité.

g. Vous ne trouverez .... bon marché à cet étage.

h. Ils ont embauché .... un peu trop jeune au rayon hi-fi, tu ne trouves pas ?

2 Dites le contraire.

Exemple : *Il a peint* ***quelque chose d'****intéressant.* → *Il* ***n'a rien*** *peint* ***d'****intéressant.*

a. Vous connaissez quelqu'un de célèbre actuellement en peinture dans cette ville ?

→ ....

b. Elle n'a rien de spécial à me dire sur cet artiste.

→ ....

c. Tu as rencontré quelqu'un d'original à la Biennale ?

→ ....

d. On a acheté quelque chose d'exceptionnel dans cette galerie.

→ ....

e. Je n'ai rien de nouveau à te montrer.

→ ....

f. Il y a quelque chose de spirituel dans son œuvre.

→ ....

g. Mes amis ont parlé avec quelqu'un de passionnant au vernissage.

→ ....

3 Complétez avec *tel, tels, telle* ou *telles*.

Exemple : *1 000€ ? Mais je n'ai pas une* ***telle*** *somme !*

a. .... banque chère sur les frais d'opposition sera bon marché sur les retraits dans d'autres réseaux.

b. Tu es à quelle banque pour avoir de .... frais ?

c. En cas de litige, il vous appartient d'apporter la preuve que .... travail vous a été commandé pour .... montant.

d. Jamais je n'ai fait une .... affaire. Tant d'argent pour un simple rêve.

e. Avec de .... moyens, il pourrait envisager de racheter cette entreprise.

f. Qui pourra vivre avec un .... salaire, surtout s'il lui est interdit, comme la loi le fixe, d'occuper en même temps un autre emploi ?

g. Comment a-t-elle pu faire un .... emprunt ?

h. Avec de .... revenus, ce foyer appartient aux 2 % les plus aisés en France.

4 Remplacez *comme* par *tel que, tels que, telle que*, ou *telles que*.

Exemple : *Une femme* ***comme*** *toi devrait faire de la politique.*
→ *Une femme* ***telle que*** *toi devrait faire de la politique.*

a. Aujourd'hui, on trouve difficilement des parents comme les tiens.

→ ....

b. Le souvenir d'une artiste comme Cynthia doit nous inciter à poursuivre la lutte.

→ ....

c. Des chefs comme Bertrand et Jean-Claude sont de plus en plus rares.

→ ....

d. Je n'aimerais pas avoir des employées comme Vanessa et Ludivine.

→ ....

e. Comment peut-on licencier une personne comme Martine ?

→ ....

f. Nous avons peu d'amies comme Cécile et Anne.

→ ....

g. Il est difficile de trouver pire qu'un homme comme notre voisin.

→ ....

h. Un enfant comme le vôtre ferait le bonheur de tous les parents.

→ ....

5 **Complétez avec *un(e) autre, d'autres, l'autre, les autres, d'autre.***

Exemple : *Non merci pas aujourd'hui mais* ***une autre*** *fois peut-être.*

a. Je préférerais .... à droite là-bas, à côté de la tarte aux fraises.

b. Nous aimons beaucoup vos madeleines. En avez-vous .... ?

c. Ces chocolats sont délicieux. Est-ce qu'on peut en prendre ...., un dernier ?

d. Ces macarons sont très bons mais .... que tu avais apportés la dernière fois étaient meilleurs.

e. Finissez le café, je vais en faire ....

f. .... jour ma mère avait préparé un excellent Kouign-aman.

g. Tu veux .... crêpe ? Moi, j'en mangerais bien ....

h. Paul avait acheté six bouteilles de cidre. Je n'en vois que deux. Où sont .... ?

6 **Associez les éléments (plusieurs possibilités).**

a. Ils travaillent dans → **8. la même société.**

b. Il commence plus tôt, nous n'avons pas

c. Stéphane est moins bon, il n'a pas

d. Elles commencent à

e. Ce sont toujours

f. Vous utilisez encore

g. Mon salaire n'a pas changé, c'est

h. Pour les autres lettres dois-je utiliser

i. C'est la deuxième fois que vous faites

1. les mêmes clients qui se plaignent.

2. les mêmes ordinateurs ?

3. le même depuis trois ans.

4. le même format ?

5. les mêmes compétences que Luc.

6. les mêmes horaires.

7. la même erreur.

8. la même société.

9. la même heure.

a8 ; **b**.............. ; **c**.............. ; **d**.............. ; **e**.............. ; **f**.............. ; **g**.............. ; **h**.............. ; **i**..............

7 **Complétez les titres des chansons avec *même, mêmes, le même, la même* ou *les mêmes.***

Exemple : *Toujours* ***les mêmes*** *histoires (Jeff Toto Blues).*

a. On vit tous .... histoire (William Sheller).

b. Toutes .... (Chimène Badi).

c. Boire dans .... rêve (Maurane).

d. Ce matin .... (Tino Rossi).

e. Requiem pour moi-.................................... (Lofofora).

f. Nés sous .... étoile (IAM).

g. Faisons notre bonheur nous-.................................... (Jean Lumière).

h. C'est toujours .... refrain (Claude François).

8 **Complétez avec *aucun(e), nul(le), quelque part, nulle part, quiconque, quelconque, différent(e)s, un(e) certain(e), certain(e)s,* ou *n'importe quel(le).***

Une pensée

Il m'est arrivé de dire **quelque part**, ... ne peut le nier que / qu'.................................... nombre de personnes ont des talents oratoires. Leurs envolées lyriques arrivent à avoir un grand effet sur le public. Ces orateurs n'ont .... mal à convaincre les foules et je défie .... d'essayer de les en empêcher. .... bon orateur peut faire passer ses idées lors d'un .... rassemblement. Sa voix semble sortie de .... si ce n'est du texte. .... auront une autre opinion sur la question mais je crois qu'il s'agit là d'un don de la nature car les .... orateurs que j'ai pu entendre savent captiver leur auditoire par un magnétisme personnel.

9 **Complétez avec *tout, toute* ou *toutes.***

Exemple : *Cette Mercedes est **toute** petite.*

a. Mon scooter est .... rouge.

b. Nous avons retrouvé les voitures .... rayées.

c. L'intérieur est .... en cuir.

d. Elle conduit .... seule ?

e. Je vais .... simplement la revendre.

f. Il avait laissé les portières .... ouvertes.

g. Ton vélo est .... léger.

h. Leurs motos sont .... neuves.

10 **Cochez la bonne réponse.**

Exemple : *Dehors, les enfants jouent (☒ tous ❑ toutes) ensemble.*

a. Mes fils sont (❑ tous ❑ toutes) bruns.

b. Les cousines de Nicolas chantent (❑ tous ❑ toutes) dans le chœur symphonique de Paris.

c. On est (❑ tous ❑ toutes) frères et sœurs.

d. Dans cette famille ils font (❑ tous ❑ toutes) du vélo.

e. Sa tante, son oncle et sa nièce pèsent (❑ tous ❑ toutes) plus de cent kilos chacun.

f. Dans cet établissement, les écolières portent (❑ tous ❑ toutes) un uniforme.

g. Nos grands-parents sont (❑ tous ❑ toutes) décédés.

h. Les jeunes filles de cet âge rêvent (❑ tous ❑ toutes) du prince charmant.

11 **Posez des questions et répondez-y.**

Exemples : *Tu / écrire les cartes postales ?*
– Tu as écrit toutes les cartes postales ?
– Oui, je les ai toutes écrites.

a. Vous / prendre les magazines ?

.... ?

....

b. Il / apporter les journaux ?

.... ?

....

c. Ils / rendre les livres à la bibliothèque ?

.... ?

....

d. Elle / transporter les brochures ?

.... ?

....

e. Elles / déchirer le cahier ?

.... ?

....

f. Vous / lire toute la presse ?

.... ?

....

g. Il / étudier l'œuvre de Zola ?

.... ?

....

h. Tu / consulter les archives ?

.... ?

....

12 Répondez aux questions.

Exemple : *Tous ces bus vont à l'aéroport ?* → ***Oui ils y vont tous.***

a. Tous les bagages sont dans la voiture ?

→ ....

b. Toutes tes amies ont un passeport ?

→ ....

c. Toutes tes affaires logent dans la valise ?

→ ....

d. Toutes les hôtesses parlent anglais ?

→ ....

e. Tous les avions de la compagnie sont des airbus ?

→ ....

f. Tous les billets ont été vendus ?

→ ....

g. Tous les passagers ont embarqué ?

→ ....

h. Toutes les valises ont des roulettes ?

→ ....

13 **Répondez comme dans l'exemple.**

Exemple : *Vous avez essayé toutes ces robes ?*
→ Non, nous ne les avons pas toutes essayées, nous en avons essayé seulement quelques-unes.

a. Maria a repassé tous les pantalons ?
Non, → ....

b. Tu as lavé toutes mes chemises ?
Non, → ....

c. Le tailleur a pris toutes les mesures ?
Non, → ....

d. Tu as brossé toutes les chaussures ?
Non, → ....

e. Vous avez commandé tous ces polos ?
Non, → ....

f. Ta femme a jeté tous tes vêtements ?
Non, → ....

g. Alice et Hyacinthe ont trouvé toutes les ceintures ?
Non, → ....

h. Mathieu a loué tous les costumes ?
Non, → ....

Évaluation 2

1 Complétez avec les propositions suivantes. /10 points

toutes – toute – **tous** (adjectif) – quelque chose (2 fois) – rien – personne – tous (adverbe) – chaque – quelque – certaines

[…] Pour **tous** les éléments qui dans la vie et ses situations contrastées se rapportent à l'amour, le mieux est de ne pas essayer de comprendre, puisque, dans ce qu'ils ont d'inexorable comme d'inespéré, ils semblent régis par des lois plutôt magiques que rationnelles. [p. 92]

[…] Or, le même mystère qui dérobe souvent aux yeux la cause des catastrophes, quand il s'agit de l'amour, entoure tout aussi fréquemment la soudaineté de .... solutions heureuses. Solutions heureuses ou du moins qui paraissent l'être, car il n'y en a guère qui le soient réellement quand il s'agit d'un sentiment d'une telle sorte que .... satisfaction qu'on lui donne ne fait généralement que déplacer la douleur. Parfois pourtant une trêve est accordée et l'on a pendant .... temps l'illusion d'être guéri. [p. 93]

[…] Je l'aimais et ne pouvais par conséquent la voir sans ce trouble, sans ce désir de .... de plus qui ôte, auprès de l'être qu'on aime, la sensation d'aimer. [p. 126]

[…] Nous sommes .... obligés, pour rendre la réalité supportable, d'entretenir en nous quelques petites folies. [p. 200]

[…] La permanence et la durée ne sont promises à ...., pas même à la douleur. [p. 247]

[…] L'adolescence est le seul temps où l'on ait appris .... [p. 368]

[…] On ne reçoit pas la sagesse, il faut la découvrir soi-même après un trajet que .... ne peut faire pour nous, ne peut nous épargner, car elle est un point de vue sur les choses. [p. 526]

[…] .... être est détruit quand nous cessons de le voir ; puis son apparition suivante est une création nouvelle, différente de celle qui l'a immédiatement précédée, sinon de .... [p. 588]

Marcel Proust, *À l'ombre des jeunes filles en fleurs* (extraits), Gallimard, 1919.

2 Choisissez la bonne réponse pour retrouver des proverbes. **/10 points**

a. *Chacun / Tout / Aucun* pour soi et Dieu pour tous.

....

b. *Tout / Quelque chose / Rien ne* vaut son chez-soi.

....

c. À *certains / quelque chose / n'importe qui* malheur est bon.

....

d. La nuit, *tous les / quelques / certains* chats sont gris.

....

e. Amour fait beaucoup mais argent fait *n'importe quoi / quelque chose / tout.*

....

f. *Toute / Pas une / Chaque* vérité n'est pas bonne à dire.

....

g. *Quelques / Tous les / Plusieurs* goûts sont dans la nature.

....

h. Il ne faut jurer de *rien / n'importe quoi / tout le monde.*

....

i. À cœur vaillant, *tout / rien / personne* d'impossible.

....

j. *Tout / Rien n' / Chacun* est bien qui finit bien.

....

3 Les pronoms relatifs

Mémento p. 254

Pronoms simples (*qui*, *que*, *où*, *dont*)

1 Transformez les phrases.

Exemple : *Une personne m'a appelé ce matin. C'est le directeur des ressources humaines.*
→ *La personne* ***qui*** *m'a appelé ce matin est le directeur des ressources humaines.*

a. Un homme a remplacé Yvette, la directrice commerciale. Il arrive de Bombay.

→ ....

b. Je voudrais rencontrer la nouvelle interprète. Elle parle huit langues.

→ ....

c. Gérard est un contremaître. Il passe son temps à crier après son personnel.

→ ....

d. Une entreprise pharmaceutique m'emploie. Elle exporte dans le monde entier.

→ ....

e. Il y a des contrats sur le bureau. Ils doivent être envoyés avant 17 h 00.

→ ....

f. Jacques est un comptable. Il vient d'être embauché.

→ ....

g. Il y a une machine à l'entrée. C'est une pointeuse.

→ ....

h. Une société a licencié 250 employés. Elle est poursuivie en justice.

→ ....

2 Complétez les phrases (attention aux accords !).

Exemple : *Ils viennent d'acheter une voiture. C'est une Renault ?*
→ *Oui, la voiture* ***qu'****ils viennent d'acheter est une Renault.*

a. Tu as une moto. Elle est neuve ?

→ Oui la moto ....

b. Elles ont trouvé un vélo. Il était en bon état ?

→ Oui le vélo ....

c. Il a eu un accident. C'était grave ?

→ Non, l'accident ....

d. Vous avez pris une assurance. Elle est tous risques ?

→ Oui l'assurance ....

e. Tu as croisé des motards. Ils ne portaient pas de casque ?

→ Non, les motards ....

f. Elle a renversé un piéton. C'était son voisin ?

→ Oui, le piéton ....

g. Ils ont payé une amende. Elle était de 1 000 € ?

→ Oui, l'amende ....

h. Vous conduisez un camion en Australie. Il fait 50 mètres de long ?

→ Oui le ....

3 **Répondez aux questions.**

Exemple : *Dans cet immeuble, il est interdit d'introduire de la viande ?*
→ *Oui, c'est un immeuble* ***où*** *il est interdit d'introduire de la viande.*

a. Dans ce restaurant, les desserts sont bons ?

→ ....

b. Dans ce pays, il y a beaucoup de végétariens ?

→ ....

c. Dans cette région, la gastronomie est réputée ?

→ ....

d. Dans ce café, on peut rencontrer des célébrités ?

→ ....

e. Dans cette pizzeria, on peut réserver une table ?

→ ....

f. Dans ce village, on peut trouver des spécialités locales ?

→ ....

g. Dans cette auberge, on mange bien ?

→ ....

h. Dans cette foire, tous les produits sont issus de l'agriculture biologique ?

→ ....

4 Transformez les phrases.

Exemple : *Je connais un restaurant. Son chef est très original.*
→ Je connais un restaurant ***dont*** *le chef est très original.*

a. Ils ont trouvé un éleveur. Ses canards sont excellents.
→ ....

b. Cet hôtel a un nouveau chef pâtissier. Ses gâteaux sont divins.
→ ....

c. Nous sommes allés dans le Périgord. La spécialité est le foie gras.
→ ....

d. Tu m'avais parlé d'une auberge près de Dijon. Les escargots étaient excellents…
→ ....

e. Vous avez déjeuné au Relais Créole ? Le patron est martiniquais.
→ ....

f. Lorsque je travaillais à l'usine, mon épouse tenait une gargote. Nous en étions propriétaires.
→ ....
....

g. Rue des Moines, vous trouverez une vieille taverne. Le sommelier s'appelle Martin.
→ ....

h. La Cornue est une très vieille brasserie. On trouve sa trace dès 1366.
→ ....

5 Transformez les phrases.

Exemple : *Je t'ai parlé d'un nouveau logiciel. Je vais te le montrer.*
→ Je vais te montrer le nouveau logiciel ***dont*** *je t'ai parlé.*

a. Il s'est occupé du nouveau projet. Il va t'en parler.
→ ....

b. Ils ont besoin d'informations sur le nouveau MP4. Elles vont leur en donner.
→ ....

c. Nous avons discuté du mode d'emploi du site « Fac de droit virtuelle ». Tu peux me l'expliquer?
→ ....

d. Mon fils a envie du nouvel ordinateur portatif. Je vais le lui acheter.

→ ....

e. Clarisse a fait l'acquisition d'un écran plat. Elle en est très contente.

→ ....

f. Nous avons un nouveau virus informatique. Nous en sommes très inquiets.

→ ....

g. Vous avez profité d'une réduction sur l'ensemble du matériel informatique. Elle est exceptionnelle.

→ ....

h. Arpanet est un réseau. Internet est issu de ce réseau

→ ....

6 Remettez le texte dans l'ordre.

Sauvé par la littérature

a. ne cesse de se renouveler. Sexagénaire aujourd'hui et auteur d'une trentaine de romans, Modiano vient de donner avec son dernier livre – intitulé sobrement *Un pedigree* – une nouvelle preuve de son talent de « susciteur » d'émotions et, surtout, d'« évocateur » hors pair d'univers troubles, à la fois énigmatiques et familiers. Ces mondes sont ceux du Paris sous l'occupation nazie et de l'après-guerre, en noir et blanc, peuplés de trafiquants en tout genre, d'hommes et de femmes louches et paumés. L'écrivain a connu de près ces êtres de l'ombre, et a exploré tout au long de son œuvre, quelque peu hantée, leurs secrets et leurs mystères. Il revient dans son nouvel ouvrage qui

b. tire son matériau des turbulences de sa vie avant l'écriture, dont

c. date la vraie naissance de Patrick Modiano.

d. **On dit que la littérature française est finie. Après les existentialistes, le néant ! Ceux qui**

e. se déroule, au premier plan, la vie dévastée d'un jeune Parisien mal aimé de ses parents. Ballotté d'appartements vides et sinistres en internats où

f. n'est pas un roman, mais un texte autobiographique où

g. les lectures sont surveillées, le jeune homme ne se libérera de la pesanteur de son passé qu'en entrant dans la littérature à vingt-trois ans, lorsque son premier roman, *La Place de l'Étoile*, sera accepté par un éditeur. C'est de ce jour que

h. proclament cela n'ont sans doute pas lu Patrick Modiano. Ce romancier qui

i. la parole étranglée par la violence du souvenir lutte pour se maintenir en équilibre précaire sur le seuil du silence, porte haut, depuis près de quarante ans, le drapeau d'une littérature française qui

Ordre du texte : **d.** ; ....

Thirthankar CHANDA, critique littéraire, *Label France*, n° 58, 2ᵉ trimestre 2005, ministère des Affaires étrangères.

7 Complétez le texte avec *qui, où* ou *dont*.

Neal Asher, *L'Écorcheur*, Fleuve noir, Paris, 2005, 305 pages.

Neal Asher est un auteur anglais d'une quarantaine d'années, qui a déjà publié cinq romans et nombre de nouvelles. Ce roman .... le titre original est *The Skinner* (2002) a obtenu le prix *SF Reviews Best Book*. Il semble que ce soit son premier roman traduit en France, mais une de ses nouvelles, « Spatterjay », ... renvoie au même univers que *L'Écorcheur*, a été traduite dans *Bifrost 38*. [...]

Le roman mêle plusieurs trajectoires dans cet univers .... la faune est dangereuse au possible, la flore imprévisible et .... des armes impensables sont utilisées. [...]. Mais ce cocktail exerce une grande fascination. Le thème est cependant plus reconnaissable : il s'agit d'un ou de plusieurs voyages en bateau .... convergent vers l'île .... se recompose l'Écorcheur. Quant à ce dernier, il vise la destruction de l'ensemble des marins .... s'y rendent afin « d'effacer » toute trace de ses propres crimes...

Évidemment, on aura compris que je ne donne là qu'une vague idée de cet univers, de ces personnages et de leurs affrontements .... font de ce roman une sorte de chef-d'œuvre.

Pronoms composés

8 Transformez les phrases en utilisant *ce que* ou *ce qui*.

Exemple : *Qu'est-ce que vous voulez ?*
→ ***Dites-moi ce que vous voulez.***

a. Qu'est-ce qui l'intéresse ?
→ ....

b. Qu'est-ce qui lui plaît ?
→ ....

c. Qu'est-ce qu'ils savent ?
→ ....

d. Qu'est-ce qui ne va pas ?
→ ....

e. Qu'est-ce que je peux faire pour vous ?

→ ....

f. Qu'est-ce qui est arrivé ?

→ ....

g. Qu'est-ce qui va se passer ?

→ ....

h. Qu'est-ce qu'ils pensent de ça ?

→ ....

9 Complétez les phrases avec *ce que (qu')*, *ce qui*, *ce à quoi* ou *ce dont*.

Exemple : ***Ce que*** *je souhaite, c'est d'abord comprendre* ***ce qui*** *s'est passé.*

a. Elle ne sait pas .... elle veut.

b. Dites-moi .... ne va pas.

c. .... nous avons peur, c'est qu'elle refasse une dépression.

d. Je n'ai pas compris .... vous disiez.

e. Tu n'as aucune idée de .... il fait ?

f. Nous savons très bien .... nous avons échappé.

g. Saviez-vous .... ils avaient besoin ?

h. C'était finalement mieux que .... on s'attendait.

10 Complétez avec *celui qui*, *celle(s) qui* ou *ceux qui*.

Exemple : *Léonard de Vinci, c'est* ***celui qui*** *a peint Mona Lisa, la Joconde.*

a. Samuel de Champlain, c'est .... a fondé la ville de Québec.

b. Pierre et Marie Curie, ce sont .... ont découvert la radioactivité.

c. Marguerite Yourcenar, c'est .... a écrit *Les Mémoires d'Hadrien.*

d. Charles Garnier, c'est .... a construit l'opéra de Paris.

e. Les sœurs Tatin, ce sont .... ont inventé la tarte qui porte leur nom.

f. Jeanne d'Arc, c'est .... a délivré Orléans le 8 mai 1429.

g. Les frères Lumière, ce sont .... ont inventé le cinéma.

h. Saint-Louis, c'est .... rendait la justice sous un chêne.

11 Répondez aux questions en utilisant *celui que / qui, celle(s) que / qui* ou *ceux que / qui*.

Exemple : *Tu as trouvé les disques que tu cherchais ?*
→ *Non, je n'ai pas trouvé **ceux que** je cherchais ; j'en ai trouvé d'autres.*

a. Il a choisi la chaîne hi-fi qu'il avait vue hier ?

→ Non, ...

....

b. Vous êtes allé dans le magasin que je vous avais montré ?

→ Non, ...

....

c. Elle a acheté le modèle qui était en promotion ?

→ Non, ...

....

d. Ils ont commandé les albums qu'ils voulaient ?

→ Non, ...

....

e. Tu as enregistré les cassettes de flamenco qui étaient sur le piano ?

→ Non, ...

....

f. Il a écouté l'opéra que je lui ai offert ?

→ Non, ...

....

g. Vous avez pris les CD que nous vous avions conseillés ?

→ Non, ...

....

h. Elles leur ont offert la version que je préfère ?

→ Non, ...

....

12 **Répondez aux questions en utilisant *celui, celle(s)* ou *ceux qui / que (qu') / où / dont*.**

Exemple : *Je voudrais un dictionnaire.*
– Lequel ? (En haut à gauche.)
*– **Celui qui** est en haut à gauche.*
– Lequel ? (Je l'ai vu dans la vitrine.)
*– **Celui que** j'ai vu dans la vitrine.*

a. Je voudrais un roman italien.

– Lequel ? (*Vous m'en avez parlé.*)

– ....

b. Je voudrais une brochure.

– Laquelle ? (*Votre assistant vient de la distribuer.*)

– ....

c. Je voudrais les magazines.

– Lesquels ? (*Christian me les a mis de côté.*)

– ....

d. Je voudrais retourner à la librairie.

– Laquelle ? (*Nous y sommes allés hier matin.*)

– ....

e. Je voudrais un guide sur le Japon.

– Lequel ? (*Il est édité par Gallimard.*)

– ....

f. Je voudrais une méthode pour apprendre le russe.

– Laquelle ? (*Elle permet de l'apprendre en 80 jours.*)

– ....

g. Je voudrais consulter les archives du journal.

– Lesquelles ? (*On a perdu les microfilms de ces archives.*)

– ....

h. Je voudrais aller à la bibliothèque.

– Laquelle ? (*On y trouve des livres rares et anciens.*)

– ....

13 Faites une phrase en utilisant parfois une préposition simple et les pronoms relatifs *lequel, laquelle*... (attention aux contractions : *au(x)quel(s), duquel...* !).

Exemple : *Ce sont des instruments / on ne peut pas jouer avec ces instruments.*
→ *Ce sont des instruments* ***avec lesquels*** *on ne peut pas jouer.*

a. J'aime beaucoup la salle de concert / Tu habites en face de cette salle.
→ ....

b. La virtuosité était impressionnante / Le pianiste a joué avec virtuosité.
→ ....

c. Ce sont des spectacles / Je préfère ne pas y penser.
→ ....

d. L'opéra était magnifique / Nous avons assisté à un opéra.
→ ....

e. La maison de disques a fait faillite / Il joue pour cette maison de disques.
→ ....

f. La personne est ma voisine / Vous avez eu un billet grâce à elle.
→ ....

g. Le chef d'orchestre s'est désisté / Vous comptiez sur lui.
→ ....

h. L'homme est Riccardo Muti / Je suis assis en face de lui.
→ ....

14 Complétez les réponses.

Exemple : *C'est avec cet appareil que vous faites vos photos ?*
→ *C'est exact, c'est l'appareil* ***avec lequel*** *je fais mes photos.*

a. C'est au Kenya qu'il a pris le plus de clichés.
→ C'est exact, c'est le pays ....

b. C'est grâce à Cartier-Bresson qu'elle s'est lancée dans cette voie.
→ C'est exact, c'est le photographe ....

c. C'est pour cet artiste que tu te battrais jusqu'au bout ?
→ C'est exact, c'est l'artiste ....

d. C'est sur cette montagne qu'il a pris ce lever de soleil ?

→ C'est exact, c'est la montagne ....

e. C'est à votre mère que vous avez dédié votre dernier livre ?

→ C'est exact, c'est la personne ....

f. C'est contre l'académisme que vous vous battez ?

→ C'est exact, c'est une chose ....

g. C'est dans cette expo qu'ils présentent leurs dernières œuvres ?

→ C'est exact, c'est l'expo ....

h. C'est à cause de cette photo qu'il a été mis en prison ?

→ C'est exact, c'est la photo ....

15 **Complétez les phrases avec les prépositions simples (*à, dans, chez, sur, pendant, pour, avec*...) et les pronoms relatifs qui conviennent (*qui, quoi, lequel, laquelle*...).**

Exemple : *L'arme* ***avec laquelle*** *la victime a été tuée n'a pas encore été retrouvée.*

a. C'est la date .... la personne a été déclarée coupable de l'acte criminel désigné.

b. C'est un État .... les avocats sont presque toujours d'accord avec le procureur.

c. Il y a des preuves écrites .... la défense peut s'appuyer.

d. La personne .... la police a découvert la drogue a nié appartenir à un réseau.

e. J'ai assisté à tout le procès .... il a été condamné à trois ans de prison.

f. La violence .... ils ont frappé la victime est incroyable.

g. .... sert ce procès cinquante ans après ?

h. Les prisons .... se trouvent les détenus sont insalubres.

Évaluation 3

1 Complétez l'extrait de Maupassant avec *qui, que (qu'), où, ce qui* ou *d'où*. /10 points

Je fis, voilà cinq ans, un voyage en Corse. Cette île sauvage est plus inconnue et plus loin de nous que l'Amérique, bien qu'on la voie quelquefois des côtes de France, comme aujourd'hui.

Figurez-vous un monde encore en chaos, une tempête de montagnes **que** séparent des ravins étroits **où** roulent des torrents ; pas une plaine, mais d'immenses vagues de granit et de géantes ondulations de terre couvertes de maquis ou de hautes forêts de châtaigniers et de pins. [...]. C'est là même .... frappe le plus en ce superbe et dur pays : l'indifférence héréditaire pour cette recherche des formes séduisantes .... on appelle l'art.

L'Italie, ... chaque palais, plein de chefs-d'œuvre, est un chef-d'œuvre lui-même, ... le marbre, le bois, le bronze, le fer, les métaux et les pierres attestent le génie de l'homme, ... les plus petits objets anciens .... traînent dans les vieilles maisons révèlent ce divin souci de la grâce, est pour nous tous la patrie sacrée .... l'on aime parce qu'elle nous montre et nous prouve l'effort, la grandeur, la puissance et le triomphe de l'intelligence créatrice. [...]

Donc, depuis un mois, j'errais à travers cette île magnifique, avec la sensation que j'étais au bout du monde. Point d'auberges, point de cabarets, point de routes. On gagne, par des sentiers à mulets, ces hameaux accrochés au flanc des montagnes, ... dominent des abîmes tortueux .... l'on entend monter, le soir, le bruit continu, la voix sourde et profonde du torrent. On frappe aux portes des maisons. On demande un abri pour la nuit et de quoi vivre jusqu'au lendemain. Et on s'assoit à l'humble table, et on dort sous l'humble toit ; et on serre, au matin, la main tendue de l'hôte .... vous a conduit jusqu'aux limites du village.

Guy de MAUPASSANT, *Le Bonheur*, 1884.

2 Choisissez la bonne réponse. /10 points

a. Nous organisons une fête [...] vous êtes invités.

☒ à laquelle ❑ qui ❑ que ❑ dont

b. Le Carnaval de Rio est une fête magique [...] se côtoient la musique, la littérature et la lumière.

❑ laquelle ❑ dont ❑ où ❑ duquel

c. Le 14 juillet est, depuis la Révolution française, l'occasion de festivités pour les républicains [...] commémorent la prise de la Bastille.

❏ qui ❏ où ❏ à laquelle ❏ que

d. Autrefois, certaines célébrations donnaient lieu à de grands rassemblements et à des défilés [...] participaient des milliers de gens.

❏ auxquels ❏ que ❏ dont ❏ qui

e. On s'est rencontrés chez une amie [...] c'était l'anniversaire.

❏ que ❏ dont ❏ qui ❏ laquelle

f. [...] m'intéresse en ce moment c'est organiser des soirées à thème.

❏ Ce que ❏ Ce qui ❏ Lequel ❏ Ceux qui

g. Je ne comprends pas la raison [...] tu ne veux pas venir à son mariage.

❏ pour lequel ❏ pour qui ❏ pour quoi ❏ pour laquelle

h. Voilà le numéro de téléphone [...] vous pouvez joindre le DJ.

❏ que ❏ où ❏ dont ❏ qui

i. Ma fille ne sait pas [...] elle va mettre pour le bal des débutantes.

❏ qui ❏ qu' ❏ ce qu' ❏ où

j. Les gens au milieu [...] nous étions à ce cocktail, étaient tous des artistes.

❏ auxquels ❏ que ❏ desquels ❏ où

k. [...] il pense, c'est à s'amuser! C'est tout!

❏ Ce à laquelle ❏ Ce à quoi ❏ Ce à qu' ❏ Ce à qui

3 Complétez les phrases avec les pronoms relatifs (parfois avec préposition) qui conviennent. *…/10 points*

Exemple : *L'accord* ***auquel*** *ils sont parvenus facilite l'obtention d'un visa.*

a. L'ambassade .... je t'ai parlé se trouve à 200 mètres d'ici.

b. Ce sont les visas .... tu ne pourrais pas t'installer aux USA.

c. Es-tu d'accord avec la proposition .... il t'a faite ?

d. Pouvez-vous me passer le service .... s'occupe des passeports ?

e. Vous pouvez joindre le service .... il faut s'adresser pour un renouvellement de passeport au numéro suivant : ...

f. Le courage .... a fait preuve l'ambassadeur est exemplaire.

g. Le consul est une personne .... tu peux compter.

h. J'aurai droit au rapatriement .... j'ai souscrit un contrat.

i. En .... concerne la délivrance des visas, il faut s'adresser au service consulaire de l'Ambassade à Paris.

j. On vous posera des questions sur votre université d'accueil, vos projets d'études, le but de voyages effectués dans des pays .... les États-Unis n'entretiennent pas de relations diplomatiques.

4 Complétez avec un pronom relatif. /10 points

Mon interlocuteur, au téléphone, m'avait dit que la maison était la seule du côté de la forêt, sur la route .... partait à gauche de l'Hôtel Bellevue, « à trois quatre cents mètres ». Arrivé devant l'hôtel, ne voyant pas de route .... parte sur la gauche, j'avais pris .... partait à droite. Après un moment, comme je roulais lentement car je n'étais pas sûr d'être sur la bonne route, je distinguai une forme blanche à travers les arbres. Je garai la voiture contre un talus et je descendis : sur un panneau de bois était inscrit « La Sylphide ». C'était bien ici !

Un homme poli aux traits moyen-orientaux vint m'ouvrir. Oui, il savait que je venais pour une visite, me dit-il. Non, Monsieur Hégrault n'était pas encore là mais il n'allait pas tarder. Et d'un geste il m'invita à entrer. C'était sans doute l'ami égyptien .... Monsieur Hégrault m'avait parlé, ... habitait ici en permanence et gardait la maison.

La pièce .... je pénétrai, assez haute de plafond, avec un curieux pilier torsadé au milieu, évoquait une salle de vente. Sur un côté un long banc d'église, en partie recouvert par des tapis, bloquait l'accès à des bow-windows .... les volets étaient fermés. Le long des murs se trouvaient un meuble de rangement haut et vitré en noyer foncé, des étagères, un piano droit en faux ébène, un buffet des années trente avec des formes courbes et lisses en bois clair plaqué, ... était installée une chaîne stéréophonique réglée sur une station de radio de variétés françaises, et, disséminés dans la pièce, cinq ou six fauteuils, pas deux identiques ; au mur des gravures ou des petites huiles de femmes en tenue légère ; partout des bibelots [...]

De la cuisine venaient des voix d'hommes .... je ne voyais pas, causant tranquillement. Mais j'entrevis un instant une femme, à peine vingt ans, dans un étroit *jean* bleu clair, les cheveux blonds coupés courts, l'un des mannequins .... m'avait parlé Monsieur Hégrault au téléphone certainement...

André CABANNES, « La Sylphide », *Fontainebleau*, mars 1998.
Disponible sur : http://www.lapasserelle.com/sylphide.html

4 Les pronoms compléments

Mémento p. 254

Les pronoms personnels

1 Mettez D si le pronom complément est direct ou I s'il est indirect.

Exemple : *Tu **me** recommandes ce restaurant ?* **I**
*Patrick **m'**invite chez Lucas Carton.* **D**

a. Retrouvez-**nous** à La Tour d'Argent à 20 h 00. ....

b. On **nous** a proposé d'essayer le Carré des Feuillants. ....

c. Tu **me** réserves une table chez Alain Ducasse au Plaza Athénée ? ....

d. Eiko **t'**a emmené au Grand Véfour ? ....

e. Je **vous** rappelle que nous dînons à l'Ambroisie. ....

f. Françoise et Sylvia **m'**ont fait découvrir la cuisine d'Alain Passard : un délice ! ....

g. Nous **te** conseillons d'aller à l'Atelier de Joël Robuchon ....

h. Ferrante et Giuseppina **vous** ont vus chez Pierre Gagnaire vendredi soir. ....

2 Répondez aux questions.

Exemple : *Nous t'avons informé des changements ? Oui vous **m'**avez informé des changements.*

a. Ils vous ont mis au courant ?
Oui, ...

b. Elle t'a expliqué la situation ?
Oui, ...

c. Vous nous avez appelés ?
Non, ...

d. Tu m'as répondu ?
Non, ...

e. On m'a laissé un message ?
Non, ...

f. Il nous a parlé ?
Oui, ...

g. Elles t'ont raconté l'histoire ?
Oui, ...

h. Je vous ai dit ce qui s'est passé ?

Non, ...

❸ Faites des phrases au passé composé (accordez les participes passés).

Exemple : *Nous / mettre / l'écharpe → Nous **l'**avons mis**e**.*

a. Ils / choisir / les chaussures

→ ....

b. Vous / ne pas faire / l'ourlet

→ ....

c. On / essayer / la veste

→ ....

d. Je / ne pas casser / les lunettes

→ ....

e. Elle / porter / le pantalon

→ ....

f. Tu / déchirer / la chemise

→ ....

g. Il / ne pas prendre / les bottes

→ ....

h. Elles / acheter / le sac à main

→ ....

❹ Soulignez la bonne réponse.

Exemple : *Je (le / la / l' / **lui**) ai donné une montre.*

a. Nous (leur / la / l' / les) avons invités à dîner.
b. Ils (le / l' / lui / leur) ont reçue par politesse.
c. Elle (le / l' / les / leur) a offert un cadeau.
d. Tu (le / la / l' / lui) as envoyé le faire-part ?
e. On (lui / leur / l' / le) paie par carte ?
f. Il (la / lui / l' / leur) a acceptée sans hésiter.
g. Vous (le / la / l' / lui) avez porté chance.
h. Elles (le / la / les / leur) ont gagnés dans une tombola.

5 Mettez les phrases à l'impératif.

Exemple : *Il faut que tu nous racontes une histoire.*
→ ***Raconte-nous** une histoire !*

a. Il faut que vous leur chantiez une chanson.

→ ....

b. Il ne faut pas que nous la fassions rire.

→ ....

c. Il faut que tu me dises que tu m'aimes.

→ ....

d. Il ne faut pas que vous l'énerviez.

→ ....

e. Il faut que tu les prennes sur tes genoux.

→ ....

f. Il ne faut pas que vous me chatouilliez.

→ ....

g. Il faut que nous l'embrassions.

→ ....

h. Il faut que tu lui donnes de tes nouvelles.

→ ....

6 Placez le pronom au bon endroit.

Exemple : *(le) Ils veulent **le** faire parler.*

a. (y) L'accusé aurait dû penser.

....

b. (les) La police va arrêter.

....

c. (me) Le voleur a voulu prendre mon sac mais il n'a pas réussi.

....

d. (leur) Elle a choisi de mentir mais cela a aggravé son cas.

....

e. (nous) L'assassin ne pouvait pas voir là où nous étions.

....

f. (en) Le témoin a décidé de ne pas parler.

....

g. (te) Tu peux compter sur Maître Barou, il saura défendre.

....

h. (lui) Le juge est venu parler de cette affaire.

....

7 Remplacez-le(s) mot(s) souligné(s) par un pronom (attention à l'emplacement dans la phrase).

Exemple : *L'immigration désigne l'entrée, dans un pays, d'étrangers qui viennent séjourner dans ce pays et travailler dans ce pays.*
→ *L'immigration désigne l'entrée, dans un pays, d'étrangers qui viennent* ***y*** *séjourner et* ***y*** *travailler.*

a. La plupart des États cherchent à contrôler l'immigration.

→ ....

b. Le caractère illégal du séjour des migrants clandestins, sans permis de séjour en règle, interdit donc aux migrants clandestins de bénéficier des droits qui sont accordés aux habitants de leur pays de résidence.

→ ....

....

....

c. Les sociétés civiles se sont emparées du problème des « sans-papiers » à travers des associations, des institutions religieuses et des ONG.

→ ....

....

d. Jusqu'en 1992, les étrangers placés en zone d'attente étaient considérés comme n'étant pas entrés en France, et situés dans une « zone internationale » où la loi française n'était pas censée s'appliquer, ce qui permettait à l'administration de maintenir les étrangers sans limite de durée, sans règles ni contrôle.

→ Jusqu'en 1992, [...] ....

....

....

e. Le gouvernement britannique de Tony Blair envisage de modifier le statut des demandeurs d'asile en accordant aux demandeurs d'asile un droit de séjour limité à cinq ans et non permanent.

→ Le gouvernement britannique [...] ....

....

f. Comme chaque année, parmi les nombreux candidats à la carte verte aux États-Unis, 50 000 ont obtenu la carte verte.

→ ....

....

g. Les Pieds-Noirs affirment que les Français ont accueilli les Pieds-Noirs avec indifférence en 1962.

→ ....

h. La plupart des réfugiés ont été accueillis dans un camp et ont reçu de la nourriture et de l'eau.

→ ....

8 Répondez aux questions.

Exemple : *Tu as vu le match de rugby hier à la télé ? → Oui, je **l'**ai vu.*

a. Mireille Dumas a présenté son émission *Vie privée, vie publique* ?

→ Oui, ...

b. Vous avez enregistré le film *Astérix et Obélix : mission Cléopâtre* ?

→ Oui, ...

c. Les invités ont parlé de leur situation personnelle ?

→ Non, ...

d. Le journaliste a interviewé les enfants ?

→ Non, ...

e. Il faut sortir les mouchoirs à la fin du film ?

→ Non, ...

f. Avant cela tu avais déjà participé à un programme télévisé ?

→ Non, ...

g. Gérard Jugnot a fait un film récemment ?

→ Oui, ...

h. Tu as reconnu les voix du doublage ?

→ Non ....

9 Complétez le texte avec un pronom complément.

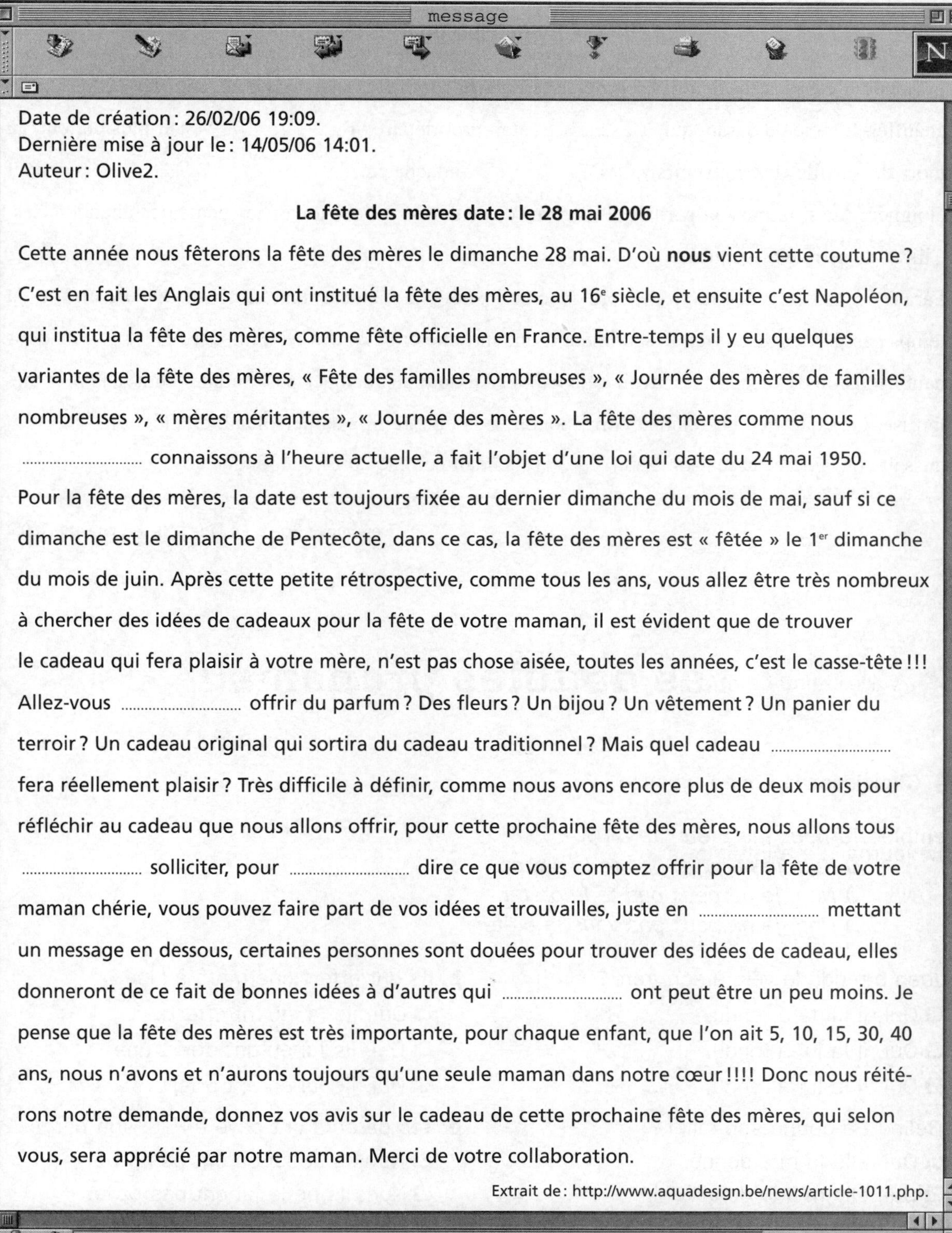

message

Date de création : 26/02/06 19:09.
Dernière mise à jour le : 14/05/06 14:01.
Auteur : Olive2.

La fête des mères date : le 28 mai 2006

Cette année nous fêterons la fête des mères le dimanche 28 mai. D'où **nous** vient cette coutume ? C'est en fait les Anglais qui ont institué la fête des mères, au 16e siècle, et ensuite c'est Napoléon, qui institua la fête des mères, comme fête officielle en France. Entre-temps il y eu quelques variantes de la fête des mères, « Fête des familles nombreuses », « Journée des mères de familles nombreuses », « mères méritantes », « Journée des mères ». La fête des mères comme nous .... connaissons à l'heure actuelle, a fait l'objet d'une loi qui date du 24 mai 1950. Pour la fête des mères, la date est toujours fixée au dernier dimanche du mois de mai, sauf si ce dimanche est le dimanche de Pentecôte, dans ce cas, la fête des mères est « fêtée » le 1er dimanche du mois de juin. Après cette petite rétrospective, comme tous les ans, vous allez être très nombreux à chercher des idées de cadeaux pour la fête de votre maman, il est évident que de trouver le cadeau qui fera plaisir à votre mère, n'est pas chose aisée, toutes les années, c'est le casse-tête !!! Allez-vous .... offrir du parfum ? Des fleurs ? Un bijou ? Un vêtement ? Un panier du terroir ? Un cadeau original qui sortira du cadeau traditionnel ? Mais quel cadeau .... fera réellement plaisir ? Très difficile à définir, comme nous avons encore plus de deux mois pour réfléchir au cadeau que nous allons offrir, pour cette prochaine fête des mères, nous allons tous .... solliciter, pour .... dire ce que vous comptez offrir pour la fête de votre maman chérie, vous pouvez faire part de vos idées et trouvailles, juste en .... mettant un message en dessous, certaines personnes sont douées pour trouver des idées de cadeau, elles donneront de ce fait de bonnes idées à d'autres qui .... ont peut être un peu moins. Je pense que la fête des mères est très importante, pour chaque enfant, que l'on ait 5, 10, 15, 30, 40 ans, nous n'avons et n'aurons toujours qu'une seule maman dans notre cœur !!!! Donc nous réitérons notre demande, donnez vos avis sur le cadeau de cette prochaine fête des mères, qui selon vous, sera apprécié par notre maman. Merci de votre collaboration.

Extrait de : http://www.aquadesign.be/news/article-1011.php.

10 **Complétez le texte avec un pronom complément.**

Une maison de famille

Louée l'été à des familles bordelaises, on **la** fermait l'hiver pour éviter de .... chauffer. L'amie de Sarah, qui .... était propriétaire, n' .... venait plus du tout : la mort de sa fille, les souvenirs qui s' .... attachaient, ... tenaient éloignée. Aussi la maison gardait-elle cet air de renfermé qu'ont toutes les demeures abandonnées. Climat de serre ou de musée.

Sarah .... découvrit d'abord avec curiosité, à la manière dont un touriste visite un site du temps passé. Mais, très vite, le sentiment d'une intimité croissante s'était imposé, ... donnant l'illusion d' .... avoir déjà habité. Au bout de quelques pas, Sarah n'était déjà plus une intruse. Quoique rien ne semblât correspondre à sa culture ni à sa personnalité, elle s' .... laissait convaincre : la maison .... attendait comme après une longue absence.

Dominique BONA, *La Ville d'Hiver*, Grasset, 2005.

Les doubles pronoms

11 **Choisissez la bonne réponse.**

Exemple : *Tu peux me prêter ta BMW ?*
- ☒ *Non, je ne peux pas te la prêter.*
- ❑ *Non, je ne peux pas te le prêter.*
- ❑ *Non, je ne peux pas vous la prêter.*

a. Jean a rendu le vélo à son frère ?
- ❑ Oui, il lui le a rendu.
- ❑ Oui, il la lui a rendu.
- ❑ Oui, il le lui a rendu.

b. Ils ont offert une moto à Lise ?
- ❑ Oui, ils la lui ont offerte.
- ❑ Oui, ils lui en ont offert une.
- ❑ Oui, ils lui en ont offert.

c. Céline t'a donné son billet ?
- ❑ Oui, elle la m'a donné.
- ❑ Oui, elle m'a la donné.
- ❑ Oui, elle me l'a donné.

d. Tes parents ont payé à Paul son permis ?
- ❑ Non ils ne lui en ont pas payé.
- ❑ Non, ils ne le lui ont pas payé.
- ❑ Non, ils ne lui l'ont pas payé.

e. Il faut que j'emmène Élodie à l'arrêt de bus ?
- ❑ Oui, il faut que tu l'y emmènes.
- ❑ Oui, il faut que t'y l'emmènes.
- ❑ Oui, il faut que tu la y emmènes.

f. Tu veux que je te passe mon scooter ?
- ❑ Oui, passes-le-moi !
- ❑ Oui, passes-moi-le !
- ❑ Oui, passe-le-moi !

g. Le policier a mis une amende à Loïc ?
- ❑ Non, il ne lui en a pas mis.
- ❑ Non, il ne lui en a pas mis une.
- ❑ Non, il ne la lui a pas mise.

h. Vous avez vendu vos voitures à Luc et Rose ?
- ❑ Oui, nous les leur avons vendu.
- ❑ Oui, nous les leur avons vendus.
- ❑ Oui, nous les leur avons vendues.

12 Répondez aux questions en utilisant les doubles pronoms (attention aux accords).

Exemple : *Michèle vous a raconté l'histoire ?*
→ *Oui, elle* ***me l'****a racontée****e****.*

a. Nicolas et Pritha avaient dit la vérité à François ?
→ Non, ils ....

b. Vous avez révélé votre secret à vos parents ?
→ Non, nous ....

c. Je t'avais avertie de son départ ?
→ Oui, tu ....

d. Tu me feras connaître tes intentions ?
→ Oui, je ....

e. On vous avait montré notre rapport ?
→ Non, vous ....

f. Frédéric a exposé ses idées à Dominique ?
→ Oui, il ....

g. Nous avions promis aux gendarmes de les aider ?
→ Oui, nous ....

h. Alice et Hyacinthe t'ont vu à la discothèque ?
→ Oui, elles ....

13 Complétez comme dans l'exemple.

Exemple : *Cynthia, tu peux me rendre mes clés, s'il te plaît ?*
*– Mais, je **te les** ai rendu**es** !*
*– Non et je voudrais que tu **me les** rendes !*

a. Papa, tu peux me prêter de l'argent ?

– .... !

– .... !

b. Madame, pouvez-vous envoyer la facture à Siddarth et Julie ?

– .... !

– .... !

c. Fanny, tu peux m'inscrire au golf ?

– .... !

– .... !

d. Éric, Rita, pouvez-vous nous réserver une table ?

– .... !

– .... !

e. Luc, est-ce que tu peux offrir des roses à Marina ?

– .... !

– .... !

f. Annick et Jean-Pierre, est-ce que vous pouvez me donner vos coordonnées ?

– .... !

– .... !

g. Sylvie, peux-tu réciter ton alphabet devanagari (hindi) à Viral ?

– .... !

– .... !

h. Patrick et Adriana, pouvez-vous dire à Pascal d'arrêter de chanter ?

– .... !

– .... !

14 Complétez les phrases avec un double pronom.

Exemple : *C'est l'anniversaire de Sandra, je vais acheter des fleurs et* ***les lui*** *offrir. (offrir)*

a. Reprends tes disques ! Je n'en veux plus : ne .... pas ! (laisser)

b. Aujourd'hui on fête les trente ans de Claude-Julie et Gil. Regarde la tarte, c'est moi qui .... (apporter)

c. Voici Hubert et voici son cadeau : .... ! (donner)

d. Vous avez vu la bague que Stéphanie a eue pour ses fiançailles ? Elle .... ? (montrer)

e. Jacques et Jean-François viendront au baptême, je .... (proposer) et ils ont accepté.

f. Fabrice a demandé la main de Corinne à ses parents, ils .... (accorder)

g. Où est notre récompense ? Tu .... (promettre)

h. C'est toi qui as voulu qu'elle organise cette fête ! C'est toi qui .... (pousser)

15 Transformez les phrases.

Exemple : *Dites à Brice de recompter la caisse !* → ***Dites-le-lui !***

a. Ne parle pas aux cadres du plan de licenciement ! → ....

b. Présentez-nous votre projet ! → ....

c. Donne-moi un autre dossier ! → ....

d. Ne confions pas nos intérêts à ce banquier ! → ....

e. Envoyez-moi votre stagiaire ! → ....

....

f. N'expédiez pas de produits avec des défauts aux clients ! → ....

....

g. Demandons au directeur de nous augmenter ! → ....

....

h. Annonce la bonne nouvelle aux employés ! → ....

Évaluation 4

1 Choisissez la bonne réponse. /10 points

— Je (nous / vous) ramène un chien de compagnie, tiens, je (te / lui) (l' / les) offre, maman et pour ma jolie sœur son rossignol, dit le garçon en (la / lui) tendant la cage.

— Mais, il chante ! s'écria Yan Li.

— Oui, grâce à cette jeune femme, répondit Zimzoua en prenant son amie par la main.

Maman, j'ai retrouvé ta bague au cœur de rubis.

Et, un peu hésitant, il ajouta en (le / lui) tendant le bijou qu'il avait été chercher dans le cœur du dragon :

— Je (te / la) présente ma fiancée, elle s'appelle Zhen Lane.

— Merci, mon fils, dit la femme.

Elle était contente et joyeuse. Il y avait si longtemps que Zimzoua ne (l' / les) avait pas vu sourire.

Et elle reprit en (lui / la) rendant la bague :

— Garde-(la / leur), tu (l' / lui) offriras à ta femme le jour où tu te marieras, elle est si belle et a l'air si gentille !

Extrait de : http://www.crdp-nantes.cndp.fr/ressources/dossier/conte_chinois/Conte_chinois_Lurcat.pdf.
CRDP des Pays de la Loire, http://crdp-nantes.fr

2 Complétez le dialogue. /10 points

Demande en mariage

MARCO : Je t'ai invitée dans ce restaurant car j'ai une grande nouvelle à t'annoncer. Muriel, je voudrais .... épouser.

MURIEL : Euh…

MARCO : Tu hésites ? Tu ne .... aimes pas ?

MURIEL : Si… non… enfin, il faut que tu .... laisses réfléchir…

MARCO : Mais, du temps, tu .... as eu depuis le temps qu'on vit ensemble.

MURIEL : Oui, mais là, c'est pas pareil. Je ne m' .... attendais pas…

MARCO : Qu'est-ce qui se passe, Muriel ? Tout ce que tu as voulu, je .... ai donné. Tu voulais une maison au bord de la mer, tu .... as eue. Tous les voyages que tu as voulu faire, tu .... as faits. Les vêtements, les séances chez la coiffeuse et l'esthéticienne, tout cela tu .... as eu, non ?

MURIEL : Mais Marco, il ne s'agit pas de cela… je…

Unité 2

Le groupe verbal

PAGES

Mémento p. 256

Le passé composé

1 Complétez l'extrait au passé composé.

J'ai soutenu son corps chancelant. J' .... (porter) dans mes bras ce corps souffrant et défaillant. J' .... (guider) ses sorties, j' .... (surveiller) chacun de ses pas; je l' .... (conduire) et .... (accompagner) partout où il .... (vouloir); je l' .... (aider) toujours à rentrer, à monter, à descendre; j .... (écarter) de son unique pied l'embûche et l'obstacle. J' .... (préparer) son siège, son lit, sa table. Bouchée à bouchée, je lui .... (faire) prendre quelque nourriture. J' .... (mettre) à ses lèvres les coupes de boisson, afin qu'il se désaltérât.

Isabelle RIMBAUD, *Mon frère, Arthur Rimbaud.*

2 À partir des éléments, posez des questions sur la biographie d'Arthur Rimbaud.

Exemple : ***Où*** *Arthur Rimbaud* ***est-il né ?***

– Naissance à Charleville-Mézières, dans les Ardennes.
– Trois frères et sœurs.
– Plusieurs fugues à Paris et en Belgique.
– Envoi de sa fameuse *Lettre du voyant* à Paul Verlaine.
– Tir de Verlaine sur Rimbaud pour cause de dispute.
– Composition d'*Une Saison en enfer* à Roche.
– Jusqu'en 1879, nombreux voyages : Italie, Hollande, Afrique, Suède, Chypre.
– Vie en Abyssinie à la fin de sa vie.
– Mort le 10 novembre 1891.

a. ....

b. ....

c. ....

d. ....

e. ....

f. ....

g. ....

h. ....

i. ....

3 Racontez la journée de cette mère de famille.

Réveil par la chaleur à 8 h. Recouchage. Levée d'Aurélie une demi-heure plus tard. Moi aussi. Après le petit-déjeuner, dernière répétition des filles encore en pyjama. Ensuite, sortie des tenues. Coiffage d'Aurélie pour lui faire des tresses. À midi et demi, déjeuner. Cadeaux des filles pour la fête des pères. Vers 13 h 30, habillage des filles. À 14 h 00 : Conservatoire pour une répétition (nous). Début de l'arrivée des gens. Remplissage de la salle. Danse des filles pendant une heure. Régal des parents. Retour à la maison vers 16 h 00. Goûter et DVD (*Les 101 Dalmatiens*) des filles. Enfin, bain (froid), repas (froid). Filles endormies à 21 h 00.

La chaleur **m'a réveillée** à 8 heures. ....

L'imparfait

4 Complétez la chanson avec les éléments proposés.

se sentait – se roulait – se disait – approchait – profilait – étions – déposait – revenait – partait (2 fois) – mettait – avait (4 fois) – était (2 fois)

À Bicyclette

Quand on **partait** de bon matin
Quand on .... sur les chemins
À bicyclette
Nous .... quelques bons copains
Y'.................................... Fernand y'.................................... Firmin
Y'.................................... Francis et Sébastien
Et puis Paulette
On .... tous amoureux d'elle
On .... pousser des ailes
À bicyclette
Sur les petits chemins de terre
On a souvent vécu l'enfer
Pour ne pas mettre pied à terre
Devant Paulette
Faut dire qu'elle y .... du cœur
C'.................................... la fille du facteur
À bicyclette
Et depuis qu'elle .... huit ans
Elle avait fait en le suivant
Tous les chemins environnants
À bicyclette
Quand on .... la rivière
On .... dans la fougère
Nos bicyclettes
Puis on .... dans les champs
Faisant naître un bouquet changeant
De sauterelles, de papillons
Et de rainettes

Quand le soleil à l'horizon
.... sur tous les buissons
Nos silhouettes
On .... fourbus contents
Le cœur un peu vague pourtant
De n'être pas seul un instant
Avec Paulette
Prendre furtivement sa main
Oublier un peu les copains
La bicyclette
On .... c'est pour demain
J'oserai, j'oserai demain
Quand on ira sur les chemins
À bicyclette

À Bicyclette
Auteur : Pierre Barouh – Compositeur : Francis Lai.
Éditions Saravah/Éditions 23.

5 Complétez l'extrait à l'imparfait.

[...] Les autres jours, c'**était** (être) Monoprix donc. Elles .... (mettre) plus d'une heure à parcourir deux cents mètres, ... (goûter) la nouvelle Danette, ... (répondre) à des sondages idiots, ... (essayer) des rouges à lèvres ou d'affreux foulards en mousseline. Elles .... (traîner), ... (jacasser), ... (s'arrêter) en chemin, ... (commenter) l'allure des grandes bourgeoises du VIIe et la gaîté des adolescentes. Leurs fous rires, leurs histoires abracadabrantes, les sonneries de leurs portables et leurs sacs à dos tout cliquetant de babioles. Elles .... (s'amuser), ... (soupirer) .... (se moquer) et .... (se relever) précautionneusement. Elles .... (avoir) le temps, la vie devant elles... [...]

Anna Gavalda, *Ensemble, c'est tout*, Le Dilettante, 2004.

❻ Complétez l'extrait à l'imparfait.

[…] Au fil de l'été, Anna avait encore embelli. Le soleil **accentuait** (accentuer) ses caractéristiques méridionales et sa peau .... (prendre) les couleurs et les reflets de châtaignier vernis. Nous .... (se voir) de plus en plus souvent et il n'.. (être) pas rare que je l'accompagne faire des courses, tandis que Grégoire s'.. (s'adonner) à quelque activité sportive. J'.. (aimer) ces séances de trekking consumériste. J'.. (aimer) marcher avec elle et la regarder acheter n'importe quoi. Sa façon d'essayer des chaussures me .... (plaire) et aussi la manière de payer, de toujours refuser le ticket de caisse. Et puis il .... (falloir) que les choses aillent vite, qu'on ne perdent pas de temps, même si l'on .... (avoir) rien d'autre à faire. Parfois, on .... (prendre) un verre à la terrasse d'un café et je .... (regarder) les muscles de ses bras s'arrondir au soleil […].

Jean-Paul DUBOIS, *Une Vie française*,
© Éditions de l'Olivier – Le Seuil, 2004, coll. Points, 2005.

❼ Mettez l'extrait à l'imparfait.

Mercredi 8 décembre. […] Il est à peine six heures et demie. Virginie et nos deux enfants dorment encore. Les autres jours de la semaine, je ne peux pas partir aussi tôt. Pendant que Virginie emmène notre deuxième fille Clara à l'école maternelle, je dois accompagner Marie qui va à l'école primaire. L'école n'ouvre ses portes qu'à huit heures et demie. Alors qu'elle fait durer bisous et câlins, j'essaie de ne pas montrer que je suis pressé de partir. Je cours ensuite à grandes enjambées jusqu'à la station de RER pour avoir une chance d'attraper celui de 8 h 39 qui me dépose trois minutes plus tard à Val-de-Fontenay. Au mieux, à neuf heures je suis assis à mon bureau, mon ordinateur allumé et je commence à travailler sans perdre un instant et sans même pouvoir m'accorder une pause au cours de la matinée pour boire un café.

Mercredi 8 décembre. […] Il **était** à peine six heures et demie.

....

....

....

....

Denis CASTEL, *Ras-le-bol*, Le Jardin des Livres, 2005.

Le passé composé et l'imparfait

8 Choisissez la bonne réponse.

[...] (**Nous nous sommes rencontrés** / Nous nous rencontrions) en 1778. Il (a été / était) alors démoralisé par la mort de sa mère et son échec en France, il (a cherché / cherchait) une chambre à louer à Salzbourg, et (est devenu / devenait) pensionnaire de ma mère. (Il est d'abord tombé / Il tombait d'abord) amoureux de ma sœur, Aloysia dont la voix et la beauté (ont été / étaient) exceptionnelles. Mais lorsqu'(elle l'a éconduit / elle l'éconduisait), il me remarqua enfin. (Nous nous sommes mariés / Nous nous mariions) en 1782 et (nous avons vécu / nous vivions) neuf ans de grand amour. C'est au début de notre idylle qu'(il a écrit / il écrivait) « L'Enlèvement au sérail », et pour moi qu'il composa « La Messe en ut mineur ». (Il a voulu / Il voulait) montrer à sa famille que je n'étais pas une bonne à rien et que (j'ai eu / j'avais) une belle voix. (Il a été / Il était) admiré dans toute l'Europe, mais notre vie (a été / était) difficile car (nous avons dépensé / nous dépensions) beaucoup d'argent. (J'ai été /J'étais) souvent enceinte, (nous avons été / nous étions) obligés de sortir beaucoup pour obtenir des commandes, (j'ai souffert / je souffrais) d'ulcères variqueux qui (m'ont contrainte / me contraignaient) à faire de nombreuses cures. Quand Wolfgang (est mort / mourait) d'une insuffisance rénale en 1791, il (a été / était) célèbre mais très endetté. Et comme (il n'a pas été / il n'était pas) noble, il fut enterré dans une fosse commune. [...]

Isabelle DUQUESNOY, *Les Confessions de Constanze Mozart*, Plon, 2005.

9 Transformez le récit au passé.

[...] Il y a plusieurs sortes de bombes. Les plus grosses servent à détruire les grands immeubles ou des pâtés de maisons et font de grands trous, tandis que les bombes incendiaires, qui sont plus petites, allument des incendies. Nous formons des groupes dirigés par une personne, appelée préposé à la défense passive ; chaque groupe patrouille à tour de rôle afin de détecter les incendies ou de voir si quelqu'un a besoin d'aide. Nous portons un casque métallique. Une nuit, un petit incendie s'allume dans le haut d'une maison et nous faisons la chaîne pour faire passer des seaux par l'escalier ; tout le monde rit et plaisante et se retrouve très mouillé, mais nous éteignons le feu. [...]

Il y **avait** plusieurs sortes de bombes. ....

....

....

....

....

....

....

....

....

Histoire de la Seconde Guerre mondiale, Journal de Grand-mère Crane. D.R.

10 Posez des questions à partir des éléments soulignés dans le texte.

« **Non, je n'ai jamais connu mes parents ensemble**, ils se sont quittés, quand j'avais quatre ans. C'est ma mère qui est partie. À vingt ans. Elle était très jeune. Et mon père vivait mal cette séparation. J'étais avec lui la semaine à Montrouge et j'allais la rejoindre le week-end. Elle était infirmière. Elle fumait beaucoup et recevait plein d'amis à la maison. La première fois que j'ai vu mes parents côte à côte, c'était au théâtre du Rond-Point, en 1982, j'avais vingt ans, je jouais *Cyrano de Bergerac*. Ils étaient tous les deux en face de moi. Ça m'a fait quelque chose. »

Exemple : – ***Avez-vous connu vos parents ensemble ?***

a. – ....

b. – ....

c. – ....

d. – ....

e. – ....

f. – ....

g. – ....

h. – ....

Le plus-que-parfait

11 Complétez l'extrait au plus-que-parfait.

Au moment où il **avait quitté** (quitter) la ville, l'horizon .... (s'obscurcir). Il .... (éviter) les voies rapides et les autoroutes, et .... (rouler) longtemps sur des départementales peu surveillées en direction des grands espaces vides de la Lozère. Puis il .... (pousser) le véhicule dans un ravin et .... (grimper) à travers un bois assombri par les premiers flocons tourbillonnants. Parvenu sur les hauteurs qui étaient déjà toutes blanches, il .... (découvrir) un paysage de landes et de petits massifs forestiers où aucune personne de bon sens – il rangeait dans cette catégorie les gendarmes qui .... (devoir) lancer le plan Épervier – n'imaginerait qu'un homme en fuite se risquerait sans connaître la région.

C'est ce qu'il .... (faire) pourtant. La tempête .... (engloutir) les traces de son passage et rendu très improbable la rencontre de promeneurs. Sans témoins et sans poursuivants, il .... (progresser) jusqu'à la tombée de la nuit, puis .... (s'abriter) sous un rocher en surplomb et .... (dormir) dans son duvet neuf. À plusieurs reprises, trompé par un aboiement ou un bruit de pas entendu en rêve, il .... (se réveiller) en sursaut et .... (être) long à se rendormir.

L'aube l' .... (rassurer), une aube triste, sans soleil, aussi vitreuse que le hublot d'entrepont d'un de ces cargos en bout de course, qu'on devrait appeler des bagnes flottants, sur lesquels il .... (trimer) et .... (laisser) filer sa jeunesse.

Jean-Pierre MILOVANOFF, *Le Pays des vivants*, Grasset, 2005.

12 **Placez les éléments suivants dans le texte.**

avait expliqué (2 fois) – avait brûlé – **avait reconnu** – avait contraint – avait dit – avait conduit – avait agi

Le 11 avril 2003, Xavier Flactif, promoteur immobilier de 41 ans, sa compagne Graziella Ortolano, 36 ans, et leurs trois enfants, âgés de 6 à 10 ans, étaient abattus dans leur chalet du Grand-Bornand. Interpellé en septembre 2003, David Hotyat, mécanicien de 33 ans et voisin de la famille Flactif, **avait** dans un premier temps **reconnu** avoir tué, seul, les cinq victimes, par jalousie. Il .... lui-même les gendarmes à l'endroit où il .... les corps et .... comment il .... Hotyat était en conflit depuis plusieurs mois avec cette famille, qui lui louait un logement mais l' .... à déménager à plusieurs reprises. Dans ses aveux, il .... avoir d'abord éliminé les trois enfants qui étaient seuls à la maison, puis avoir tué par arme à feu Graziella Ortolano avant de s'attaquer à Xavier Flactif à son retour à la maison. Il .... avoir ensuite envoyé le pistolet à son frère Mickaël, qui résidait dans le nord de la France, pour s'en débarrasser.

Radio France, 12/06/2006.

L'imparfait et le plus-que-parfait

13 **Choisissez la bonne réponse.**

L'orage (descendait / **était descendu**) vers la Saône, **reparti** ailleurs faire peur à d'autres gens. La pluie (cessait / avait cessé). Le bac à sable (gardait / avait gardé) une croûte humide, le banc cassé (luisait / avait lui) du réverbère orange, les acacias (ne bruissaient / n'avait brui) plus de rien. Juste, les herbes froides (trempaient / avaient trempé) ses mollets nus, ses cheveux (mouillaient / avaient mouillé) son cou, un vent léger (frisait / avait frisé) son visage et la terre (collait / avait collé) à ses semelles en petites choses sales.

La pluie (cessait / avait cessé). Le soir (s'en allait / s'en était allé) avec. Sa lumière silencieuse (suivait / avait suivi) l'orage pour faire place aux nuages de nuit.

Sorj Chalandon, *Le petit Bonzi*, Grasset, 2005.

14 Placez les éléments suivants dans l'extrait.

embrassait – longeait – avaient tiré – s'appuyaient – était – **s'étaient rangées** – avait gravi – s'était couvert – se tenait

C'était le 25 septembre 2004. Les voitures **s'étaient rangées** dans les chemins bordés de haies. Puis l'on .... un sentier sinueux qui .... un bouquet d'arbres. Flanquée d'un cimetière de campagne, la chapelle de Heurtevent .... en haut d'un monticule aux lignes douces. Depuis ce promontoire s'élevant au-dessus des champs, le regard .... les vallonnements du pays d'Auge. L'air .... tiède, encore chargé des touffeurs de l'été. Comme le ciel ...., les plus prudents des invités .... des parapluies du coffre de leurs voitures. Des silhouettes en tailleurs et chapeaux, couleurs parme, pastel, rose shocking, ... au bras de messieurs en costumes sombres.

Marc LAMBRON, *Une Saison sur la terre*, Grasset, 2006.

15 Complétez l'extrait à l'imparfait ou au plus-que-parfait.

Il **était venu** au rendez-vous. Place Saint-Sulpice ce 18 août. Place Saint-Sulpice à 13 heures sous un ciel d'orage. Il .... (arriver) après elle. En boitant. C'est cela que tout de suite elle .... (remarquer). Un homme droit. Un homme fort. Dans une chemise bleue un pantalon blanc.
Qui .... (boiter).
Et ne .... (pouvoir) le cacher.
Ils .... (ne pas se revoir) depuis cinq ans. C'est ce qu'elle .... (croire). Mais lui, lui rappela. Toutes les fois où ils .... (se croiser). Où ils .... (se parler). Des rencontres brèves. Des soirées. Amis communs et brouhahas discrets. Elle, ... (ne rien retenir). De lui. Elle .... (penser) qu'il .... (mentir). Qu'il .... (inventer) ces rencontres. Pour jouer. La faire sourire d'une coïncidence ou d'un hasard. Alors il lui dit. Exactement. Les lieux. Les noms des hôtes. Les paroles qu'ils .... (échanger). Mais cela aussi elle

l' .... (oublier). Alors il lui dit. La couleur de ses robes. La couleur de ses robes .... (être) juste. Et la forme du col. La ceinture de soie mauve. Les perles incrustées. Tout .... (être) juste.

Véronique Olmi, *La Pluie ne change rien au désir*, Grasset, 2005.

Le passé composé, l'imparfait et le plus-que-parfait

16 Mettez le texte au passé.

Quand j'ai douze ans, mes parents décident d'aller en Angleterre. Mon frère et moi sommes très contents car nous ne sommes encore jamais allés hors de France, mais mes parents connaissent déjà Londres. Nous prenons l'avion et pendant le voyage, mon frère est malade. À Londres, nos parents nous demandent ce que nous voulons voir. Ma sœur a envie de visiter la Tour de Londres dont elle a vu des photos à l'école. Moi, je préfère aller voir le palais de la Reine.

Quand j'**ai eu** douze ans, ...

....

....

....

....

....

....

....

....

....

17 Placez les éléments suivants dans le texte.

avaient retrouvée – a mélangé – avait – a été arrêtée – avait échoué – avait tué – s'était réfugié – avait été – a été condamnée – s'était fait réprimander – a acheté – s'est enfuie – **a empoisonné** – a tenu compte

PUY-DE-DÔME :

EMPOISONNEMENT AU CYANURE

Une jeune fille a empoisonné ses parents avec du cyanure.

Une jeune fille âgée de 17 ans .... à 10 ans de prison, à Orcival dans le Puy-de-Dôme. Elle .... ses parents avec du cyanure mélangée à de la soupe.

Début juillet, la jeune fille .... par ses parents parce qu'elle .... au baccalauréat.

Elle .... chez une amie. Mais ses parents l'.. le jour même. Le 20 juillet, la jeune fille .... du cyanure, qu'elle .... à de la soupe de légumes, provoquant la mort de ses parents. Après avoir recouvert les corps, la jeune fille .... .Elle .... peu après. Le tribunal .... du fait que l'accusée .... moins de 18 ans. Elle aurait probablement été condamnée à perpétuité si elle .... majeure.

18 Complétez le texte au passé.

ÉTATS-UNIS : « QUI VEUT ÉPOUSER UN MULTIMILLIONNAIRE » EN DIRECT À LA TV?

Elle confesse que l'argent ne fait pas (forcément) le bonheur.

La jeune femme qui **avait** épousé un inconnu en direct à la télévision américaine dans le cadre de l'émission « Qui veut épouser un multimillionnaire ? », Darva Conger, 34 ans, ... (déclarer) hier qu'elle .... (commettre) « une erreur de jugement ».

« J' .... (commettre) une erreur de jugement [...] J'.. (être) naïve » ....-t-elle .... (dire) lors de son premier entretien depuis son mariage avec Rick Rockwell, un multimillionnaire de 42 ans. « Je ne veux pas être la femme d'un millionnaire, je veux juste qu'on me rende ma vie », ...-t-elle .... (ajouter) sur la chaîne ABC.

Vingt-trois millions d'Américains .... (suivre) en direct mardi soir sur la chaîne de télévision Fox cette nouvelle émission dans laquelle cinquante candidates .... (rivaliser) pour convaincre ce multimillionnaire célibataire, caché dans l'ombre jusqu'à la fin, de les épouser.

« Je suis chrétienne », ... (déclarer) Darva Conger. « Je suis légalement mariée, mais pas devant Dieu, pas dans mon cœur ». Elle .... (expliquer) qu'en se rendant à Las Vegas pour participer à cette émission, elle .... (vouloir) juste s'amuser un peu et .... (ne pas s'attendre) à être choisie.

La jeune blonde .... (raconter) ensuite comment elle .... (être) choquée lorsque Rick Rockwell l'.. (embrasser) sur la bouche, lorsqu'il l' .... (choisir) à la fin de l'émission. « S'il m' .... (respecter), il m'aurait embrassée sur la joue », ...-t-elle .... (dire), en ajoutant qu'elle .... (être) « gênée », « terrifiée ».

AFP, janv. 2000.

Évaluation 5

1 Placez les éléments suivants dans l'extrait. /10 points

ai libéré – était – voulait – n'avait pas bougé – allait – avait commencé – étais – s'était assis – avait – **avait trouvé** – était entré

[...] Ce chat, je l'**avais trouvé**, il y a des années de cela, enfermé dans le coffre à voiles. Je ne sais comment il y ...., mais il .... clair qu'il .... en sortir. Quand je l' ...., j' .... sûr qu'il .... bondir dans le cockpit et de là, sauter sur le plat bord, prendre son élan, et s'élancer sur le quai. Pas du tout ! Il .... l'air vexé de s'être laissé prendre dans une situation aussi embarrassante, et .... Il .... sur son arrière-train, toujours sur les voiles, et, me regardant du coin de l'œil, ... à se lécher les pattes, la droite d'abord, puis la gauche. [...]

Nouvelle « Le chat », 27/04/2005.
Extrait de : http://zorglub.hautetfort.com/archive

2 Choisissez la bonne réponse. /10 points

Extrait de l'interview de Georges Pernoud, journaliste et animateur du magazine de la mer, Thalassa, *depuis vingt-sept ans.*

— Quand vous (<u>voyagiez</u> / aviez voyagé) avant d'être journaliste, vous (aviez / avez eu) déjà cette démarche de chercher des informations avant de partir en voyage ?

— Vous savez, mon père (a été / était) journaliste. Nous (passions / avions passé) un accord très simple, à une époque où l'avion (a coûté / coûtait) cher. Il (me disais / m'avait dit) : « Moi, je te paie tous les billets d'avion que tu veux. Mais je ne te donnerai pas UN centime d'argent de poche. » Donc, mes étés, je les (passais / avais passés) aux usines Peugeot à Levallois. (Je bossais / J'avais bossé) un mois, et ensuite je (suis parti / partais) un mois en voyage. Mais je (partais / étais parti) seul. Et (j'ai petit à petit abandonné / j'abandonnais petit à petit) le voyage seul, parce que c'est extrêmement impressionnant, mais un peu rude quand même lorsqu'on n'est pas un solitaire. [...]

Texte extrait de www.routard.com

3 Complétez le récit au passé composé, imparfait ou plus-que-parfait. **/10 points**

« Mes parents se sont rencontrés à New York, en discothèque. Les couples mixtes à l'époque de leur mariage, en 1968, c' .... (être) très rare.

On .... (grandir) dans un milieu blanc mais mon frère et moi .... (se sentir) différents.

Les Blancs nous .... (voir) noirs mais pas les Noirs. Les gens .... (être) très xénophobes. Ils .... (dire) par exemple, que mon frère et moi .... (être adopté) puisque notre mère .... (être) blanche. Aujourd'hui tout cela peut paraître étonnant…

En tout cas, c' .... (être) génial à la maison. Mon père .... (collectionner) les disques de reggae. On .... (écouter) *The Congos, Max Romeo, Junior Murvin,* mais je / j' .... (finir) par m'intéresser au jazz rock. Alors à 18 ans, je / j' .... (former) un groupe qui .... (s'appeler) Bunnet. On .... (faillir) signer dans une maison de disques. Ça .... (échouer), alors je / j' .... (passer) un diplôme de droit à Boston. J' .... (être) vexé ! Surtout que j' ....(dire) à tout le monde à la fac qu'ils ne me reverraient plus parce que j' .... (aller) faire de la musique ! »

2 Le futur antérieur

Mémento p. 257

1 Retrouvez les verbes au futur antérieur et complétez le tableau.

Lucie,

Contrairement à la semaine dernière, j'espère que quand je rentrerai aujourd'hui, **vous aurez préparé** le dîner et que vous aurez fini le ménage et le repassage. J'espère aussi que les enfants se seront douchés, qu'ils auront dîné et qu'ils se seront couchés tôt. N'oubliez pas de dire à Hugo, lorsqu'il aura fait ses devoirs, qu'il écrive à sa grand-mère pour la remercier de son cadeau. Enfin, dites à Jean-Pierre quand il sera rentré qu'il ne m'attende pas et quand il aura lu le journal qu'il pense à sortir le chien.

Merci. À demain.

Virginie.

Futur antérieur	Infinitif
Vous aurez préparé	***Préparer***
....	....
....	....
....	....
....	....
....	....
....	....
....	....

2 Complétez les phrases.

Exemple : *J'espère que j'aurai l'esprit aussi vif lorsque j'**aurai atteint** (atteindre) son âge.*

a. D'une année sur l'autre, les choses changeront car nous .... tous .... (grandir) d'un an.

b. Plusieurs années auront passé sur Terre et vous, vous n' .... (vieillir) que d'une année.

c. Le jour où elle .... (mûrir), peut-être se rendra-t-elle compte qu'elle a fait une énorme erreur.

d. Les parents ne tiendront plus la main de leur enfant lorsqu'il .... (devenir) adulte.

e. Ceux qui .... (vivre) quelque temps en Inde n'oublieront pas leur séjour.

f. Dans vingt ans, on .... (oublier) cette histoire.

g. Une fois que tu .... (prendre) ta retraite, tu pourras voyager, jardiner... bref faire tout ce qui te plaît.

h. Dès qu'ils .... (entrer) dans l'âge adulte, ils deviendront plus raisonnables.

3 Faites des phrases.

Exemple : *Tu / réussir son examen / on / en reparler*
→ ***Quand tu auras réussi ton examen on en reparlera.***

a. Elle / devenir présidente / connaître la célébrité
→ ....

b. Nous / obtenir gain de cause / être satisfait
→ ....

c. Vous / recevoir son permis de séjour / avoir le droit de rester dans le pays
→ ....

d. Elles / gagner suffisamment de points / recevoir un cadeau
→ ....

e. On / économiser assez / partir en voyage
→ ....

f. Je / parvenir à écrire un roman / réaliser son rêve
→ ....

g. Ils / faire fortune / s'acheter un palais
→ ....

h. Il / s'imposer sur le marché intérieur / pouvoir exporter
→ ....

4 Complétez le texte avec un futur antérieur.

Au cours des 75 années qui vont de 1950 à 2025, la population mondiale de personnes âgées (c'est-à-dire à partir de 60 ans) **sera passée** de 200 millions à 1, 2 milliard et de 8 à 14 % de la population totale du monde.

Durant la même période, le nombre de vieillards (c'est-à-dire à partir de 80 ans) .... (passer) de 13 à 137 millions. Bref, entre 1950 et 2025, la population mondiale .... approximativement .... (tripler), le nombre des personnes âgées .... (sextupler) et celui des vieillards .... (décupler).

[...]

L'année 2001 marquera le couronnement du siècle au cours duquel les pays développés .... (traverser) un processus de vieillissement et, en même temps, le point de départ des décennies durant lesquelles les pays en développement sont promis à connaître un vieillissement d'une rapidité sans précédent.

Extrait d'un document publié par le Département de l'information, ONU, septembre 1994.

5 Complétez les phrases avec un futur simple ou un futur antérieur.

Exemple : *Lorsque tu* ***auras vu*** *(voir) le film, tu* ***iras*** *(aller) te coucher.*

a. Dès qu'elle .... (coucher) les enfants, elle .... (prendre) un bain.

b. Je te .... (prêter) mon livre une fois que je l'.. (lire).

c. Ils .... (pouvoir) jouer à l'ordinateur quand ils .... (finir) leurs devoirs.

d. Après que les invités .... (partir) nous .... (venir) vous voir.

e. Aussitôt que vous .... (dîner) vous .... (faire) la vaisselle.

f. À partir du moment où tout le monde .... (arriver), le repas .... (être) servi.

g. Il .... (s'endormir) dès l'instant où il .... (se coucher).

h. Nous te / t' .... (appeler) dès lors que nous .... (avoir) des nouvelles.

6 Transformez les phrases.

Exemple : *Dès son arrivée nous lui demanderons le prix.*
→ *Dès qu'**il (elle) sera arrivé(e)** nous lui demanderons le prix.*

a. Dès votre adhésion, vous serez couvert pour toutes les pannes dont l'origine intervient après votre adhésion.

→ ....

....

b. Dès ta commande terminée et validée, un message t'informera que ton paiement a été accepté.

→ ....

c. Dès notre choix effectué, la librairie virtuelle « Numilog » prendra notre commande.

→ ....

d. Dès réception de votre demande d'ouverture de compte, le responsable de clientèle vous adressera par courrier les conditions particulières du compte courant.

→ ....

....

e. Dès mon installation, je serai opérationnel.

→ ....

f. Dès votre inscription, nous offrirons 500 points soit 500 visites gratuites pour votre ou vos site(s).

→ ....

....

g. Dès la signature de sa première mission nous lui ouvrirons un compte professionnel qui lui permettra une gestion sur mesure de ses honoraires.

→ ....

....

h. Dès la réservation de mon séjour, je prendrai connaissance des conditions générales de la compagnie.

→ ....

7 Associez les éléments.

Situations

a. Le chat a disparu.
b. Mon chien est malade.
c. Il y a un cheval dans le jardin !
d. Toutes les poules sont mortes !
e. L'ours boîtait.
f. Une baleine était échouée.
g. Regarde : un bébé loup !
h. Les gazelles se sont enfuies.
i. Une tortue est sur le dos.

Suppositions dans le passé

1. Elles auront attrapé la grippe aviaire.
2. Elles auront repéré un prédateur
3. Une vague l'aura renversée.
4. Quelqu'un l'aura pris.
5. Sa mère l'aura abandonné.
6. Il aura mangé quelque chose de mauvais.
7. Il se sera échappé du haras.
8. Elle se sera perdue.
9. Un chasseur l'aura blessé.

a4 ; **b** .... ; **c** .... ; **d** .... ; **e** .... ; **f** .... ; **g** .... ; **h** .... ; **i** ....

8 Faites des suppositions.

Exemple : *Rémy a vendu son studio. (besoin d'argent)* → ***Il aura eu besoin d'argent.***

a. L'appartement est en désordre. (venue d'un voleur pendant notre absence)
→ ....

b. Ambroisine a acheté cette maison en une heure. (coup de foudre pour elle)
→ ....

c. Le toit du bâtiment s'est effondré. (bombardement)
→ ....

d. Jacques et Jean-François n'habitent plus à Paris. (déménagement en province)
→ ....

e. Ses parents ont fait mettre une alarme. (volonté de se protéger des cambrioleurs)
→ ....

f. Pierre a fait changer toutes ses fenêtres. (souhait de faire des économies d'énergie)
→ ....

g. Patrick et Adriana ont fait construire un grand garage. (achat d'une deuxième voiture)
→ ....

h. Mme Minassian a acheté un château. (gros héritage)
→ ....

Évaluation 6

1 Faites des phrases. /10 points

Exemple : *revenir / dans cinq minutes* → ***Je serai revenu dans une heure.***

a. partir / d'ici demain → Ils ....

b. terminer / avant ce soir → Elle ....

c. déménager / à la fin du mois → Nous ....

d. rester / deux mois en tout → On ....

e. falloir / deux ans au total → Il ....

f. attendre / combien de temps ? → Vous ....

g. durer / trois heures → Le spectacle ....

h. mettre / cinq semaines pour faire le trajet → Elles ....

i. vivre / peu de temps → Son chien ....

j. tenir / longtemps → Tu ....

2 Complétez l'extrait avec les éléments suivants. /10 points

auras tracés – auras prédit – auront été prévus – **auras laissé** – seras morte – auras tracées

[...] Et c'est tout ce que tu leur **auras laissé**, ce récit qu'ils ne pourront plus récuser. Ils seront dits. Ce jour-là, tu ...., mais tous leurs gestes ...., et lorsqu'ils chercheront à ne pas faire ce que tu leur ...., lorsqu'ils voudront te faire mentir, ils tomberont dans les ornières que tu leur .... Ils s'apercevront alors qu'ils n'ont aucune liberté et qu'ils n'agissent jamais qu'en fonction de toi. Ils feront semblant de ne pas prendre au sérieux ces portraits meurtris que tu .... d'eux, mais ils ne pourront faire qu'ils ne s'y retrouvent inéluctablement prisonniers. [...]

Anne GODARD, *L'Inconsolable*, Les Éditions de Minuit, 2006.

3 Le conditionnel

Mémento p. 257

Le conditionnel présent

LE SOUHAIT, LE DÉSIR, LE RÊVE

1 Complétez l'extrait du poème.

Cette vie est un hôpital où chaque malade est possédé du désir de changer de lit. Celui-ci **voudrait** (vouloir) souffrir en face du poêle, et celui-là croit qu'il .... (guérir) à côté de la fenêtre.

Il me semble que je .... (être) toujours bien là où je ne suis pas, et cette question de déménagement en est une que je discute sans cesse avec mon âme.

« Dis-moi, mon âme, pauvre âme refroidie, que ....-tu (penser) d'habiter Lisbonne ? Il doit y faire chaud et tu t'y .... (ragaillardir) comme un lézard. Cette ville est au bord de l'eau ; on dit qu'elle est bâtie en marbre et que le peuple y a une telle haine du végétal, qu'il arrache tous les arbres. Voilà un paysage selon ton goût ; un paysage fait avec la lumière et le minéral, et le liquide pour les réfléchir ! »

Mon âme ne répond pas.

« Puisque tu aimes tant le repos, avec le spectacle du mouvement, veux-tu venir habiter la Hollande, cette terre béatifiante ? Peut-être te divertiras-tu dans cette contrée dont tu as souvent admiré l'image dans les musées. Que ....-tu (penser) de Rotterdam, toi qui aimes les forêts de mâts, et les navires amarrés au pied des maisons ? »

Mon âme reste muette.

« Batavia te .... (sourire) peut-être davantage ? Nous y .... (trouver) d'ailleurs l'esprit de l'Europe marié à la beauté tropicale. »

Pas un mot. - Mon âme ....-elle (être) morte ?

Charles BAUDELAIRE, « N'importe où hors du monde »,
Petits Poèmes en prose, 1862.

❷ Complétez l'extrait du roman avec les éléments suivants.

se balanceraient – serait – se promèneraient – contempleraient – **s'arrêteraient** – habiteraient

Et puis ils arrivaient, un soir, dans un village de pêcheurs, où des filets bruns séchaient au vent, le long de la falaise et des cabanes. C'est là qu'ils **s'arrêteraient** pour vivre : ils .... une maison basse, à toit plat, ombragée d'un palmier, au fond d'un golfe, au bord de la mer. Ils .... en gondole, ils .... en hamac ; et leur existence .... facile et large comme leurs vêtements de soie, toute chaude et étoilée comme les nuits douces qu'ils ....

Gustave FLAUBERT, *Madame Bovary*, 1857.

❸ Transformez l'extrait de la lettre au conditionnel.

L'exercice et la vie active nous font un nouvel estomac et de nouveaux goûts. Tous nos repas sont des festins, où l'abondance plaît plus que la délicatesse. [...]. Le service n'a pas plus d'ordre que d'élégance ; la salle à manger est partout, dans le jardin, dans un bateau, sous un arbre ; quelquefois au loin, près d'une source vive, sur l'herbe verdoyante et fraîche, sous des touffes d'aunes et de coudriers, une longue procession de gais convives porte en chantant l'apprêt du festin ; on a le gazon pour table et pour chaise ; les bords de la fontaine servent de buffet, et le dessert pend aux arbres. [...] De cette familiarité cordiale et modérée naît, sans grossièreté, sans fausseté, sans contrainte, un conflit badin plus charmant cent fois que la politesse, et plus fait pour lier les cœurs. Point d'importun laquais épiant nos discours, critiquant tout bas nos maintiens, comptant nos morceaux d'un œil avide, s'amusant à nous faire attendre à boire, et murmurant d'un trop long dîner. Nous sommes nos valets pour être nos maîtres, chacun est servi par tous ; le temps passe sans le compter, le repas est le repos, et dure autant que l'ardeur du jour. S'il passe près de nous quelque paysan retournant au travail, ses outils sur l'épaule, je lui réjouis le cœur par quelques bons propos, par quelques coups de bon vin qui lui font porter plus gaiement sa misère ; et moi j'ai aussi le plaisir de me sentir émouvoir un peu les entrailles, et de me dire en secret : je suis encore homme.

L'exercice et la vie active nous **feraient** un nouvel estomac et de nouveaux goûts.

....

....

....

....

....

....

....

....

....

....

....

....

....

Jean-Jacques Rousseau, *Lettre à Mme Dupin de Francueil*, 20 avril 1751.

L'HYPOTHÈSE

4 Complétez l'extrait de la chanson.

Si j'avais un marteau

Si j'avais un marteau
Je **cognerais** le jour (cogner)
Je **cognerais** la nuit (cogner)
J'y .... tout mon cœur (mettre)
Je .... une ferme (bâtir)
Une grange et une barrière
Et j'y .... mon père (mettre)
Ma mère, mes frères et mes sœurs
Oh oh, ce .... le bonheur (être)
Si j'avais une cloche
Je .... le jour (sonner)
Je .... la nuit (sonner)

J'y .... tout mon cœur, (mettre)

Pour le travail à l'aube

Et le soir pour la soupe

J'.. mon père (appeler)

Ma mère, mes frères et mes sœurs

Oh oh, ce .... le bonheur (être)

Si j'avais un marteau.
Adaptation française de « If I Had a Hammer », Paroles originales & musique de : Lee Hayes & Pete Seeger,
Paroles françaises de : Liliane Konyn, © Ludlow Music Inc.

5 Complétez le texte avec les verbes suivants au conditionnel présent.

devoir (3 fois) – être (2 fois) – compter – permettre – marquer – se maintenir – pouvoir

70 millions d'habitants en France en 2050

[…] D'ici à 2050, la population **devrait** passer de 61 millions à 70 millions dont près du tiers .... avoir au moins 60 ans contre un cinquième aujourd'hui.

[…] Selon le scénario le plus vraisemblable, l'Insee* indique ainsi que l'indicateur de fécondité .... à 1, 9 enfant par femme, soit un taux un peu plus haut que celui projeté en 2001, qui était de 1, 8.

[…] « *La croissance* (de la population) .... *ininterrompue jusqu'en 2050, mais de moins en moins soutenue* », avance le rapport. Un ralentissement directement lié à l'augmentation du nombre de décès, conséquence directe du vieillissement. On .... alors 773 000 décès en 2049 contre 531 000 en 2005. C'est notamment à partir de 2030 que la France .... connaître une accélération du nombre de morts avec l'arrivée aux grands âges des générations nombreuses du baby boom. 2045 .... une étape essentielle dans l'histoire de la démographie française.

Vieillissement inéluctable

L'Insee estime en effet que c'est aux alentours de cette période que le solde naturel .... devenir négatif, le nombre de décès excédant le nombre de naissances. L'apport de l'immigration .... essentiel car lui seul .... une croissance de la population.

70 Millions d'habitants en france en 2050 d'Angelique Negroni, *Le Figaro*, samedi 8 et dimanche 9 juillet 2006.

*Institut national de la statistique et des études économiques.

6 Retrouvez les questions.

Extraits d'une interview (comique) de deux humoristes français : Luc et Thomas.

1. Si vous étiez deux petites souris, où et qui iriez-vous espionner ?

2. Si vous pouviez effacer quelque chose de votre passé, ce serait quoi ?

3. Si vous deviez ajouter un jour férié au calendrier, vous choisiriez quel jour ?

4. Si vous n'étiez pas comédien, que feriez-vous ?

5. Qui ne pourrait-on pas vous soupçonner d'admirer ?

6. De qui ne pourrait-on pas vous soupçonner de vous moquer ?

7. Si vous pouviez changer une chose de votre physique, ce serait quoi ?

8. Si vous aviez un don de voyance, vous prédiriez quoi ?

a. Si vous n'étiez pas comédien, que feriez-vous ?

LUC : Chanteuse…

THOMAS : Président !

b. ……………………………………………………………………………………………

……………………………………………………………………………………………

LUC : Les guerres napoléoniennes, c'était pas facile.

THOMAS : Mes vingt ans de prison !

c. ……………………………………………………………………………………………

LUC : Je me ferais refaire les seins…

THOMAS : Moi, mon physique étant parfait, ce serait dommage d'y toucher…

d. ……………………………………………………………………………………………

……………………………………………………………………………………………

LUC : Dalida.

THOMAS : Louis de Funès et Roland Magdane.

e. ……………………………………………………………………………………………

……………………………………………………………………………………………

LUC : Les résultats du tiercé de dimanche prochain.

THOMAS : Moi, je crois que je prévoirais ce que disent les voyants…

f. ……………………………………………………………………………………………

……………………………………………………………………………………………

THOMAS : Dans le bureau du comique Jamel Debouze, pour savoir comment il bosse*

ses sketches…

g. ……………………………………………………………………………

……………………………………………………………………………

LUC : Le 24 décembre, pour avancer Noël.

THOMAS : Le 2 janvier, pour allonger le 1er...

h. ……………………………………………………………………………

……………………………………………………………………………

THOMAS : De Sarkozy ! Mais on aurait tellement de choses à dire...

---

* bosser (fam.) = travailler.

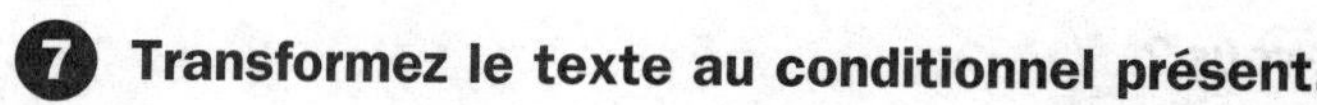

7 Transformez le texte au conditionnel présent.

Thèse :

Un univers fermé

Une possible inversion du *Big Bang* : le *Big Crunch*. Il se peut aussi que la matière dispersée dans l'espace se trouve en plus grande quantité que celle qui a été mesurée actuellement. Si cette quantité manquante augmentait la densité de matière de telle sorte qu'elle ait alors une valeur supérieure à la densité critique, alors l'univers tout entier amorce une contraction après son expansion actuelle. L'espace rétrécit de plus en plus, la température augmente jusqu'à un point où la matière fusionne de nouveau. L'espace aboutit à la fin à une bulle chaude, celle d'où provient l'univers au début. Ceci est l'hypothèse du *Big Crunch*, la symétrie parfaite du *Big Bang*.

Cette matière manquante se trouve soit sous forme d'étoiles qui, ayant été trop petites pour activer des réactions thermonucléaires en leur noyau, ne peuvent pas briller suffisamment et sont donc non visibles. [...] Cette matière encore indétectée peut aussi se trouver sous forme d'énergie qui occupe en ce moment même l'espace tout entier, mais aussi de matière exotique, une nouvelle matière dont on ne connaît encore rien sur sa composition, ni sur sa quantité. [...]

Thèse : **Un univers fermé**

Une possible inversion du *Big Bang* : le *Big Crunch*. Il **se pourrait** ……………………………………

……………………………………………………………………………

……………………………………………………………………………

Extrait de : http://www.chambonjf.fr/TPE_Phil

FAIRE UNE PROPOSITION, UNE DEMANDE POLIE

8 Transformez les phrases.

Exemple : *Tu peux m'emmener à la gare ?*
→ *Tu* ***pourrais*** *m'emmener à la gare ?*

a. Voulez-vous ouvrir la valise ?
→ ...

b. Quand et où souhaitez-vous partir ?
→ ...

c. Acceptez-vous de garder mon bagage quelques minutes ?
→ ...

d. Quel prix maximum êtes-vous prête à payer pour un voyage de rêve à l'étranger ?

→ ....

e. Est-ce qu'une chambre avec douche vous convient ?

→ ....

f. Vous voyez un inconvénient à ce que mon mari retire mon passeport ?

→ ....

g. Cela t'ennuie de réserver les billets d'avion ?

→ ....

h. Avez-vous connaissance d'une plage où l'on a pied particulièrement loin ?

→ ....

9 Complétez les demandes avec les éléments suivants.

serait – comprendrais – m'aiderait – Vous serait-il possible – nous pourrions – te serait-il possible – **Pourrais-tu** – J'aimerais – me permettrait

a.

Bonjour,

Je viens de retirer un dossier VAE* pour un BTS** comptabilité et organisation des entreprises.

J'avoue que ce dossier me fait peur et m'angoisse rien qu'à l'idée de le commencer.

Pourrais-tu m'aider et m'envoyer une trame afin que je voie comment tu as présenté ton dossier.

Merci d'avance.

**VAE* = Validation des Acquis de l'Expérience.
***BTS* = Brevet de Technicien Supérieur.

b.

Bonjour,

J'ai une présentation sur la VAE à faire lundi soir, mais il me manque pas mal d'éléments… ....

....

de m'envoyer votre travail?

Votre aide ....

....

la bienvenue. D'avance merci.

À Bientôt

c.

Bonjour.

.... savoir où se trouvent les organismes d'aide pour la VAE car je ne les trouve pas. Quand j'ai posé la question lors de la première réunion, on m'a répondu qu'il fallait la remplir en faisant une recherche sur soi. C'est ce que je fais, mais certaines questions restent complexes et si vous aviez des adresses en région parisienne, cela .... beaucoup. J'effectue un Bac Pro Logistique.

Je vous remercie. À bientôt.

d.

Bonjour,

Je suis en cours de VAE BTS Assistant Gestion PME PMI* et je peine dur, je trouve que les questions se ressemblent, faut-il après déceler les nuances !!!!!

Si quelqu'un est en cours comme moi, ... éventuellement envisager de travailler ensemble, j'ai besoin de motivation...

À bon entendeur salut !!!

*PME PMI = Petites et Moyennes Entreprises / Petites et Moyennes Industries.

e.

Bonjour Jocelyne,

Je viens de lire ton message, félicitations pour la validation de 6 unités sur 7 sur BTS comptable.

Je suis en train de monter mon dossier, je dois le rendre pour fin juin. C'est un travail titanesque mais le jeu en vaut la chandelle, aussi .... de me mailer ton dossier, pour avoir un support de présentation. Je dois reconnaître que je me perds dans tous ces questionnaires. Avec un modèle cela .... de mieux m'organiser.

Si cela te pose problème, ce n'est pas grave, je le ....

Dans l'attente, je t'en remercie et t'adresse mes plus cordiales salutations.

10 Complétez la lettre avec les verbes suivants au conditionnel présent.

pouvoir (3 fois) – être reconnaissant – savoir – être – **aimer** – avoir – savoir gré

Madame, Monsieur,

Je suis propriétaire d'une maison médiévale à Sarlat (Dordogne). **J'aimerais** (aimer) refaire moi-même une toiture en ardoises.
....-vous où l'on peut se procurer des ardoises et ....-vous m'indiquer des ouvrages ou des sites Internet qui traitent des toits en ardoises et qui .... m'aider dans ma restauration ? Je vous .... également de bien vouloir m'envoyer une liste des associations des couvreurs de la région.

D'autre part, il y a dans ma propriété une petite tourelle en partie détruite et qui domine la vallée de la Dordogne. Elle est de la fin du XVIe ou du début du XVIIe siècle. Quelle .... la démarche à suivre pour la faire classer au titre des monuments historiques ? ....-vous également une idée à qui je .... m'adresser pour la remettre en état ?

Je vous .... de me faire parvenir toute information sur ce sujet. Merci d'avance.

Veuillez agréer, Madame, Monsieur, l'expression de mes sentiments les meilleurs.

Cédric MARTIN
14, avenue Édouard Belin – F - 19120 Beaulieu sur Dordogne

11 Posez des questions.

Exemple : *déjeuner ensemble à la Closerie des Lilas samedi (On / pouvoir) ?*
→ ***On pourrait dîner ensemble à la Closerie des Lilas samedi ?***

a. aller sur les Champs-Élysées ce soir (ça / te dire) ?
→ .... ?

b. se promener au jardin du Luxembourg cet après-midi (ça / vous faire plaisir) ?
→ .... ?

c. voir une pièce à la Comédie française (vous / aimer)?

→ ....?

d. un week-end à Paris (tu / penser)?

→ ....?

e. sortir faire un tour au bord du canal Saint-Martin (vous / être disposé à)?

→ ....?

f. visiter les passages couverts (tu / vouloir)?

→ ....?

g. une croisière sur la Seine (tu / être intéressé par)?

→ ....?

h. suivre une visite conférence dans le Marais (vous / souhaiter)?

→ ....?

12 Complétez l'extrait du *Comte de Monte-Cristo* au conditionnel présent.

— D'abord, permettez-moi de vous dire, monsieur le ministre, qu'il me paraît au-dessous de la dignité d'un pays comme la France, qui conserve, surtout par l'intelligence, sa suprématie universelle, d'abandonner à la spéculation le côté le plus rayonnant des quatre grands arts: la poésie; car remarquez que la littérature n'est un art que lorsqu'elle s'élève jusqu'à la poésie...

— Très bien ! Que **feriez**-vous ?

— Je .... (garder) dans ma main droite les quatre théâtres royaux, impériaux, nationaux, de quelque nom qu'ils s'appellent, comme une mère garde des enfants qu'elle aime trop pour les mettre en nourrice. Je leur .... (nommer) quatre directeurs, fonctionnaires publics, à douze mille francs d'appointements chacun. J' .... (ajouter) à ces appointements cinq pour cent sur les bénéfices qu'ils .... (pouvoir) faire, afin qu'ils eussent intérêt à faire des bénéfices. Je ne .... (donner) pas à chaque théâtre telle ou telle subvention, cent mille francs à celui-ci, deux cent mille francs à celui-là: des six cent mille francs affectés aux quatre théâtres, je .... (faire) un fonds commun où chacun .... (puiser) selon ses besoins. Pourquoi donner aux riches? Pourquoi refuser aux pauvres? Il y .... (avoir) des années où, j'en réponds, la subvention .... (demeurer) intacte. De cette subvention non employée, des bénéfices faits, moi, gouvernement, qui dois risquer de perdre, mais jamais de gagner, je

.... (constituer) des pensions aux vieux musiciens, aux vieux artistes dramatiques, aux vieux poètes, aux vieux décorateurs même ; c'est un art aussi, c'est même un grand art que celui de la décoration ! Croyez-vous que le cloître des nonnes n'ait pas été pour quelque chose dans le succès de Robert le Diable ? Du surplus, je .... (créer) un fonds de réserve pour les trois autres grands arts libéraux : sculpture, peinture, architecture. Et, sur mes quatre théâtres, mes deux cent mille francs de dettes du Théâtre-Français payées, il me .... (rester) deux cent mille francs par an de bénéfices.

Je vous ai dit, monsieur le ministre, à quoi j'.. (employer) ces bénéfices annuels, qui .... (doubler), quand mes dettes de la rue de Richelieu .... (être) liquidées.

Maintenant, je .... (faire) une économie énorme, à laquelle personne n'a pensé encore, et que le premier machiniste venu vous indiquera aussi bien que moi.

Alexandre DUMAS, *Le Comte de Monte-Cristo*, 1854.

DONNER UN CONSEIL

13 Complétez l'extrait des *Pensées* de Pascal.

Divertissement. On charge les hommes, dès l'enfance, du soin de leur honneur, de leur bien, de leurs amis, et encore du bien et de l'honneur de leurs amis. On les accable d'affaires, de l'apprentissage des langues et d'exercices, et on leur fait entendre qu'ils ne **sauraient** (savoir) être heureux sans que leur santé, leur honneur, leur fortune et celle de leurs amis soient en bon état, et qu'une seule chose qui manque les .... (rendre) malheureux. Ainsi on leur donne des charges et des affaires qui les font tracasser dès la pointe du jour. Voilà, direz-vous, une étrange manière de les rendre heureux ! Que ....-on (pouvoir) faire de mieux pour les rendre malheureux? Comment ! Ce qu'on .... (pouvoir) faire ? Il ne .... (falloir) que leur ôter tous ces soins ; car alors ils .... (se voir), ils .... (penser) à ce qu'ils sont, d'où ils viennent, où ils vont ; et ainsi on ne peut trop les occuper et les détourner. [...]

Blaise PASCAL, *Les Pensées*, 1670.

14 Faites des phrases.

Exemple : *Mes parents me conseillent de m'inscrire à la fac.*
→ *Moi à ta place **je ne m'inscrirais pas** à la fac.*

a. Je n'ai pas envie d'aller en cours aujourd'hui.
→ Moi à ta place ....

b. Je vais abandonner mes études pour chercher du travail.
→ Moi à ta place ....

c. Je ne veux plus continuer à étudier l'anglais.
→ Moi à ta place ....

d. Je n'ai pas le courage de faire du droit.
→ Moi à ta place ....

e. Ça ne m'intéresse pas de prendre des cours particuliers.
→ Moi à ta place ....

f. Je ne souhaite pas passer le concours d'entrée à Science Po.
→ Moi à ta place ....

g. J'ai l'intention de changer d'école.
→ Moi à ta place ....

h. Je suis trop fatiguée pour venir à l'école aujourd'hui.
→ Moi à ta place ....

Le conditionnel passé

15 Retrouvez les verbes au conditionnel passé et complétez le tableau.

« [...] L'INTERROGATEUR. — Que serait-elle devenue si vous ne l'aviez pas épousée ?

PIERRE. — Un autre homme l'aurait épousée. Elle aurait eu la même vie. Elle aurait découragé tous les hommes comme elle m'a découragé. Ils l'auraient sans doute quittée, eux, mais elle en aurait retrouvé d'autres. De cela je suis sûr.

[...]

PIERRE. — Si personne ne l'avait épousé, elle aurait continué à coucher avec tout le monde jusqu'à la vieillesse, et alors ? Je n'ai pas de préjugés comme les putains ou les femmes qui font la vie. Ça n'aurait pas été plus mal.

L'INTERROGATEUR. — Ç'aurait été mieux ?

PIERRE. — Oh, vous savez, même avec l'agent de Cahors je suis sûr qu'elle n'avait pas d'idée sur la vie qu'elle aurait voulu avoir avec lui, je veux dire sur une façon de vivre plutôt qu'une autre qu'elle aurait choisie. [...] »

Marguerite DURAS, *L'Amante anglaise*, Gallimard, 1967.

Conditionnel passé	Infinitif
serait-elle devenue	**Devenir**
....	....
....	....
....	....
....	....
....	....
....	....
....	....

LE REGRET ET LE REPROCHE

16 Complétez l'extrait au conditionnel passé.

J'**aurais pu** (pouvoir) écrire les choses ainsi. Tu .... (être) là et nous .... (habiter) deux maisons très semblables, mitoyennes, nos intérieurs eussent été dissemblables, tes murs à toi .... (être) plus sombres, à peine, de la seule différence qu'il y a entre le sapin clair, non peint, non verni, et le blanc mat. Ta maison te ressemble tout comme la mienne m' .... (ressembler). Nous .... (connaître) un égal bonheur à en faire le tour, à se rendre visite, aussi, de nos visites .... (naître) des conversations paisibles. À la fin des visites, nous .... (se quitter) aimablement, dans l'attente de la prochaine visite. À cela nul n' .... (trouver) à redire, ni même .... (se trouver) de bêtes badauds pour moquer nos rites-phrase alambiquée telle qu'elle fût prononcée, sur le ton d'un serment, dans le rêve. Chacun .... sans doute .... (s'appliquer) à rester étranger à nos plaisanteries tout en enviant la complicité qui les .... (voir) naître.

Portsmouth, novembre 1995.

Philippe de JONCKHEERE, *Solo (Toussaint)*, 1995. Extrait de : http://www.desordre.net/textes/nouvelles/solo.html

17 Transformez les souhaits en regrets.

Exemple : *Je **voudrais** tant voir Venise.*
→ *J'**aurais** tant **voulu** voir Venise.*

a. Nous aimerions vraiment voyager avec vous.
→ ....

b. Cela me plairait d'aller en Chine.
→ ....

c. Éléonore souhaiterait réellement vous accompagner à New York.
→ ....

d. Annick et Jean-Pierre seraient enchantés de faire cette croisière.
→ ....

e. Je serais ravie de passer une semaine à l'Île Maurice.
→ ....

f. Nous aurions envie de rester plus longtemps sur cette île.
→ ....

g. Orelbys adorerait retourner à Cuba.
→ ....

h. Mes enfants préféreraient partir en Italie.
→ ....

18 Faites des phrases.

Exemple : *Si / je / savoir / mettre un costume.*
→ ***Si j'avais su, j'aurais mis un costume.***

a. Si / nous / savoir / acheter plus de chemises.
→ ....

b. Si / Pierrette et Annie / savoir / s'habiller en noir ou en gris.
→ ....

c. Si / on / savoir / prendre un manteau.
→ ....

d. Si / Patrick / savoir / emporter un maillot de bain.
→ ....

e. Si / tu / savoir / se couvrir.

→ ....

f. Si / Corinne / savoir / donner ses vêtements à la Croix-Rouge.

→ ....

g. Si / Jean et Paulette / savoir / offrir une montre à Étienne.

→ ....

h. Si vous / savoir / choisir le pull en cachemire.

→ ....

19 Faites des reproches avec les verbes entre parenthèses.

Exemple : *Michel est en retard. (pouvoir) :* ***« Tu aurais pu arriver à l'heure ! »***

a. Cécile ne vous a pas téléphoné. (devoir) :

« Elle .... ! »

b. Vous n'avez pas fait attention. (pouvoir) :

« Vous .... ! »

c. Ils ne se sont pas excusés. (pouvoir) :

« Ils .... ! »

d. Nicolas n'a pas étudié assez. (pouvoir) :

« Tu .... ! »

e. Elles n'ont pas prévenu de leur arrivée. (devoir) :

« Elles .... ! »

f. Dragan n'a pas parlé à ses parents de son problème (devoir) :

« Il .... ! »

g. Vous avez dépensé tout l'argent (pouvoir) :

« Vous .... ! »

h. Gil n'est pas venu (pouvoir) :

« Tu .... ! »

20 Complétez l'extrait du roman avec les éléments suivants.

aurions su – me serais rendu – aurions pu – aurais attendu – aurais eu – **aurais dû** – aurait suivi

— Quand j'ai repéré le fiacre, j'**aurais dû** faire aussitôt demi-tour et marcher dans la direction opposée. Alors j' .... tout loisir de prendre un autre fiacre, ou, mieux encore, je .... au Northumberland Hotel et j' .... là. Une fois que notre inconnu .... Baskerville jusqu'à son hôtel, nous .... alors jouer son jeu à ses dépens, et nous .... où il allait ensuite.

Sir Conan DOYLE, *Le Chien de Baskerville*, éd. Robert Laffont, 1975.

UNE INFORMATION NON CONFIRMÉE

21 Rédigez des titres de journaux.

Exemple : *Un ours / être aperçu / dans le parc du Centenaire.*
→ *Un ours* ***aurait été*** *aperçu dans le parc du Centenaire.*

a. Un loup / attaquer des génisses / dans le département de l'Isère.
→ ....

b. Plus de cent vaches folles / être consommé / en France cette année.
→ ....

c. Les chiens de l'Hospice du Grand-St-Bernard / sauver / plus de 2000 personnes en 300 ans.
→ ....

d. Un singe / transmettre / le virus du SIDA à l'homme.
→ ....

e. Des dauphins / secourir des pêcheurs en difficulté / près de Sumatra.
→ ....

f. Un cacatoès à huppe jaune / vivre / 103 ans.
→ ....

g. Sur mille tigres, seuls trois / attaquer / des hommes.
→ ....

h. En Australie, un chat / parcourir / 2400 kilomètres pour retrouver la maison de ses maîtres.
→ ....

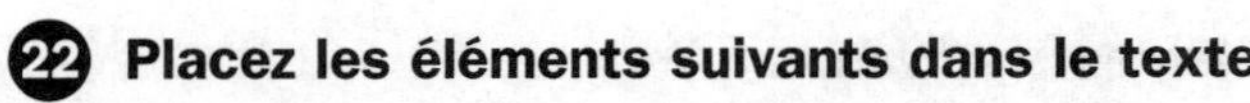

22 Placez les éléments suivants dans le texte.

aurait caché – enterré – aurait été déplacé – aurait conduit – **aurait affirmé** – aurait été – aurait été jeté – aurait avoué

Jeanne-Marie, a disparu vendredi 18 juin en milieu de journée alors qu'elle jouait dans le jardin devant la maison de ses parents à Rhinau. Seul le vélo de la petite fille avait été retrouvé, à environ 200 mètres de sa maison, près d'un court de tennis du complexe sportif du village.

Un homme handicapé **aurait affirmé** aux enquêteurs avoir renversé la fillette vendredi. Le suspect, dont le permis de conduire avait été suspendu, ... une voiture volée en état d'ébriété. L'homme .... également avoir emporté le corps mais n'a pas indiqué l'endroit où il l' .... [...]

Selon une source proche de l'enquête, le corps de la fillette .... plusieurs fois après l'accident de voiture dont elle .... victime. [...]

Le corps de la fillette .... dans un point d'eau, puis .... dans la forêt avant d'être une nouvelle fois déplacé dans un lieu indéterminé.

Extrait de : http://alsace.france3.fr/dossiers/3251898-fr.php

23 Complétez le texte avec les verbes suivants au conditionnel passé.

s'échapper – se passer mal – **menacer** – subir – être hospitalisé – déposer

C'est le désespoir teinté d'un brin de révolte et d'exaspération qui a conduit un habitant de Rezé dans une mésaventure dont il essaye aujourd'hui de s'extirper en lançant un SOS. [...] le 8 novembre dernier, il se retrouve convoqué au Commissariat : il **aurait menacé** directement une conseillère municipale et celle-ci .... plainte pour harcèlement.

L'entretien avec le brigadier .... Le justiciable affirme avoir été passé à tabac « par cinq ou six policiers » devant son père – ce que démentent formellement les services de Police. Il .... d'office, puis transféré au Centre psychiatrique de Montbert à 30 kilomètres de Nantes d'où il .... le lendemain alors qu'un médecin, dans l'attente de l'autorisation du Préfet lui avait annoncé sa probable libération. Le lundi suivant, deux fourgons de police et une ambulance stationnaient devant chez lui pour tenter, en vain, de l'appréhender. Les parents de l'homme traqué décident alors d'envoyer un courrier au maire de la ville, [...] dans lequel ils font état des violences qu' .... leur fils. [...].

Un citoyen trop motivé pour se remettre au travail, de Jean-Pierre Pinon
http://www.agitateur.org/article.php3?id_article=697

Évaluation 7

1 Complétez l'extrait du roman au conditionnel présent. /10 points

[...] d'ailleurs la clientèle **augmenterait** ; il y comptait, car il voulait que Berthe fût bien élevée, qu'elle eût des talents, qu'elle apprît le piano. Ah ! qu'elle .... (être) jolie, plus tard, à quinze ans, quand, ressemblant à sa mère, elle .... (porter) comme elle, dans l'été, de grands chapeaux de paille ! On les .... (prendre) de loin pour les deux sœurs. Il se la figurait travaillant le soir auprès d'eux, sous la lumière de la lampe ; elle lui .... (broder) des pantoufles ; elle .... (s'occuper) du ménage ; elle .... (emplir) toute la maison de sa gentillesse et de sa gaieté. Enfin, ils .... (songer) à son établissement : on lui .... (trouver) quelque brave garçon ayant un état solide ; il la .... (rendre) heureuse ; cela .... (durer) toujours.

Gustave Flaubert,
Madame Bovary, 1857.

2 Associez les questions et les réponses. /10 points

a. Que se passerait-il si vous n'alliez pas au bureau ce matin ?

b. Qu'aimeriez-vous voir disparaître de votre vie ? Par quoi le remplaceriez-vous ?

c. Qu'est-ce que vous feriez si vous aviez des ailes ?

d. Si vous pouviez choisir de vivre cinq nouvelles vies, quelles seraient-elles ?

e. Que feriez-vous si vous perdiez tout sens moral pour une journée ?

f. Quel livre emporteriez-vous sur une île déserte ?

g. Si vous pouviez jeter un sort à quelqu'un, quel serait-il ?

h. Que souhaiteriez-vous avoir dans votre vie, si c'était uniquement pour une journée ?

i. Si vous étiez une plante d'intérieur ou un animal domestique, que penseriez-vous des humains que vous côtoyez ?

j. Si vous pouviez avoir un pouvoir surnaturel, lequel serait-ce ?

k. Que changeriez-vous sur notre planète ?

1. Je planerais au dessus des océans, des montagnes et des déserts.

2. Je les trouverais un peu trop agités.

3. Je voudrais ne plus devoir travailler. Je consacrerais 80 % de mon temps aux loisirs.

4. Je l'ensorcellerais pour qu'il n'aime que moi.

5. Mon patron me téléphonerait pour savoir ce qui se passe.

6. Je ferais exploser la planète.

7. Je pourrais changer le sable en or.

8. Je serais un grand sportif, un écrivain, un mannequin, une star de cinéma et un chef d'orchestre.

9. Je supprimerais la pauvreté et la faim.

10. J'aimerais posséder *Mona Lisa.*

11. Je prendrais les *Pensées* de Pascal.

a5 ; **b.** .... ; **c.** .... ; **d.** .... ; **e.** .... ; **f.** .... ; **g.** .... ; **h.** .... ;

i. .... ; **j.** .... ; **k.** ....

3 Complétez l'extrait des *Désenchantées* avec les éléments proposés. **/10 points**

entendrais – **aurait vécu** – n'aurais pas eu – n'aurait rien su – n'auraient pas pleuré – verrais

Et elle **aurait vécu**, si elle était restée la petite barbare, la petite princesse des plaines d'Asie ! Elle .... du néant des choses... C'est de trop penser et de trop savoir, qui l'a empoisonnée chaque jour un peu... C'est l'Occident qui l'a tuée, André... Si on l'avait laissée primitive et ignorante, belle seulement, je la .... là près de moi, et j' .... sa voix... Et mes yeux .... comme ils pleureront des jours et des nuits encore... Je .... ce désespoir, André, si elle était restée la petite princesse des plaines d'Asie...

Pierre Loti, *Les Désenchantées*, éd. Aubéron, 1906.

4 Complétez l'extrait au conditionnel présent ou passé. */10 points*

Matière seule : l'énergie contenue dans la matière seule **représenterait** (représenter) 100 % (et non 30 %) de la quantité totale d'énergie dans l'Univers.

***Big Crunch* :** notre Univers .... (être) fermé, l'énergie totale étant supérieure à la densité critique, et il .... (finir) par s'effondrer sur lui-même en un *Big Crunch*, l'inverse du *Big Bang*.

Univers bulles : notre Univers .... (pouvoir) être une bulle parmi une infinité d'autres bulles. L'ensemble de ces univers distincts aux lois différentes .... (former) l'Univers global, le « Multiunivers ».

Pré *Big Bang* : hypothèse selon laquelle notre Univers .... (naître) d'un univers primordial beaucoup plus froid et vide.

Matière sombre chaude : la matière sombre de l'Univers .... (pouvoir) être composée en majorité de particules « chaudes » ayant une vitesse supérieure à 10 000 km/s, les grandes structures initiales .... (être) morcelées par la suite.

Si la densité de matière qui est contenue dans l'univers équivaut à peu près la densité critique, c'est-à-dire dix atomes d'hydrogène par mètre cube, la force de gravitation agissant sur l'univers tout entier .... (s'équilibrer) alors avec la force qui agit entre la matière, l'énergie du vide, par laquelle la matière tend à se repousser mutuellement. Ces deux forces, en se compensant, ... (donner) alors une géométrie particulière, l'univers .... (être) considéré comme plat à grande échelle.

Extrait de : http://www.chambonjf.fr/TPE_Phil

4 Le subjonctif

Mémento p. 257

Le subjonctif présent

1 Indicatif ou subjonctif ? Soulignez la bonne réponse.

Exemple : *Nous ne pensons pas que la France (est / **soit**) à la veille d'une révolution.*

a. Je crois que c'est très important que nous (Français et Américains) (nous comprenons / nous comprenions) mieux.

b. Il est vraiment dommage que les Français ne (savent / sachent) pas que les habitants des États-Unis sont des Étasuniens.

c. Nous souhaiterions que tu (peux / puisses) bénéficier d'une bourse pour étudier en France.

d. Elle tient à vous féliciter pour le travail que vous (faites / fassiez) en France.

e. J'évoquerai demain avec le Premier ministre Koizumi, une alliance entre le Japon et la France pour que nous (conjuguons / conjuguions) nos forces afin de développer les technologies dont le monde a besoin pour permettre un développement durable.

f. Pensez-vous qu'une prochaine dictature en France (est / soit) proche ?

g. Il me semble que tous les Français (sont / soient) d'accord sur ce point.

h. Ne faudrait-il pas que la France (prend / prenne) maintenant, de manière peut-être audacieuse, l'initiative d'une politique commune de la recherche ?

2 Relevez les énoncés au subjonctif présent et dites ce qu'ils expriment : le refus, le but, l'interdiction, le conseil, le souhait...

HARPAGON — Je vois bien que vous en avez ouï quelques mots. C'est que je m'entretenais en moi-même de la peine qu'il y a aujourd'hui à trouver de l'argent, et je disais qu'il est bienheureux qui peut avoir dix mille écus chez soi.

CLÉANTE. — Nous feignions à vous aborder, de peur de vous interrompre.

HARPAGON. — Je suis bien aise de vous dire cela, **afin que vous n'alliez pas prendre les choses de travers** [...]

ÉLISE. — Ne vous mettez point en colère.

HARPAGON. — Cela est étrange, que mes propres enfants me trahissent et deviennent mes ennemis !
[...]
ÉLISE. – Ah ! mon père.

HARPAGON. — Pourquoi ce cri ? Est-ce le mot, ma fille, ou la chose, qui vous fait peur ?

CLÉANTE. — Le mariage peut nous faire peur à tous deux, de la façon que vous pouvez l'entendre ; et nous craignons que nos sentiments ne soient pas d'accord avec votre choix.

[…]

HARPAGON. — Il y a une petite difficulté : c'est que j'ai peur qu'il n'y ait pas avec elle tout le bien qu'on pourrait prétendre.

CLÉANTE. — Ah ! mon père, le bien n'est pas considérable, lorsqu'il est question d'épouser une honnête personne.

[…]

HARPAGON. — Enfin je suis bien aise de vous voir dans mes sentiments ; car son maintien honnête et sa douceur m'ont gagné l'âme, et je suis résolu de l'épouser, pourvu que j'y trouve quelque bien.

[…]

HARPAGON. *Il contrefait sa révérence.* — Et moi, ma petite fille ma mie, je veux que vous vous mariiez, s'il vous plaît.

ÉLISE. — Je vous demande pardon, mon père.

HARPAGON. — Je vous demande pardon, ma fille.

ÉLISE. — Je suis très humble servante au seigneur Anselme ; mais, avec votre permission, je ne l'épouserai point.

[…]

HARPAGON. — Voilà Valère : veux-tu qu'entre nous deux nous le fassions juge de cette affaire ?

ÉLISE. — J'y consens.

MOLIÈRE, *L'Avare*, 1669, extraits.

Énoncés au subjonctif présent	Ce qu'ils expriment
– afin **que vous** n'**alliez** pas prendre les choses de travers	– le but
–	– ....
–	– ....
–	– ....
–	– ....
–	– ....
–	– ....
–	– ....
–	– ....
–	– ....

L'ORDRE, L'OBLIGATION, L'AUTORISATION LE REFUS, L'INTERDICTION

3 Complétez l'extrait des *Pensées* de Pascal.

III. Véritable Religion prouvée par les contrariétés qui sont dans l'homme, et par le péché originel.

Les grandeurs et les misères de l'homme sont tellement visibles, qu'il faut nécessairement que la véritable religion nous **enseigne** (enseigner), qu'il y a en lui quelque grand principe de grandeur, et en même temps quelque grand principe de misère. Car il faut que la véritable Religion .... (connaître) à fond notre nature, c'est-à-dire qu'elle .... (connaître) tout ce qu'elle a de grand, et tout ce qu'elle a de misérable, et la raison de l'un et de l'autre. Il faut encore qu'elle nous .... (rendre) raison des étonnantes contrariétés qui s'y rencontrent. S'il y a un seul principe de tout, une seule fin de tout, il faut que la vraie Religion nous .... (enseigner) à n'adorer que lui, et a n'aimer que lui. Mais comme nous nous trouvons dans l'impuissance d'adorer ce que nous ne connaissons pas, et d'aimer autre chose que nous, il faut que la Religion qui instruit de ces devoirs nous .... (instruire) aussi de cette impuissance, et qu'elle nous en .... (apprendre) les remèdes.

Il faut rendre l'homme heureux qu'elle lui .... (montrer) qu'il y a un Dieu, qu'on est obligé de l'aimer, que notre véritable félicité est d'être à lui, et notre unique mal d'être séparé de lui. Il faut qu'elle nous .... (apprendre) que nous sommes plein de ténèbres qui nous empêchent de le connaître et de l'aimer, et qu'ainsi nos devoirs nous obligeant d'aimer Dieu, et notre concupiscence nous en détournant, nous sommes pleins d'injustice. Il faut qu'elle nous .... (rendre) raison de l'opposition que nous avons à Dieu et à notre propre bien. Il faut qu'elle nous en .... (enseigner) les remèdes, et les moyens d'obtenir ces remèdes. Qu'on .... (examiner) sur cela toutes les Religions, et qu'on .... (voir) s'il y en a une autre que la Chrétienne qui y .... (satisfaire)

Blaise PASCAL,
Les Pensées, 1671.

4 Transformez les phrases.

Exemple : *Tu* ***dois*** *dormir plus !* → *Il* ***faut que*** *tu dormes plus !*

a. Vous devez vous reposer maintenant !

→ Il faut que vous reposiez maintenant !

b. Elle doit prendre ses médicaments !

→ Il faut qu'elle prenne ses médicaments !

c. Ils doivent se mettre au yoga !

→ Il faut qu'ils mettent au yoga !

d. Nous devons manger moins !

→ Il faut que nous mangent moins !

e. Il doit arrêter de fumer !

→ Il faut qu'il arrête de fumer !

f. Je dois réussir à prendre quelques jours de vacances !

→ Il faut que je !

g. Ils doivent se détendre !

→ Il faut qu'ils d !

h. On doit faire une cure de thalasso !

→ Il faut qu'on fasse une cure de thalasso !

5 Complétez les phrases.

Exemple : *J'ordonne que* ***vous obéissiez****. (obéir)*

a. il est primordial (important) que nous nous conformions (se conformer) strictement au calendrier arrêté.

b. Elle demande que tu lui apportes (apporter) le compte-rendu de la réunion.

c. La loi exige que les documents soient (être) publiés dans les deux langues officielles.

d. Il faut que le gouvernement fasse (faire) des réformes dans l'éducation.

e. Vous voulez qu'elle suive (suivre) le programme à la lettre ?

f. Il est nécessaire que le vote .... (avoir) lieu à mains levées.

g. Il est indispensable que les enfants .... (savoir) bien quel comportement vous considérez inacceptable.

h. Il est obligatoire que nous .... (évoquer) le lien entre exclusion scolaire et délinquance.

6 Complétez l'extrait de *Lorenzaccio* avec les éléments suivants.

sorte – sois – **m'empoisonne** – sache – saute – laisse – rompe – aie

LORENZO

— Tu me demandes pourquoi je tue Alexandre ? Veux-tu donc que je **m'empoisonne**, ou que je .... dans l'Arno ? Veux-tu donc que je .... un spectre, et qu'en frappant sur ce squelette... (*Il se frappe la poitrine.*) il n'en .... aucun son ? Si je suis l'ombre de moi-même, veux-tu donc que je .... le seul fil que rattache aujourd'hui mon cœur à quelques fibres de mon cœur d'autrefois ! Songes-tu que ce meurtre, c'est tout ce qui me reste de ma vertu ? Songes-tu que je glisse depuis deux ans sur un rocher taillé à pic, et que ce meurtre est le seul brin d'herbe où j'aie pu cramponner mes ongles ? Crois-tu donc que je n' .... plus d'orgueil, parce que je n'ai plus de honte, et veux-tu que je .... mourir en silence l'énigme de ma vie ?

[…]

J'en ai assez d'entendre brailler en plein vent le bavardage humain ; il faut que le monde .... un peu qui je suis, et qui il est. Dieu merci, c'est peut-être demain que je tue Alexandre ; dans deux jours j'aurai fini.

Alfred de MUSSET, *Lorenzaccio*, acte III, scène 3, 1834.

7 Choisissez la bonne réponse.

Exemple : *Je n'admets pas (**que l'on m'oblige** / de m'obliger) à mettre ma ceinture de sécurité.*

a. Il est interdit (de rouler / que nous roulions) à moto sans casque.

b. Je te défends (de conduire / que tu conduises).

c. Nous voulons bien (acheter / que nous achetions) cette voiture.

d. Elle s'est opposée (à ce que nous rentrions / à rentrer) de nuit.

e. Nous refusons (de prendre / que nous prenions) la voiture pour y aller.

f. Il est défendu (de stationner / qu'on stationne) ici.

g. Ils acceptent (que nous nous garions / de nous garer) devant chez eux.

h. Tu lui permets (d'aller / qu'il aille) en vacances à moto ?

DONNER UN CONSEIL

8 Complétez le dialogue.

Préparation de fête dans l'immeuble...

MARC. – Salut Thomas.

THOMAS. – Salut Marc, comment vas-tu ?

MARC. – Ça va. Dis-moi Thomas, je voudrais organiser une fête dans l'immeuble. Qu'est-ce que tu me conseilles ?

THOMAS. – D'abord il faudrait que tu en **parles** (parler) à tes voisins. Plus vous serez nombreux à préparer la fête, plus elle a de chance d'être réussie. Ensuite ce serait bien que vous ....personnalisiez........ (personnaliser) vos tracts. Il est indispensable que vous ....teniez........ (tenir) la fête dans les parties communes de l'immeuble, ce sera moins intimidant pour les personnes qui ne connaissent pas grand monde dans l'immeuble.

Il est important aussi que vous ....pensiez........ (penser) au matériel : tréteaux, sièges... Pour les boissons, il serait intelligent que tu ....prévoies........ (prévoir) des boissons avec et sans alcool. Le mieux serait que chacun ....apporte........ (apporter) sa contribution pour le buffet. Il ne faut pas que vous ....oubliez........ (oublier) les enfants ! Et le jour de la fête, je te conseille de ne pas rester dans ton coin, il serait bon que tu ....fasse........ (faire) le premier pas, pour les timides c'est important.

Dernière chose, ce serait bien que tu ....songes........ (songer) à la décoration et à la musique mais attention de ne pas déranger ceux qui ne participent pas à la fête. Voilà !

9 Complétez avec les éléments suivants.

soyez – éliminiez – **vous déclariez** – soient – puisse – arrive – surgisse – preniez – se produise

Lorsque vous quittez le pays, il est primordial que **vous déclariez** les objets de valeur que vous apportez avec vous à l'étranger (exemple : caméra, ordinateur). De cette façon, vous n'aurez pas de problème lorsque vous reviendrez au Canada. […]

À l'étranger, il importe d'être deux fois plus prudent qu'au Canada. Les étrangers sont en effet considérés comme des cibles de choix par les criminels parce que les nouveaux arrivants sont moins familiers avec leur environnement. Il est donc primordial que vous .... des précautions pour ne pas attirer trop l'attention sur votre personne. […]

D'autre part, il est possible que vous .... vous-même à l'origine d'un problème. Si vous effectuez un stage à l'étranger, les actes que vous poserez dans ce cadre engageront votre responsabilité. Êtes-vous couvert dans l'éventualité d'un tel événement malheureux ? Assurez-vous de posséder une assurance responsabilité civile adéquate pour vous protéger en cas d'accident.

En somme, il est primordial que vous .... la pensée magique que rien ne vous arrivera à l'étranger. Il se peut qu'il vous .... une mésaventure à l'étranger, mais il vous est aussi possible de prendre certaines mesures pour diminuer les risques qu'elle .... […]

La plupart des voyages se déroulent sans accroc et vous en reviendrez avec de merveilleux souvenirs. Il est toutefois possible qu'un problème imprévu .... lorsque vous serez à l'étranger. […]

Il est également possible que des frais .... exigés pour la prestation de certains services consulaires.

Si vous restez plus de trois mois à l'étranger, il est conseillé, mais non obligatoire, de vous inscrire à la mission canadienne la plus proche. Cette démarche a l'avantage, dans certains pays, de faire en sorte que l'on .... vous rejoindre rapidement en cas d'urgence. […]

Extrait de : http://www.bi.ulaval.ca/etudiantUL/etape05/etape05.html

10 À partir des dix conseils diététiques, complétez les phrases.

10 conseils diététiques

1. Faire trois repas par jour au moins, matin, midi et soir.
2. Prendre le temps de s'attabler et de bien mastiquer.
3. Apprendre à choisir ses aliments et éviter les produits transformés.
4. Se méfier des aliments gras et des plats en sauce.
5. Diversifier au maximum ses repas.
6. Manger au moins deux à trois portions de légumes colorés par jour.
7. Consommer au moins deux fruits frais.
8. Ne pas se priver de pain et de féculents.
9. Absorber un produit laitier allégé par repas.
10. Boire 1 litre 1/2 d'eau par jour.

1. Il est indispensable que vous fassiez trois repas par jour au moins, matin, midi et soir.

2. Il est préférable que vous prenrez le temps de s'attabler

3. Il serait bien que vous apreniez à choisir ses aliments gras &

4. Il vaudrait mieux que vous méfiiez

5. Il est recommandé que vous diversifiiez

6. Il serait souhaitable que vous mangiez

7. Il est indiqué que vous consommiez

8. Il est important que vous ne vous priviez pas

9. Il est conseillé que vous absorbiez

10. Il faudrait que vous buviez

LE SOUHAIT, LE DÉSIR, LA VOLONTÉ, LA DEMANDE

11 Complétez les extraits du poème de François Aragon.

Vienne

Je voudrais que **tu reviennes** (revenir)
Je voudrais que tu ....parvennes.... (parvenir)
À te souvenir de Vienne
Où je t'avais connue [...]
Je voudrais que tu ....retiennes.... (retenir)
Ma tête au creux de la tienne
Rien d'autre qui me ....soutienne.... (soutenir)
En ce monde inconnu [...]

Je voudrais que tu ....reviennes.... (revenir)
Il faut que tu ....te souviennes.... (se souvenir)
Ou dis-moi ce que **deviennent** (devenir)
Nos amours éperdues [...]

François Aragon
Extrait de : francois.aragon@neuf.fr

12 Faites des phrases.

Exemple : *Il / vouloir / tu / venir à son mariage*
→ ***Il voudrait que tu viennes à son mariage.***

a. Je / préférer / Blaise / être mon témoin
→ ....

b. Nous / aimer / vous / se marier à l'église
→ ....

c. Ils / désirer / je / trouver une épouse rapidement
→ ....

d. Elles / apprécier / nous / assister à la cérémonie
→ ....

e. Je / souhaiter / ils / établir une liste de mariage dans ce magasin

→ ....

f. Ça / nous plaire / Sabine / faire des photos de la noce

→ ....

g. Cela lui / faire plaisir / nous / approuver cette union

→ ....

h. Ça / être bien / vous / organiser la célébration de mariage dans son intégralité

→ ....

13 Complétez cette petite annonce avec les verbes suivants au subjonctif présent.

être (2 fois) – dépasser – avoir (3 fois) – faire – pouvoir – jouir

Je cherche un appartement qui **soit** situé dans le centre d'Avignon et qui .... un balcon. J'aimerais qu'il .... environ 70 m^2 et qu'il y .... des placards où je .... ranger mes affaires. J'aimerais bien aussi que la pièce principale .... d'une vue sur un jardin ou un parc. Je souhaiterais que le loyer ne .... pas 500 euros par mois et que les charges .... faibles. Je voudrais enfin un emplacement de parking où j' .... la possibilité de stationner ma voiture.

14 Complétez cette petite annonce avec les éléments proposés.

pouvoir comprendre mes sentiments profonds – aimer les bonnes choses de la vie et être sincère – savoir écouter les autres et leur venir en aide quand ils en ont besoin – faire entièrement confiance – se sentir bien – rire et s'amuser

Je cherche un homme qui ....

...................................., qui ....

et qui ....; quelqu'un qui ....

....

Mon souhait serait une personne à qui je ....

et auprès de qui je ...., un être avec lequel je ....

....

LES SENTIMENTS : LA JOIE, LA SURPRISE, LA COLÈRE, LA TRISTESSE, LE REGRET, LA PEUR...

15 Faites une phrase au subjonctif présent à partir de l'exemple.

Exemple : *Vous venez samedi soir ? Nous sommes contents.*
→ *Nous sommes contents que vous* ***veniez*** *samedi soir.*

a. Tu l'invites à déjeuner ? Elle est ravie.
→ Elle est ravie que tu l'invites

b. On leur envoie un carton d'invitation ? Ils aimeraient beaucoup.
→ Ils aimeraient beaucoup que on leur envoie

c. Ils vont au restaurant à vélo ? C'est amusant.
→ C'est amusant qu'ils aillient

d. Elle nous a dit de venir dîner. J'étais heureux.
→ J'étais heureux qu'elle nous ait dit de venir diner

e. Il ne savait pas que Céline était également invitée. Ça m'a fait rire.
→ ça m'a fait rire que il ne sache pas que Céline

f. Leur fils a reçu une invitation à la Garden-party de l'Élysée. Ils s'en sont félicités.
→ ...

g. On le suppliait de venir à toutes les soirées. Il adorait ça.
→ ...

h. Vous nous avez conviés à votre fête. Nous avons apprécié.
→ ...

16 Faites des phrases avec les éléments proposés.

Exemple : *J'ai été surpris / déclaration du président*
→ *J'ai été surpris que le président* ***fasse*** *une déclaration.*

a. Ça nous a étonnés / démission du Premier ministre
→ ...

b. Elle a été stupéfaite / pas de réponse du maire
→ ...

c. Il est incroyable / pas de réaction de la classe politique
→ ...

d. Ils sont stupéfaits / mise en grève des policiers

→ ....

e. Il est inattendu / accord des socialistes avec l'opposition

→ ....

f. Cela nous surprend / reprise de cette discussion à l'Assemblée

→ ....

g. Nous sommes abasourdis / poursuite d'une carrière politique de ce député après sa condamnation

→ ....

....

h. Il est inimaginable / adoption de cette loi au Parlement

→ ....

17 Reconstituez les phrases.

Exemple : *inacceptable / impôts / d' / autant / payions / trouve / nous / Jean-François / que*

→ ***Jean-François trouve inacceptable que nous payions autant d'impôts.***

a. moment / que / déclaration / tu / au / toujours / m' / fasses / énerve / Ça / ta / dernier

→ ....

....

b. le / furieux / lui / avis / Frédéric / fisc / redressement / envoie / était / que / un / de

→ ....

....

c. soient / de / est / façon / Il / nos / gaspillés / que / cette / impôts / insupportable

→ ....

....

d. taxe / veuille / est / foncière / que / Cécile / maire / très / augmenter / en / la / colère / le

→ ....

....

e. prenne / les / agace / on / vaches / les / contribuables / lait / des / à / Cela / qu' / pour

→ ....

....

f. une / est / qu' / aux / plus / impôts / baisse / riches / inadmissible / d' / Il / profite

→ ....

....

g. doive / pouvoir / une / Il / l' / la / payer / est / redevance / que / pour / télé / intolérable / regarder / on

→ ....

....

h. que / accusiez / Je / n' / fiscale / vous / admets / m' / de / pas / fraude

→ ....

....

18 Complétez les phrases avec les verbes au subjonctif présent.

se battre – falloir – être (2 fois) – devoir – avoir – connaître – rester – faire

Exemple : *Les ouvriers sont bouleversés que leur usine **soit** délocalisée.*

a. Nous regrettons que les jeunes ne / n'.................................... pas plus l'esprit d'entreprendre aujourd'hui.

b. Je suis triste que vous ne .... pas dans notre entreprise.

c. Il est lamentable qu'une personne .... l'objet d'une discrimination à l'embauche.

d. Ça m'attriste qu'il .... licencier 200 personnes mais nous n'avons pas le choix.

e. Le patron était catastrophé que les chiffres .... si bas.

f. Il est navrant que cet employé ne .... pas ses droits.

g. Ça me désole que tu ne .... pas plus pour garder une activité professionnelle.

h. Tout le personnel est consterné que l'entreprise .... fermer.

19 Transformez les phrases.

Exemple : *Tu m'interdis de fumer, ça me dérange.* → *Ça me dérange* ***que tu m'interdises*** *de fumer.*

a. Vous me dérangez toutes les cinq minutes, cela m'ennuie.

→ ....

b. On ne peut rien faire pour elle, ça me chagrine.

→ ....

c. Nous partons sans eux, ça m'embête.

→ ....

d. Il pleut continuellement, cela me désole.

→ ....

e. Elle fait tout comme moi, ça m'agace.

→ ....

f. Vous vous moquez de moi en public, cela me déçoit.

→ ....

g. La RATP est en grève, cela me rend furieux.

→ ....

h. Il ne finit jamais son assiette, ça me met en colère.

→ ....

LA NÉGATION ET L'INTERROGATION DES VERBES D'OPINION

20 Complétez les phrases avec un subjonctif ou un indicatif.

Exemple : — *Croyez-vous qu'il* ***faille*** *(falloir) l'attendre ?*
— *Je crois qu'il* ***faut*** *(falloir) l'attendre.*

a. Je ne suis pas sûre qu'ils .... (vouloir) rentrer tout de suite.

b. Il me semble qu'elles .... (avoir) l'intention de partir.

c. Je pense que nous .... (devoir) nous en aller maintenant.

d. Estimes-tu qu'il .... (être) nécessaire d'aller la chercher ?

e. Il est peu probable qu'ils .... (pouvoir) trouver un taxi à cette heure-ci

f. Nous sommes convaincus qu'ils .... (aller) arriver d'une minute à l'autre.

g. Je trouve qu'elles .... (mettre) beaucoup de temps pour venir.

h. Il est possible qu'elle .... (faire) un détour par chez elle avant de venir.

21 **Mettez les phrases à la forme négative.**

Exemple : *Je crois qu'il* ***fera*** *beau demain.*
→ *Je* ***ne*** *crois* ***pas*** *qu'il* ***fasse*** *beau demain.*

a. Je suis sûr qu'il va pleuvoir.
→ ....

b. Je suis convaincue qu'il va y avoir de la neige ce soir.
→ ....

c. J'ai l'impression que l'hiver viendra en avance cette année.
→ ....

d. Je suis certaine que la tempête détruira toutes les récoltes.
→ ....

e. Je pense que l'eau douce va bientôt disparaître de la surface du globe.
→ ....

f. Je trouve que le désert s'étend dans ce pays.
→ ....

g. Je suis persuadé que le vent du nord va rafraîchir l'atmosphère.
→ ....

h. J'affirme que l'homme pourra contrôler d'ici peu les climats.
→ ....

22 **Transformez les phrases à la forme interrogative.**

Exemple : *Je pense que l'État a une responsabilité en terme de protection des citoyens fumeurs comme non fumeurs vis-à-vis du tabac dans les lieux publics.*
→ ***Pensez-vous que l'État*** ***<u>ait</u>*** *une responsabilité en terme de protection des citoyens fumeurs comme non fumeurs vis-à-vis du tabac dans les lieux publics ?*

a. Je considère que cette mesure est une réponse adaptée.
→ ....

b. J'ai l'impression que ce traitement peut l'aider à arrêter de fumer.
→ ....

c. J'estime que nous avertissons suffisamment les fumeurs des risques qu'ils encourent.
→ ....

d. Je trouve qu'on vend trop facilement des cigarettes aux mineurs.

→ ....

e. Je suis d'avis qu'il faut encore augmenter le prix du paquet de cigarettes.

→ ....

f. Je crois qu'on met trop l'accent sur le tabac mais pas assez sur l'alcool ou la drogue.

→ ....

g. L'interdiction de fumer dans les lieux publics, j'estime qu'il s'agit d'une loi utile.

→ ....

h. Je pense que tout cela va à l'encontre des libertés individuelles.

→ ....

Le subjonctif passé

23 Associez les phrases avec les éléments proposés pour justifier l'utilisation du subjonctif passé.

a. C'est le plus beau match que j'aie vu.	**1.** la colère
b. Je suis étonné que tu aies changé de club.	**2.** la joie
c. C'est déjà bien qu'ils soient allés en finale de la coupe du monde.	**3.** la peur
d. Je regrette que ce joueur se soit comporté de la sorte.	**4. après un superlatif**
e. Je suis content que nous ayons gagné.	**5.** la probabilité
f. Il est anormal que vous ayez obtenu un penalty.	**6.** le regret
g. Je ne crois pas qu'il ait voulu discuter la décision de l'arbitre.	**7.** la négation d'un verbe d'opinion
h. Il se peut qu'ils aient eu de la chance, mais ils ont gagné.	**8.** la satisfaction
i. J'ai peur que vous ayez joué le dernier match de votre carrière.	**9.** la surprise

a4 ; **b.** .... ; **c.** .... ; **d.** .... ; **e.** .... ; **f.** .... ; **g.** .... ; **h.** .... ; **i.** ....

24 Complétez les phrases au subjonctif passé.

Exemple : *Croyez-vous qu'il **ait fait** (faire) des progrès en chant ?*

a. Bien qu'elle .... (suivre) des cours de piano, elle joue terriblement mal.

b. C'est la plus belle musique que je / j' .... (entendre) jusqu'à présent.

c. Le principal c'est qu'elles .... (entrer) au conservatoire.

d. C'est bien que tu nous .... (avertir) de l'annulation du concert.

e. Ce n'est pas étonnant qu'il .... (remporter) trois victoires de la musique.

f. C'est dommage que vous .... (ne pas avoir) le temps d'écouter son dernier disque.

g. Elle est jalouse que nous .... (aller) au concert sans elle.

h. Je regrette qu'ils .... (se lancer) dans cette tournée européenne.

25 Complétez les phrases au subjonctif passé et mettez en doute les affirmations suivantes.

0. Un astéroïde a probablement été à l'origine de la disparition des dinosaures.

1. L'homme de Cro-Magnon et l'homme de Neandertal se sont rencontrés.

2. Les Néandertaliens ont disparu en raison de changements climatiques.

3. Dieu a créé l'homme puis la femme.

4. Nous sommes peut-être venus d'une autre planète.

5. Vous avez eu des ancêtres africains.

6. Le tyrannosaure pouvait attraper ou maintenir une proie avec ses bras.

7. Il a pu visiter les grottes de Lascaux.

8. Elles ont fait des études de paléontologie.

Exemple : *Je doute qu'un astéroïde **ait été** à l'origine de la disparition des dinosaures.*

a. On n'est pas sûr que ....

....

b. Il n'est pas certain que ....

....

c. Je ne suis pas convaincu que ....

....

d. Il est peu probable que ....

....

e. Il se peut que ....

....

f. Il est impossible que ....

....

g. Il y a peu de chances que/qu' ....

....

h. Il est peu vraisemblable que/qu' ....

....

26 **Remplacez les verbes au subjonctif présent par un subjonctif passé.**

Exemple : *Je ne crois pas qu'il* ***vienne*** *(ce soir).*
→ *Je ne crois pas qu'il* ***soit venu*** *(hier).*

a. Il y a peu de chance que nous nous rencontrions (à l'avenir).
→ .... (dans le passé).

b. Elle est heureuse que tu puisses assister à la cérémonie (samedi prochain).
→ .... (samedi dernier).

c. Nous regrettons que tu partes (le mois prochain).
→ .... (le mois dernier).

d. Je trouve inadmissible qu'ils nous quittent (demain) sans nous dire au revoir.
→ .... (la semaine dernière).

e. Je veux que vous rentriez avant 23 h.
→ .... (action envisagée achevée).

f. Ce n'est pas sûr qu'elles sortent (cet après midi).
→ .... (hier après-midi).

g. Pourvu qu'elle n'aille pas jusque chez lui ! (action non encore achevée).

→ ....(action achevée).

h. Ça m'étonne qu'il ne puisse pas la revoir avant son départ (départ non effectué).

→ ....(départ effectué).

27 **Complétez les phrases avec un subjonctif présent ou un subjonctif passé.**

Exemple : *C'est dommage que vous (ne voyez pas / **n'ayez pas vu**) ce film il y a deux jours.*

a. Nous regrettons qu'hier elles (partent / soient parties) avant la fin de la projection.

b. Les gens ne veulent pas qu'on (démolisse / ait démoli) ce vieux cinéma.

c. Nous irons à la séance de 14 h 00 à condition qu'il (y ait / y ait eu) de la place.

d. J'aimerais mieux que nous (allions / soyons allés) au cinéma ou au théâtre.

e. Je ne crois pas que ce film (obtienne / ait obtenu) une quelconque récompense au dernier festival de Cannes.

f. Nous regardons toujours les films en version originale afin que nous (puissions / ayons pu) entendre la vraie voix des acteurs.

g. Il est important que le cinéma d'auteur (continue / ait continué) d'exister.

h. Allons voir ce dessin animé mais je doute qu'il (te plaise / t'ai plu).

Évaluation 8

❶ Complétez le texte à l'indicatif présent ou au subjonctif présent. /10 points

L'ARF (Association des Régions de France) considère que la politique d'aménagement du territoire ne **peut** (pouvoir) pas se limiter au simple rappel des décisions du CIADT* depuis 2002, dans lesquelles elle relève du reste la quasi-absence des Régions d'Outre Mer. L'ARF demande que ce document introductif .... (prendre) en compte la contribution majeure des différentes collectivités territoriales au financement de la politique d'aménagement du territoire, y compris de la politique urbaine, en soulignant la part croissante qu'assurent les collectivités dans le financement des investissements publics.

– [...] Elle souhaite notamment que le CRSN** .... (faire) toute sa place aux propositions liées à une politique de massif lorsque celle-ci est portée par les Régions concernées. [...]

– L'ARF réaffirme que la dimension urbaine de la politique de cohésion .... (devoir) être traitée au sein des programmes régionaux dans le cadre d'un partenariat étroit entre Régions et collectivités infrarégionales. [...]

– L'ARF exige dès lors que .... (être) clairement posé le principe de la programmation régionale des objectifs « convergence » et « compétitivité régionale et emploi », aussi bien pour le volet FEDER*** que pour le volet FSE****, afin de prendre en compte les priorités stratégiques de développement des régions et les initiatives qui en découlent.

– [...] L'ARF exige que les Régions, compétentes de par la loi en matière de formation professionnelle, d'apprentissage et de développement économique, ... (participer) pleinement, tant pour l'objectif convergence que pour l'objectif compétitivité, à la définition des orientations nationales à prendre en compte par le FSE****, et demandent que, en cohérence avec le FEDER, les programmes opérationnels .... (être) régionaux. Par ailleurs, l'ARF demande que le FSE .... (soutenir) les efforts des Régions en matière de formation, d'économie et d'emploi au travers des politiques qu'elles .... (mettre) en œuvre et qui contribuent concrètement à lutter contre les disparités régionales.

– L'ARF estime que l'intervention des fonds structurels en matière de gestion des risques .... (devoir) d'abord se concentrer sur les risques naturels et que la prévention / réparation des risques industriels .... (relever) en premier lieu de l'application du principe « pollueur / payeur ». [...]

Extrait de : http://www.arf.asso.fr/index.php/bibliotheque/rapports/politique_europeenne_de_cohesion_l_arf_demande_des_clarifications_a_l_etat

---

* Comité interministériel pour l'aménagement et le développement du territoire.

** Cadre de référence stratégique national.

*** Fonds européen de développement régional.

**** Fonds social européen.

2 Reformulez les conseils en utilisant les expressions suivantes + le subjonctif présent. *……/10 points*

Il est / serait : souhaitable – prudent – nécessaire – préférable – judicieux – conseillé – utile – recommandé – indispensable – bon – important

Onze conseils pour favoriser de bonnes habitudes alimentaires chez l'enfant

1 Ne mettez pas votre enfant au régime : laissez-le ajuster son apport calorique en fonction de son appétit.

2 Ne soyez pas vous-même trop critique à l'égard des aliments et ne soyez pas obsédée par les calories.

3 Appuyez-le et aidez-le à choisir ce qu'il mange, mais ne le jugez pas sévèrement.

4 Insistez sur l'importance du petit-déjeuner. À l'épicerie, choisissez des céréales peu sucrées (10 g de sucre ou moins).

5 Garnissez le garde-manger et le frigo de collations saines et nutritives (fruits secs, fromage, yogourt, sucettes glacées aux jus de fruits, carrés aux dattes, etc.).

6 Limitez l'achat d'aliments riches en matières grasses et en sucres (pogos, frites, pop-tarts, croustilles, etc.).

7 Trouvez des substituts aux boissons gazeuses et coupez les jus avec de l'eau pour réduire leur apport en calories et en sucres.

8 Limitez le temps consacré à la télé et aux jeux sur l'ordinateur.

9 Prévoyez un temps d'arrêt pour les repas et les collations, et ne permettez pas à l'enfant de manger devant la télé.

10 Encouragez-le à faire de l'activité physique chaque jour et planifiez des activités sportives en famille pendant le week-end.

11 Récompensez-le par des sorties (cinéma, zoo, etc.) ou de l'équipement sportif plutôt que par une visite à son restaurant-minute préféré.

Article de Isabelle Huot.
D'après http://www.madame.ca/madame/client/fr/Sante/DetailNouvelle.asp?idNews=505&idSM=150

Exemple : ***Il est / serait souhaitable que vous ne mettiez pas votre enfant au régime et que vous le laissiez ajuster son apport calorique en fonction de son appétit.***

a. ....

b. ....

c. ....

d. ....

e. ....

f. ....

g. ....

h. ....

i. ....

Mémento p. 258

Le participe présent

1 Relevez dans la présentation de livre les verbes au participe présent et complétez le tableau.

Moi aussi… Moi plus… 1 001 différences hommes-femmes

Par Yvon Dallaire, Psychologue, Sexologue, éditions Option santé, Québec, Canada, Éditions Option Santé.

[…] La source de nos différences réside aussi dans nos trois (ou six) millions d'années d'évolution. L'homme toujours à la chasse, sur ses gardes, concentré sur sa survie physique et celle des siens, **déployant** son ingéniosité à traquer ses proies, en silence, se coupant de ses sensations pour résister au froid, à la chaleur et à l'inconfort, ravalant ses peurs d'être dévoré par les autres prédateurs, devant se repérer pour ne pas se perdre, stimulant avec les autres hommes son esprit de combativité, scrutant l'horizon, développant ainsi sa force physique et ses réflexes… Tout ça, ça conditionne un homme et ça s'inscrit dans sa nature.

La femme souvent enceinte, vivant dans la caverne avec les autres femmes et enfants, devant apprendre à cohabiter dans un espace restreint, anticipant tout danger potentiel, surveillant le feu, nourrissant ses enfants à même ses réserves corporelles, attendant les chasseurs pour refaire ses forces, paniquant au moindre bruit suspect, cueillant tout ce qui est comestible, goûtant à tout, se réconfortant l'une l'autre, attendant impatiemment le retour de l'homme, développant ainsi sa force émotive et ses sens… Tout ça, ça conditionne une femme et ça s'inscrit dans sa nature. […]

Extrait de : www.psycho-ressources.com

Verbes au participe présent	*Infinitif*
1. **déployant**	**déployer**
2.	....
3.	....
4.	....
5.	....
6.	....
7.	....
8.	....
9.	....
10.	....
11.	....
12.	....

13.	....
14.	....
15.	....
16.	....
17.	....
18.	....
19.	....

2 **Conjuguez les verbes au participe présent.**

Exemple : *nous levons* → ***levant***

a. nous mettons → ....

b. nous travaillons → ....

c. nous finissons → ....

d. nous écrivons → ....

e. nous allons → ....

f. nous jetons → ....

g. nous commençons → ....

h. nous changeons → ....

3 **Complétez les extraits du roman.**

54 Le Maharadjah **offrant** (offrir) une chasse au tigre à un Européen roux.

98 La femme de l'agence immobilière .... (visiter) l'appartement vide.

103 Le gérant de l'immeuble .... (songer) à arrondir ses fins de mois.

136 L'Anglaise au pair .... (lire) enfin la missive de son boy-friend.

137 Le libraire d'occasion .... (trouver) trois lettres de Victor Hugo.

139 La belle Polonaise .... (revenir) de Tunisie avec son petit enfant.

142 Le professeur de français .... (corriger) des devoirs de vacances.

145 Le militaire .... (reconnaître) son ancien professeur de physique.

156 Le jeune Mozart .... (jouer) devant Louis Seize & Marie-Antoinette.

Georges Perec, *La Vie mode d'emploi*, © Hachette, 1978.

4 Complétez les phrases avec les éléments suivants.

s'exprimant – finissant – permettant – **partant** – ayant – assurant – ne parlant pas – consistant

L'image d'un téléviseur est une succession de balayages horizontaux, de gauche à droite, **partant** du haut, et .... en bas de l'écran.

[...]

Le feuilleton télévisé est un genre télévisuel du domaine de la fiction, proche de la série, à cette différence que le *feuilleton* constitue une trame segmentée en épisodes dont chacun est la suite du précédent, tandis que la *série* est une succession d'histoires indépendantes .... pour seul lien la présence d'un ou plusieurs personnages récurrents.

[...]

Le doublage son est une technique .... à substituer aux voix des comédiens d'une œuvre audiovisuelle, les voix de comédiens .... dans une autre langue, ceci afin de diffuser cette œuvre dans des pays .... la langue dans laquelle l'œuvre a été tournée.

[...]

Dans le contexte de la vision artificielle, le traitement d'image se place après les étapes d'acquisition et de numérisation, ... les transformations d'images et la partie de calcul .... d'aller vers une interprétation des images traitées.

Extraits de : http://fr.wikipedia.org

5 Transformez les phrases comme dans l'exemple.

Exemple : *Nous recherchons une personne immédiatement disponible, qui souhaite un CDI à temps plein.* → *Nous recherchons une personne immédiatement disponible* ***souhaitant*** *un CDI à temps plein.*

a. Nous recherchons un ingénieur généraliste qui a de bonnes connaissances en mécanique, électrique, électronique.

→ ....

....

b. Nous recherchons des jeunes diplômé(e)s qui peuvent travailler en français et en anglais.

→ ....

c. Nous recherchons une secrétaire qui maîtrise parfaitement les outils informatiques.

→ ....

d. Nous recherchons une personne bilingue qui possède une formation universitaire en informatique.

→ ....

e. Nous recherchons des rédacteurs qui savent correctement rédiger des dossiers, des articles...

→ ....

f. Nous recherchons une comédienne qui désire intégrer une équipe de comédiens professionnels.

→ ....

g. Nous recherchons des vendeurs qui veulent travailler à temps partiel.

→ ....

h. Nous recherchons un cuisinier qui connaît la cuisine gastronomique pour travailler un mois en Guadeloupe.

→ ....

....

6 Faites des phrases comme dans l'exemple.

Exemple : *Comme nous sommes végétariens, nous ne mangeons ni viande ni poisson.*
→ ***Étant** végétariens, nous ne mangeons ni viande, ni poisson.*

a. Comme tu aimes le fromage, tu vas adorer ces bouchées au bleu.

→ ....

b. Comme elle connaît bien la cuisine italienne, elle doit savoir préparer le risotto.

→ ....

c. Comme ils font attention à leur ligne, ils ne mangeront probablement pas de gâteau.

→ ....

d. Comme je suis un régime sans sel, je trouve tout très fade.

→ ....

e. Comme on pensait que tu ne viendrais pas, nous avons déjà dîné.

→ ....

f. Comme il trouvait la paella excellente, il en a repris trois fois.

→ ....

g. Comme je sais que vous n'aimez pas la cuisine épicée, je n'ai pas mis de piment.

→ ....

h. Comme elles croyaient bien faire, elles donnaient du jus d'orange aux tout-petits.

→ ....

Le gérondif

7 Transformez les phrases comme dans l'exemple.

Exemple : *Il a marché sur une plaque de verglas et il est tombé.*
→ ***Il est tombé <u>en marchant</u> sur une plaque de verglas.***

a. Il est sorti sans son manteau et il a pris froid.
→ ....

b. Elle préparait du café et elle s'est brûlée.
→ ....

c. Nous avons bu de l'eau non filtrée, nous avons eu la diarrhée.
→ ....

d. Je conduisais trop vite et j'ai eu un accident.
→ ....

e. On a mangé du poisson et nous sommes tombés malades.
→ ....

f. Vous vous êtes baissé et vous vous êtes fait mal au dos.
→ ....

g. Tu épluchais des légumes et tu t'es coupée.
→ ....

h. Ils faisaient du ski et ils se sont cassé la jambe.
→ ....

8 Répondez comme dans l'exemple.

Exemple : *Tu peux étudier et écouter de la musique en même temps ?*
Non, moi je ne peux pas étudier <u>en écoutant</u> de la musique.

a. Tu peux prendre ton petit déjeuner et lire le journal en même temps ?
Non, moi ....

b. Tu peux téléphoner et conduire en même temps ?
Non, moi ....

c. Tu peux boire et faire du vélo en même temps ?
Non, moi ....

d. Tu peux parler et manger en même temps ?

Non, moi ....

e. Tu peux écrire et regarder la télévision en même temps ?

Non, moi ....

f. Tu peux fumer et jouer du piano ?

Non, moi ....

g. Tu peux courir et sourire en même temps ?

Non, moi ....

h. Tu peux chanter et nager le dos crawlé en même temps ?

Non, moi ....

9 Complétez les verbes avec un participe présent ou un gérondif.

Elle fut simple, ne **pouvant** (pouvoir) être parée, mais malheureuse comme une déclassée ; car les femmes n'ont point de caste ni de race, leur beauté, leur grâce et leur charme leur .... (servir) de naissance et de famille. [...]

Elle souffrait sans cesse, ... (se sentir) née pour toutes les délicatesses et tous les luxes. [...] Elle songeait aux grands salons vêtus de soie ancienne, aux meubles fins .... (porter) des bibelots inestimables, et aux petits salons coquets parfumés, faits pour la causerie de cinq heures avec les amis les plus intimes, les hommes connus et recherchés dont toutes les femmes envient et désirent l'attention.

Quand elle s'asseyait, pour dîner, devant la table ronde couverte d'une nappe de trois jours, en face de son mari qui découvrait la soupière .... (déclarer) d'un air enchanté : « Ah ! le bon pot-au-feu ! je ne sais rien de meilleur que cela », elle songeait aux dîners fins, aux argenteries reluisantes, aux tapisseries .... (peupler) les murailles de personnages anciens et d'oiseaux étranges au milieu d'une forêt de féerie ; elle songeait aux plats exquis servis en des vaisselles merveilleuses, aux galanteries chuchotées et écoutées avec un sourire de sphinx, tout .... (manger) la chair rose d'une truite ou des ailes de gélinotte. [...]

Elle avait une amie riche, une camarade de couvent qu'elle ne voulait plus aller voir, tant elle souffrait .... (revenir). Et elle pleurait pendant des jours entiers, de chagrin, de regret, de désespoir et de détresse.

Guy de MAUPASSANT, *La Parure*, 1884.

10 Complétez l'extrait du roman de J.-P. Toussaint avec les éléments suivants.

ouvrant – en faisant – en traînant – **tâchant** – désignant – avançant – en donnant

« [...] Penché en avant devant la vitrine, les mains autour des yeux, je regardais à l'intérieur du grand magasin Standa qui n'avait pas encore ouvert ses portes, **tâchant** d'attirer l'attention d'une vendeuse .... de petits coups de poing sur le carreau. Dès que l'une d'elles, finalement, me prêta attention, je lui fis coucou respectueusement et, lui .... ma montre, l'interrogeai du regard pour savoir à quelle heure ouvrait le magasin. Après quelques échanges de signes infructueux, elle se rapprocha de moi .... les pieds et, ... bien grand les deux mains, me fit voir neuf doigts. Puis, ... plus près encore, la poitrine et le ventre collés contre la vitre qui nous séparait à peine, la bouche pratiquement posée contre la mienne, elle articula lascivement: *alle nove*, ... naître entre nous un nuage de buée. Je regardais ma montre, il était huit heures et demie. Je m'éloignai, fis un tour dans le quartier. Finalement, je trouvais des balles de tennis ailleurs. »

Jean-Philippe Toussaint, *La Salle de bain*, Les Éditions de Minuit, 1985.

11 Remplacez les mots soulignés par un participe présent ou un gérondif.

LES FRANÇAIS PLUTÔT MER OU PLUTÔT MONTAGNE ?

Depuis trente ans, les vacances à la mer restent le lieu de vacances préféré des Français.

<u>Si l'on rassemble</u> en moyenne 37 % des longs séjours toutes périodes confondues, la mer devance largement la campagne (25 % de longs séjours) et la montagne (18 % des longs séjours). <u>Si l'on étudie</u> plus particulièrement la période d'été, l'on constate que ce classement varie alors quelque peu. S'il est indéniable que le type de vacances d'été préférées des Français sont les vacances à la mer (50 %), on remarque toutefois que la campagne (17 %) perd sa seconde place au profit de la montagne, qui recueille la préférence de plus du quart des Français (28 %). Les professions intermédiaires (39 %), les foyers <u>qui comprennent</u> deux enfants (35 %) et les 60-69 ans (34 %) semblent plus particulièrement attirés par ce lieu de villégiature. [...]

En effet, trois principaux avantages sont concédés à la montagne en été. « La découverte d'activités méconnues » arrive en tête (98 %), <u>comme</u> ce trait d'image <u>est</u> prépondérant chez les foyers sans enfants (70 %) et les 60-69 ans (70 %). Les retraités (66 %) semblent, pour leur part, particulièrement sensibles à « la possibilité de se ressourcer <u>et découvrir en même temps</u> un patrimoine peu connu », cet item <u>arrive donc</u> en seconde position (97 %). [...] Le critère de coût ne semble pas être discriminant dans l'arbitrage mer / montagne en été, seuls 16 % des Français affirment que les vacances à la montagne en été sont plus chères que les vacances à la mer. [...]

Les seniors (55 %), actifs (51 %), cadres supérieurs (51 %) y sont particulièrement sensibles, et il semble que la montagne soit l'environnement qui répond le mieux à ce type d'attentes, 54 % des estivants recherchent le calme y ayant séjourné lors de leurs dernières vacances. Ainsi, la montagne en été semble davantage séduire les CSP* moyennes supérieures.

Depuis trente ans, les vacances à la mer restent le lieu de vacances préféré des Français.

Rassemblant en moyenne 37 % des longs séjours toutes périodes confondues, la mer devance largement la campagne (25 % de longs séjours) et la montagne (18 % des longs séjours). .... plus particulièrement la période d'été, l'on constate que ce classement varie alors quelque peu. S'il est indéniable que le type de vacances d'été préférées des Français sont les vacances à la mer (50 %), on remarque toutefois que la campagne (17 %) perd sa seconde place au profit de la montagne, qui recueille la préférence de plus du quart des Français (28 %). Les professions intermédiaires (39 %), les foyers .... deux enfants (35 %) et les 60-69 ans (34 %) semblent plus particulièrement attirés par ce lieu de villégiature. [...]

En effet, trois principaux avantages sont concédés à la montagne en été. « La découverte d'activités méconnues » arrive en tête (98 %), ce trait d'image .... prépondérant chez les foyers sans enfants (70 %) et les 60-69 ans (70 %). Les retraités (66 %) semblent, pour leur part, particulièrement sensibles à « la possibilité de se ressourcer .... un patrimoine peu connu », cet item .... en seconde position (97 %). [...] Le critère de coût ne semble pas être discriminant dans l'arbitrage mer / montagne en été, seuls 16 % des Français .... que les vacances à la montagne en été sont plus chères que les vacances à la mer. [...]

Les seniors (55 %), actifs (51 %), cadres supérieurs (51 %) y sont particulièrement sensibles, et il semble que la montagne soit l'environnement .... le mieux à ce type d'attentes, 54 % des estivants .... le calme y ayant séjourné lors de leurs dernières vacances. Ainsi, la montagne en été semble davantage séduire les CSP moyennes supérieures.

Extrait de l'enquête menée par Ipsos pour l'association des maires des stations de sports d'hiver : http://www.ipsos.fr/CanalIpsos/articles/972.asp

*CSP : catégorie socioprofessionnelle.

Évaluation 9

1 Retrouvez les verbes manquant et complétez les annonces au participe présent. */10 points*

a. préparer / être

> Bonjour à tous!
> .... étudiant à l'IUFM de Bretagne, site de VANNES, et .... ainsi le concours de professeur des écoles, je mets au point un dossier sur le développement de la créativité chez les enfants de l'école primaire.

b. être / toucher

> .... prof de physique et en même temps cycliste j'essaye actuellement de répertorier un maximum d'exercices .... au vélo. Aidez-moi !...
> Vous pouvez déjà trouver quelques exemples sur le site suivant : http://pages.intnet.mu/vtt/ dans la rubrique Physique et VTT.
> D'avance merci.
>
> Stéphane.

c. concerner / faire / savoir

> .... partie d'un groupe d'élèves de première participant aux Olympiades de Physique, je recherche des documents .... les anciens appareils de mesures tel que galvanomètre ou autres...
> Toutes personnes (élève ou prof ou...) qui pourraient nous aider, ... que notre projet est de reconstituer ce genre d'appareils sont les bienvenues !!!!!

d. savoir / connaître / provenir

> J'essaie de récupérer les informations .... d'une aire de saisie de texte dans une page html pour les copier vers un autre document html. [...]
> Ne .... pas programmer et ne .... pas grand chose à Java script, Quelqu'un peut-il m'aider ? Le but de ceci est de pouvoir récupérer dans un compte rendu les réponses des élèves aux questions posées dans un TP sous forme de document htlm.
> Merci de vos réponses et courage pour la fin de l'année.

Annonces extraites de www.ac-toulouse.fr

2 **Complétez l'extrait du roman de Maupassant avec le participe présent ou le gérondif.** **/10 points**

J'allais lentement par un des vallons montants, ... (regarder) à travers les feuillages les fruits brillants restés aux branches. [...] Je m'assis à la turque, les jambes croisées, et je restai .... (rêvasser) devant ce trou, qui paraissait rempli d'encre tant le liquide en était noir et stagnant. [...] Soudain une voix me fit tressaillir. Un vieux monsieur, qui cherchait des fleurs (car cette contrée est la plus riche de l'Europe pour les herborisants), me demandait :

– Est-ce que vous êtes, monsieur, un parent de ces pauvres enfants ?

Je le regardai stupéfait. – Quels enfants, monsieur ? Alors il parut embarrassé et reprit en saluant : – Je vous demande pardon. .... vous .... (voir) ainsi absorbé devant ce réservoir, j'ai cru que vous pensiez au drame affreux qui s'est passé là. [...]

Le plus petit serrait de toute sa force les mains du plus grand, et il pleurait nerveusement .... (répéter) : « Je ne peux pas te tirer, je ne peux pas te tirer. » [...]

Enfin le plus grand qui tremblait de froid dit au petit : « Je ne peux plus. Je vais tomber. Adieu, petit frère. » Et l'autre, ... (haleter), répétait : « Pas encore, pas encore, attends ». Le soir vint, le soir tranquille, avec ses étoiles mirées dans l'eau.

L'aîné, ... (défaillir), reprit : « Lâche-moi une main, je vais te donner ma montre. » [...] La nuit était complète. Les deux misérables êtres, anéantis, ne se tenaient plus qu'à peine. Le grand, enfin, ... (se sentir) perdu, murmura encore : « Adieu, petit frère, embrasse maman et papa. » Et ses doigts paralysés s'ouvrirent. Il plongea et ne reparut plus... Le petit, resté seul, se mit à l'appeler furieusement : « Paul ! Paul ! » ; mais l'autre ne revenait point.

Alors il s'élança dans la montagne, ... (tomber) dans les pierres, bouleversé par la plus grande angoisse qui puisse étreindre un cœur d'enfant, et il arriva, avec une figure de mort, dans le salon où attendaient ses parents. [...]

Mais sur les cimes ensanglantées par le couchant, dans le vaste ciel et sur la mer, dans tout cet horizon superbe que j'étais venu contempler, je ne voyais que deux pauvres enfants, l'un couché au bord d'un trou plein d'eau noire, l'autre .... (plonger) jusqu'au cou, liés par les mains, ... (pleurer) face à face, éperdus ; [...]

Guy de MAUPASSANT, *Contes divers* ; En voyage, 1882.

Unité 3

Les mots invariables

PAGES

1 Les prépositions

Mémento niv. A1 p. 198

Les pays, les régions, les villes…

1 Complétez avec *à, au, en, à l', à la* ou *aux*.

Exemple : *Où étais-tu ? **À l'**Île Maurice ou **aux** Seychelles ?*

a. Nous avons un projet .... Sénégal et un autre .... Côte d'Ivoire.

b. Les Aborigènes vivent .... Australie mais les Pygmées vivent .... Afrique.

c. On trouve des temples khmers .... Cambodge, ... Laos et .... Thaïlande.

d. Il y a eu deux tremblements de terre : un .... Pakistan et un .... Iran.

e. .... Antilles, les volcans sont actifs, surtout la Montagne Pelée .... Martinique.

f. Frank est allé chercher des cigares .... Cuba et du rhum .... Guadeloupe.

g. Je me suis d'abord rendu .... Fidji puis .... Tahiti.

h. Ce train fait un stop .... Ukraine mais le terminus est .... Biélorussie.

2 Complétez la publicité avec *à, au, aux, en, dans le, dans la* ou *dans les*.

La carte Inter-rail vous permet, quel que soit votre âge, de circuler librement en 2e classe dans 29 pays d'Europe et d'Afrique du Nord (à l'exception du pays où vous résidez). Vous pouvez ainsi vous rendre de Bruxelles **à** Varsovie en passant par Berlin. Un train vous permet ensuite d'aller .... Tchéquie, ... Autriche et descendre jusqu'.................... Italie. Vous souhaitez être un jour .... Lisbonne .... Portugal et le surlendemain flâner dans les rues d'Amsterdam .... Pays-Bas ? Pas de problème. Embarquez, et c'est parti !

Le tour de France en train ? Facile ! De Paris, vous êtes en quatre heures .... Brest .... Bretagne. Rejoignez ensuite Nantes .... Pays de la Loire. De là allez jusqu'.................... Bordeaux .... Aquitaine et poursuivez jusqu'.................... Bayonne .... Pays-Basque. Prenez ensuite un train jusqu'.................... Toulouse .... Pyrénées et rendez-vous jusqu'.................... Montpellier .... Languedoc-Roussillon. Un court trajet vous mènera ensuite .... Marseille (ou même Nice si vous le souhaitez) .... Provence. De la capitale phocéenne, un TGV direct pourra vous ramener .... Paris en trois heures à moins que vous ne préfériez vous arrêter .... Lyon déguster des quenelles et aller ensuite savourer des escargots .... Dijon .... Bourgogne…

3 **Complétez avec *à, à la, au, aux, en, du, de, de l', de la, des, d'* ou *dans l' / le / la / les*.**

Exemple : *Nous nous sommes mariés* ***à*** *Las Vegas* ***aux*** *États-Unis.*

a. Martine a adopté deux enfants. Ils viennent .... Afrique, ... Côte d'Ivoire.

b. Cynthia est née .... Madagascar mais elle vit .... Réunion.

c. Ma première femme était .... Texas et ma seconde épouse est .... Illinois.

d. Nous nous sommes rencontrés .... Pyrénées, ... Cirque de Gavarnie.

e. Les parents de Corinne viennent d'acheter une maison .... Puy, ... Haute-Loire.

f. Je crois qu'ils sont rentrés .... Philippines car hier ils devaient voir Guy qui, lui, revient .... Venezuela.

g. Comme c'est drôle : tu arrives juste .... Pays-Bas et moi, je pars ce soir .... La Haye.

h. Les enfants de Luc font de l'escalade .... Puy-de-Dôme et .... Hérault.

La localisation dans l'espace

4 **Choisissez la bonne réponse.**

Exemple : *Valérie vit (**au-dessus de** / en haut de) chez moi.*

a. J'habite au 15 (entre / au milieu de) la pharmacie et la boulangerie.

b. Ils sont au troisième, juste (au-dessous de / sous) chez Thierry.

c. Jeff n'a pas de logement, il dort (sur / dans) la rue.

d. Notre maison est (loin de / près de) tout. Le premier village est à dix kilomètres.

e. Availles-Limouzine est un petit village perdu (au milieu de / au centre de) nulle part.

f. Vous avez une villa (à côté de / au bord de) la mer ?

g. Gil et Claude-Julie viennent d'emménager (en face du / en travers du) parc Monceau.

h. La propriété de Jacques se trouve (en dehors du / le long du) village, à un kilomètre.

5 **Complétez le texte avec les prépositions ou les locutions prépositionnelles de lieu (attention à la contraction des articles).**

le long de – entre (2 fois) – de – depuis – **au pied du** / de – vers – à travers – à – de l'autre côté de / du

Lorsqu'elle s'assoit **au pied du** noyer, elle ne sait pas qu'elle sera enlevée.

Le dimanche après-midi, la mère dit toujours qu'elle n'a pas le temps pour une promenade .... la rivière. .... chemin de terre qui longe la maison et le pré bossu, si on marche .... les noyers, on arrive .... la Dronne. .... la fenêtre des chambres, à l'étage, on la voit. Elle n'est pas aussi large que la Dordogne mais le père la trouve plus belle. Il pêche des truites, en pêcheur et en braconnier… Et comme il est aussi gendarme…

Elle est née avec la rivière, en bas. Dès le premier jour, ... la chambre où la plus vieille du village l'a mise au monde, elle a regardé la rivière .... ses bras de vieille femme douce qui ordonne aux plus jeunes, après le travail de la douleur. [...] Comme si elle voyait l'éclat de la rivière .... les noyers, la petite pousse un cri. La mère s'inquiète, tend ses bras .... la fenêtre et sa fille.

Extrait de « Mes Algéries en France », Carnet de voyages de Leïla SEBBAR, éditions Bleu autour, 2004.

Les expressions

6 **Associez les éléments (attention plusieurs réponses possibles).**

a. Je meurs	**1.** de fatigue
b. Je suis vert	**2.** de boutons
c. Je tremble	**3.** de douleur
d. Je crie	**4.** de faim
e. Je me tords	**5.** de joie
f. Je suis plié	**6.** de sommeil
g. Je suis accablé	**7.** de peur
h. Je suis couvert	**8.** de rire
i. Je tombe	**9.** de rage

a1, 4, 6, 7, 8 ; b. ....

7 **Choisissez la bonne réponse dans les expressions suivantes.**

Exemple : *Couper les cheveux (**en** / dans) quatre.*

a. Mettre (en / dans la) boîte.

b. Mettre du beurre (en / dans les) épinards.

c. Se mettre le doigt (en / dans l') œil.

d. Avoir quelqu'un (en / dans le) nez.

e. Tomber (en / dans les) pommes.

f. Se mettre Martel (en / dans la) tête.

g. Être (en / dans) de beaux draps.

h. Rester (en / dans la) rade.

Avec un complément du nom

8 **Choisissez la bonne réponse dans les expressions suivantes.**

Exemple : *Un livre (**de** / à) cuisine.*

a. Un journal (de / à) bord.

b. Un classeur (de / à) levier.

c. Un cahier (de / à) spirales.

d. Un ouvrage (de / à) 950 pages.

e. Un album (de / à) colorier.

f. Un manuel (de / à) survie.

g. Un manuscrit (de / à) peintures.

h. Un carnet (de / à) santé.

9 **Complétez avec *à, de, d'*, ou *en*.**

Exemple : *Un outil **de** jardinage.*

a. Un vélo .... course

b. Une table .... fer forgé.

c. Une chaise .... enfant.

d. Une brosse .... dent.

e. Un jeu .... échecs.

f. Un canif .... plusieurs lames.

g. Une lampe .... poche.

h. Un sac .... main.

Les prépositions après un verbe

10 **Choisissez la bonne réponse.**

Exemple : *Je veillerai (**à** / de) ce qu'on ne vous dérange pas pendant l'examen.*

a. As-tu songé (à / de) faire ta dissertation ?

b. Le professeur m'a permis (à / de) sortir avant la fin du cours.

c. Si je ne réussis pas à cette session, cela m'obligera (à / de) repasser les épreuves en septembre.

d. Il est interdit (à / de) copier sur son voisin ou sa voisine !

e. En classe, nous avons débattu (à / de) la pauvreté dans le monde.

f. Le gouvernement espère mettre fin (à / de) la grève des enseignants.

g. Mon fils a renoncé (à / de) poursuivre ses études.

h. Tu vas tenter (à / de) passer le concours d'entrée à l'ENA ?

11 **Reliez les éléments de façon logique.**

a. Ce bol est peint →	**1.** par la fenêtre.
b. Ces voitures sont faites	**2.** à l'eau.
c. Les œufs se vendent	**3.** par deux.
d. Les distances d'une ville à l'autre se calculent	**4. à la main.**
e. Le verre est fendu	**5.** en réseau.
f. Mes lunettes sont tombées	**6.** en deux.
g. Les bénéfices ont été multipliés	**7.** en kilomètres.
h. Le chat est passé	**8.** en série.
i. Comment mettre mes deux ordinateurs	**9.** à la douzaine.

En ou *dans*

12 Complétez les phrases avec *en* ou *dans* (+ l'article contracté ou non).

Exemple : *Qu'est-ce que tu fais **dans la vie** ?*
*L'homme était gravement blessé mais encore **en** vie.*

a. Quel est le sort des civils .... guerre ?
Ces deux pays sont encore .... guerre.

b. Nous sommes venus .... voiture.
Ton pull est .... voiture

c. Mon frère est monté .... avion de 15 h.
Mon frère voyage toujours .... avion.

d. Tout le monde était habillé .... noir.
Toute la maison était plongée .... noir.

e. Les pêcheurs sont sortis .... mer.
Le thon est un poisson qui vit .... mer.

f. Le degré de sel est très élevé .... sueur.
Je me suis réveillé .... sueur.

g. 5 000 dossiers sont .... attente.
Nous sommes .... attente de sa parution.

h. Qui aimerais-tu rencontrer .... vrai ?
Désamiantage du Clémenceau : la France était .... vrai.

13 Complétez le texte avec *en* ou *dans* (+ l'article contracté ou non).

Un jour, je me promenais **en** voiture .... campagne du côté de Pouillon .... Landes et tout à coup j'aperçus .... lointain un animal ou plutôt un être bizarre que je n'avais jamais vu auparavant, même .... rêve. Il ressemblait à un écureuil géant. Il était .... haut d'une colline et avançait par bonds impressionnants. J'essayai alors de m'approcher mais en me voyant, il disparut instantanément .... espace. Je fis tout de suite demi-tour .... direction de la gendarmerie la plus proche. Là, je racontai mon histoire à un employé qui se mit en colère et me dit qu'il avait autre chose à faire que d'écouter des sornettes.

Je me réveillai soudainement .... sueur dans une pièce que je ne reconnaissais pas. Où étais-je ? Pourquoi étais-je là ? Et depuis quand ?

Par et *pour*

14 Choisissez la bonne réponse.

Exemple : *L'encadrement pédagogique est assuré (**par** / pour) une équipe d'enseignants chercheurs.*

a. Qu'entend-on .... éducation et formation tout au long de la vie ?

b. L'éducation, à commencer .... l'enseignement du primaire au supérieur, est peut-être le lieu privilégié .... favoriser le changement des mentalités.

c. Mon fils a reçu une bourse .... partir étudier au Japon.

d. Cette formation spécialisée a .... objectif de former des jeunes ingénieurs.

e. J'étudie depuis deux ans .... correspondance.

f. En 1968, certains parents ne voulaient pas envoyer leurs enfants à l'école .... idéologie.

g. Le ministre de l'Éducation nationale a présenté un projet de loi de programme .... la recherche.

h. Le recteur a refusé l'ouverture du collège .... des raisons de sécurité.

15 Complétez ces locutions adverbiales avec *par* ou *pour*.

Exemple : ***par** ailleurs*

a. .... suite

b. .... conclure

c. .... autant que

d. .... contre

e. .... conséquent

f. .... commencer

g. .... le fait que

h. .... cette raison

Toutes prépositions

16 Dites si les prépositions en gras marquent le but, la manière ou la cause.

Exemple : *J'épargne **pour** ma retraite. = le but*

a. Cette société est leader du crédit **à** la consommation. = ...

b. Rose souhaite vivre **selon** son désir. = ...

c. Vu le montant, tu peux payer. = ...

d. Romain a une dette **envers** son père. = ...

e. Ils m'ont promis de dépenser leur argent de poche **avec** parcimonie. = ...

f. Le journaliste a été condamné **pour** fraude fiscale. = ...

g. Trop de gens vivent **à** crédit. = ...

h. Vivre **sans** argent, c'est dur ! = ...

17 **Associez les éléments pour retrouver les titres des romans de Jules Verne.**

a. Voyage au centre de	**1.** la Lune
b. Cinq semaines en	**2.** Sud
c. Autour de	**3.** vapeur
d. Vingt mille lieues sous	**4. la terre**
e. Le Sphynx des	**5.** l'Afrique australe
f. La Chasse au	**6.** ballon
g. Nord contre	**7.** les mers
h. Aventure de trois Russes et de trois Anglais dans	**8.** glaces
i. La Maison à	**9.** météore

a4 ; b .... **; c** .... **; d** .... **; e** .... **; f** .... **; g** .... **; h** .... **; i** ....

18 **Complétez les expressions avec la préposition qui convient.**

Exemple : *Se mettre **sur** son trente et un.*

a. Payer .... monnaie de singe.

b. Mettre la main .... la pâte.

c. Rouler quelqu'un .... la farine.

d. Ne pas quitter quelqu'un .... une semelle.

e. Prendre des vessies .... des lanternes

f. Avoir la gueule .... bois.

g. Avoir d'autres chats .... fouetter.

h. Tirer le diable .... la queue.

i. Tomber .... le sens.

j. Avoir le cœur .... main.

Évaluation 10

1 **Complétez le texte avec la préposition *de* avec ou sans article (contracté ou non).** */10 points*

Tsukiji, le ventre de Tokyo

Tokyo, 5 h 30 du matin. En sortant .... métro à la station Tsukiji, des morceaux .... glace et .... algues jonchent çà et là les marches .... sortie. [...]

Environ 2 500 tonnes et plus de 450 variétés .... poissons et fruits .... mer transitent quotidiennement par ce gigantesque centre .... distribution. [...]

Les hommes qui y travaillent sont sans cesse sur des charbons ardents, du fait des délais .... livraison serrés, du produit en tant que tel extrêmement périssable et des fortes sommes .... argent en jeu. [...]

Les quelques dix mille marchands présents sur le site vendent exclusivement aux enchères, menées par des commissaires délégués .... ministère de l'Agriculture et de la Pêche.

Extrait de Photoreportage étudiant, Grand prix 2005, *Paris-Match*, par A. Arnoux.

2 **Complétez le texte avec les prépositions suivantes (attention à la contraction de l'article).** */10 points*

contre – dans (2 fois) – sous – jusqu'à – **sur** – vers – le long des – au-dessus du – à

Je quitte le village de Morgat et m'engage **sur** le chemin des douaniers. Bientôt, je ne vois plus personne. Le chemin serpente .... falaises et l'océan en bas, gronde .... les rochers. .... le ciel, un aigle plane très haut, ... cap de la Chèvre. Je continue .... un croisement de chemins et prends celui de gauche qui descend .... la mer. Arrivé .... la plage, je m'abrite .... un rocher et observe les bateaux dansant .... les vagues. Tout à coup, un cormoran plonge comme une fusée .... l'eau et en ressort avec un poisson aux écailles brillantes.

3 Choisissez la bonne réponse. */10 points*

Ici, la terre est tellement captivante qu'elle fait presque oublier la mer. La ville est abritée (**par** / pour) l'angle creux des deux montagnes. Un vallon les sépare qui va (vers / de) Gênes. (Dans / Sur) ces deux côtes, d'innombrables petits chemins (entre / contre) deux murs de pierres, hauts d'un mètre environ, se croisent, montent et descendent, vont et viennent, étroits, pierreux, (en / à) ravins et (d' / en) escaliers, et séparent d'innombrables champs ou plutôt des jardins d'oliviers et de figuiers qu'enguirlandent des pampres rouges. (À travers / Avec) les feuillages brûlés des vignes grimpées (sous / dans) les arbres, on aperçoit à perte de vue la mer bleue, des caps rouges, des villages blancs, des bois de sapins (sur / en) les pentes, et les grands sommets de granit gris. (Devant / Avant) les maisons, rencontrées de place en place, les femmes font de la dentelle. (Chez / Dans) tout ce pays, d'ailleurs, on n'aperçoit guère une porte où ne soient assises deux ou trois de ces ouvrières, travaillant à l'ouvrage héréditaire, et maniant de leurs doigts légers les nombreux fils blancs ou noirs où pendent et dansent, dans un sautillement éternel, de courts morceaux de bois jaune.

Guy de MAUPASSANT, *La Vie errante*, 1890.

4 Complétez les phrases avec les prépositions suivantes. */10 points*

sur – pour – sans – **dans** – à travers – entre – depuis – par (2 fois) – autour de – autour du

Exemple : *Les étoiles filantes sont de minuscules poussières extraterrestres qui pénètrent* ***dans*** *notre atmosphère.*

a. La Terre est entourée d'une enveloppe gazeuse qu'elle retient .... attraction gravitationnelle : l'atmosphère.

b. L'énergie solaire, transmise par ensoleillement, rend possible la vie .... Terre.

c. Notre Galaxie (ou « Voie Lactée ») est plus facilement observable .... les Tropiques.

d. Le ciel est l'atmosphère de la Terre telle qu'elle est vue .... les êtres humains .... le sol de la planète.

e. En 1974, la sonde spatiale *Pioneer 11* plongea .... les anneaux de Jupiter.

f. Il y a une grande différence .... Vénus et la Lune : c'est que Vénus tourne .... Soleil et la Lune .... la Terre.

g. Mercure est une planète rocheuse, comme la Terre, mais .... atmosphère.

2 Les adverbes

Mémento niv. A2 p. 239

1 Dites ce qu'exprime l'adverbe en utilisant le code suivant (certains adverbes peuvent exprimer plusieurs choses à la fois).

la quantité (Q) – le temps (T) – la manière (M) – le lieu (L) – le doute (D) – l'affirmation (A) – la négation (N).

Exemple : *La justice va* ***maintenant*** *examiner tous les dossiers.* T

a. Le voleur regardait tout **autour** si on le suivait. ....

b. Quant aux remises de peines, il n'y en aura **aucune**. ....

c. Le tribunal a été **plutôt** clément. ....

d. **Absolument**, ils seront condamnés. ....

e. Elle se repentira **peut-être**. ....

f. **Jamais** je ne lui pardonnerai ! Vous entendez ? ....

g. Les malfaiteurs ont emporté **environ** 16 000 euros. ....

h. La police est **rapidement** arrivée sur les lieux. ....

2 Complétez l'extrait de la nouvelle avec l'adverbe ou la locution adverbiale de temps qui convient.

plus (2 fois) – dorénavant – aujourd'hui – **souvent** – encore – toujours – hier – déjà

Souvent, Ludivine repense aux critères qui prévalaient quand elle avait vingt ans. Certes, on parlait .... de chirurgie esthétique, de cures d'amaigrissement, de régimes miracles. Mais la liposuccion, la gastroplastie n'étaient pas .... des opérations si courantes. Il restait encore des femmes, comme Ludivine, avec de la cellulite, des fesses et des hanches rebondies et cellulitiques. ...., toutes sont passées par le bistouri. La cellulite ? À peine apparaît-elle qu'on l'éradique. Dans nos sociétés modernes et occidentales, la cellulite n'existe tout simplement .... Non qu'elle n'apparaisse pas, au contraire : les gens n'ont jamais aussi mal mangé, aussi peu bougé, autant grossi. Mais ...., toutes les femmes se font opérer pour se la faire enlever. C'est devenu tellement commun ! Tellement facile ! [...]

Ludivine regarde sa montre : il est l'heure d'aller au supermarché. ...., elle a constaté que les réserves d'eau et de piles étaient épuisées. En cela, elle est consciencieuse. Elle sait que l'horreur peut s'abattre à n'importe quel moment sur la France.

Le monde n'est .... ce qu'il était. À tout moment, une bombe nucléaire peut exploser à Paris, comme celle qui a détruit Jakarta il y a un an et Los Angeles il y a six mois. Tous les soirs, un spot télévisé du gouvernement rappelle les préparations indispensables à une guerre totale : vérifier le bon état des masques à gaz et des tenues antibactériennes et antinucléaires, l'étanchéité des caves, avoir .... des provisions d'eau potable, de boîtes de conserve, de médicaments, de piles et de vêtements chauds pour au moins un mois.

Aline BOCHATON, « La Faim du monde », 21/11/2004.

3 Complétez les phrases avec un adverbe de lieu.

Exemple : *Je regardais droit* ***devant****, inconscient de sa présence.*

a. Ils ne se plaisaient pas dans cette ville, ils avaient envient d'aller ....

b. C'est sympa .... Tu vis dans cet appartement depuis longtemps ?

c. Il fait froid .... Je rentre à la maison.

d. Ushuaia, c'est .... ! C'est à plus de 3 000 km de Buenos Aires.

e. Nous sommes voisins : vous habitez au 9 et nous au 11, juste ....

f. Mon père marchait .... et moi je suivais ....

g. Cet été nous avons envie de partir .... mais nous ne savons pas où encore.

h. Elle a cherché .... mais elle n'a pas réussi à retrouver leur adresse.

4 Dites le contraire en utilisant l'adverbe de manière opposé (plusieurs possibilités).

Exemple : *Cette personne marche* ***vite****. → Cette personne marche* ***lentement****.*

a. Mon frère joue bien au tennis.

→ ....

b. Ils travaillent ensemble.

→ ....

c. Ce professeur parle doucement.

→ ....

d. Les enfants jouent bruyamment dans la cour.

→ ....

e. Elle m'a répondu gentiment.

→ ....

f. Maintenant, nous entendons moins bien.

→ ....

g. Cet avion vole très haut.

→ ....

h. Alors ils ont entendu une voix qui chantait tristement.

→ ....

5 Choisissez la bonne réponse.

Exemple : *Je pense (très / **beaucoup**) à mes examens en ce moment.*

a. L'épreuve était (tant / tellement) dure que j'ai abandonné.
b. Cette année, (environ / autant) 80 % des élèves ont réussi le baccalauréat.
c. Tu étudies trop (moins / peu) pour avoir une chance de succès.
d. Est-ce qu'ils t'ont dit (combien / tellement) le test était difficile ?
e. Les examinateurs étaient (aussi / autant) sévères que l'an passé.
f. S'il vous plaît parlez (plus / davantage) fort si vous voulez que le jury vous entende.
g. Il a (si / tellement) préparé son concours qu'il a de grandes chances de réussir.
h. Les résultats sont (assez / peu) loin de ceux escomptés.

6 Trouvez l'adverbe à partir des adjectifs entre parenthèses.

Exemple : *En politique, le choix est **rarement** (rare) entre le bien et le mal, mais entre le pire et le moindre mal. (Machiavel)*

a. Les gens qui ont .... (vrai) le sens de l'honneur n'en parlent jamais. (Ernest Hemingway)

b. Une chose n'est pas .... (nécessaire) vraie parce qu'un homme meurt pour elle. (Oscar Wilde)

c. Le mariage doit .... (incessant) combattre un mal qui ronge tout : l'habitude. (Honoré de Balzac)

d. L'être humain est, au fond, un animal sauvage et effroyable. Nous le connaissons .... (seul) dompté et apprivoisé par ce que nous appelons la civilisation. (Arthur Schopenhauer)

e. Certaines femmes aiment .... (tel) leur mari que, pour ne pas l'user, elles prennent ceux de leurs amies. (Alexandre Dumas, fils)

f. On finit toujours par mépriser ceux qui sont trop .... (facile) de notre avis. (Jules Renard)

g. Pour le week-end nous avons voulu faire les châteaux de la Loire. .... (malheureux) ils étaient déjà faits. (Francis Blanche)

h. Les gens couverts de croix me font .... (irrésistible) penser à un cimetière. (Paul Léautaud)

7 Complétez l'extrait du livre d'Aldo Naouri.

Une telle opinion est aujourd'hui, comme je n'ai pas cessé de le relever, **largement** (large) répandue. Sans pour autant sombrer dans un angélisme qui n'aurait rien à y voir, je ne la pense pourtant pas plus légitime que pertinente. Je pense qu'elle est .... (simple) à mettre au compte d'une paresse chronique comme d'une forme de désenchantement qui a gagné la plupart de nos semblables et qui semblent destinées l'une et l'autre à préserver, dans notre monde tel qu'il est, l'image que chacun cherche à construire et surtout à donner de lui-même. [...]

Et, quand je dis qu'une relation .... (libre) forgée n'est pas .... (inéluctable) condamnée à l'échec, je laisse .... (clair) entendre qu'elle le serait d'autant moins que les contractants demeureraient unis, face aux retours conjoncturels des faits de leurs histoires respectives, et pourraient ainsi résister à l'impossibilité, inhérente à la condition même de leurs parents, de respecter .... (scrupuleux) leur autonomie et leurs choix de vie. À l'heure où l'institution du mariage est elle-même désertée et où chacun des contractants, relation sexuelle ou non, enfantements ou non, ne cesse pas d'être défini .... (symbolique) comme l'enfant de ses parents, ce type d'accident ne peut qu'augmenter, et les ombres parasites de la scène sont assurées d'avoir de beaux jours devant elles.

Aldo NAOURI, *Adultères*, Coll. Psychologie, éd. Odile Jacob, 2006.

8 Choisissez la bonne réponse.

Exemple : *Christian Grenier a écrit (**beaucoup** / peu) de romans pour la jeunesse : plus de quatre-vingts.*

a. (Avant / Après) mes études, je suis rentré dans une maison d'édition.
b. Michel Tournier a commencé à publier très (tôt / tard) : à quarante-trois ans.
c. Ce livre s'est (bien / mal) vendu : plus de 200 000 exemplaires en un mois !
d. La librairie dont vous me parlez est (près / loin) d'ici : à vingt mètres en sortant à gauche !
e. Cet écrivain (n') est (partout / nulle part) : à la télévision, à la radio, dans la presse...
f. Personne dans ma classe n'a (encore / déjà) lu *Madame Bovary* de Flaubert.
g. (Hier / Demain) le lauréat du prix Goncourt sera désigné, de façon rituelle, au restaurant Drouant.
h. Stendhal a écrit *La Chartreuse de Parme* très vite, en (moins / plus) de deux mois.

9 Placez l'adverbe au bon endroit.

Et **pourtant** la .... (pourtant) mère n'avait consulté aucun technicien pour savoir si la construction des barrages serait efficace. Elle le croyait. Elle en était sûre. Elle agissait .... ainsi .... (toujours), obéissant à des évidences et à une logique dont elle ne laissait rien partager à personne. Le fait que les paysans aient cru ce qu'elle leur disait .... l'affermit .... (encore) dans la certitude qu'elle .... avait trouvé .... (exactement) ce qu'il fallait faire pour changer la vie de la plaine. Des centaines d'hectares de rizières seraient soustraits aux marées. Tous seraient riches, ou presque. Les enfants ne .... mourraient .... (plus). On aurait des médecins. On construirait une longue route qui longerait les barrages et desservirait les terres libérées.

Une fois les rondins achetés il se passa trois mois pendant lesquels il fallut attendre que la mer .... fût .... (complètement) retirée, et la terre .... sèche .... (assez) pour commencer les travaux de terrassement.

Marguerite DURAS, *Un Barrage contre le Pacifique*, Gallimard, 1950.

Évaluation 11

1 **Complétez l'article avec les adverbes suivants.** /10 points

précisément – encore – en face – jamais – partout – **évidemment** – contrairement – tout à fait – moindrement – alors – clairement

Théâtre : Oser poser les vraies questions

[...]

Évidemment, d'un pays, d'un territoire à l'autre, la culture ne se vit .... au même rythme ni .... de la même façon. Cela va de soi. Mais ...., j'ai pu le constater .... une fois à Nantes, malgré les différences et .... à ce que pourrait nous laisser croire la dernière campagne électorale fédérale, la culture est un point sensible, névralgique. Touchez-y le .... et les esprits s'échauffent. Aussi bien .... regarder les choses .... et poser .... les questions qu'on ne peut de toute façon éviter. C'est .... ce qu'on a fait aux deuxièmes Biennales internationales du spectacle. [...]

Extrait d'un article de Michel Bélair, *Le Devoir*, édition du mardi 24 janvier 2006.

2 **Complétez avec les adverbes et locutions adverbiales proposés.** /10 points

brusquement – toute – inimaginablement – **point** – soudain – seulement – vraiment – par-dessus – aussi – au loin – plus

Il n'y avait **point** de vagues. Quelques petits flots .... moutonnaient de place en place ; mais ...., ... , devant nous, je vis l'eau .... blanche, blanche comme si on étendait un drap .... Cela venait, se rapprochait, accourait, et lorsque cette ligne cotonneuse ne fut .... qu'à quelques centaines de mètres de nous, toute la voilure du yacht reçut .... une grande secousse du vent qui semblait galoper sur la surface de la mer, rageur et furieux, en lui plumant le flanc comme une main plumerait le ventre d'un cygne. Et tout ce duvet arraché de l'eau, cet épiderme d'écume voltigeait, s'envolait, s'éparpillait sous l'attaque invisible et sifflante de la bourrasque. Nous ...., couchés sur le côté, le bordage noyé dans le flot clapoteux qui montait sur le pont, les haubans tendus, la mâture craquant, nous partîmes d'une course affolée, gagnés par un vertige, par une furie de vitesse. Et c'est .... une ivresse unique, ... exaltante, de tenir en ses deux mains, avec tous ses muscles tendus depuis le jarret jusqu'au cou, la longue barre de fer qui conduit à travers les rafales cette bête emportée et inerte, docile et sans vie, faite de toile et de bois.

Guy de MAUPASSANT, *La Vie errante*, 1890.

3 Complétez l'extrait de l'interview de l'écrivain Micher Tournier. ***/10 points***

loin – **notamment** – simplement – donc – quand même – encore – beaucoup (2 fois) – Et puis – jamais – davantage

— La radio et la télévision ont-elles concurrencé la lecture, notamment auprès des jeunes ?

M.T. — Non, pas du tout. Au contraire ! La radio et la télé ouvrent l'esprit, vous obligent à vous intéresser à des choses dont on n'aurait .... entendu parler. Ça vous oblige .... à aller .... plus ...., à vous renseigner .... Et il ne faudrait .... pas oublier que la télévision a été à l'origine de la création de journaux : *Télérama*, *Télé 7 jours*, etc. Qu'est-ce que ça prouve, me demanderez-vous ? Tout .... que les téléspectateurs veulent lire, avoir une information sur les sujets abordés par la télévision. ...., il y a les émissions littéraires ! Bernard Pivot a joué un rôle considérable dans l'éveil à la lecture en France. Il a fait .... lire. Il a fait .... pour l'intelligence et la culture des gens.

Propos recueillis par François BUSNEL, *Lire*, juillet / août 2006.

Unité 4

La phrase

PAGES

1 La phrase interrogative

Mémento p. 259

1 Trouvez les questions.

Exemple : ***Savez-vous (Sais-tu) bien conduire ?***
Non, je ne sais pas bien conduire.

a. .... ?
Oui, elle a son permis.

b. .... ?
Non, nous n'avons jamais eu d'accident.

c. .... ?
Oui, il a passé son permis moto.

d. .... ?
Non, ils n'ont pas rempli de constat amiable.

e. .... ?
Non, je ne savais pas qu'il y avait un radar.

f. .... ?
Oui, on a acheté une nouvelle voiture.

g. .... ?
Non, elles n'ont pas pu contester l'amende.

h. .... ?
Oui, nous avions garé notre voiture ici.

2 Associez les éléments et retrouvez des questions fréquemment posées lors d'un entretien. (Parfois plusieurs réponses possibles.)

a. Quelle	**1.** voulez-vous obtenir ce poste ?
b. Qu'est-ce qui	**2.** cherchez-vous du travail ?
c. Que	**3.** vous représentez-vous cette fonction ?
d. Depuis combien de temps	**4.** pensez-vous rester dans notre entreprise ?
e. Pourquoi	**5. est votre souplesse par rapport aux horaires ?**
f. Quelles	**6.** pensez-vous pouvoir nous apporter ?
g. En quoi	**7.** estimez-vous avoir réussi vos précédentes missions ?
h. Comment	**8.** questions souhaitez-vous me poser ?
i. Combien de temps	**9.** vous stresse ?

a5 ; **b**.................. ; **c**.................. ; **d**.................. ; **e**.................. ; **f**.................. ; **g**.................. ; **h**.................. ; **i**..................

3 Trouvez les questions.

Exemple : ***Quand ont-ils acheté les billets ?***
Ils ont acheté les billets lundi dernier.

a. .... ?
Nous avons pris les billets à la FNAC.

b. .... ?
Elles ont payé les billets par carte bleue.

c. .... ?
J'ai payé 35 € par billet.

d. .... ?
C'est Carole qui doit acheter les billets.

e. .... ?
Je préfère les places à l'orchestre.

f. .... ?
On n'a pas pris de place parce qu'il n'y en a plus.

g. .... ?
Il reste seulement des places sans visibilité.

h. .... ?
La pièce dure deux heures

4 Complétez les phrases avec *lequel, laquelle, lesquels* ou *lesquelles*.

Exemple : ***Laquelle*** *de ces voitures est la moins chère ?*

a. Vous m'avez dit de changer deux pneus mais .... ?

b. Entre ce modèle et celui-là, ... est le plus performant ?

c. La Jaguar S-Type est plus chère que la Mercedes Classe E, mais .... est la plus économe ?

d. Je vous propose la BMW F 650GS ou la BMW 650CS Scarver : .... préférez-vous ?

e. Parmi toutes les roues de vélos, ... choisir ? Les TUNE ou les MAVIC ?

f. Je dois changer mes essuie-glaces mais .... choisir ?

g. J'hésite entre ces deux GPS, ... me conseillez-vous ?

h. Tu m'as dit que deux vitres étaient brisées : .... ?

5 Complétez les phrases avec les propositions suivantes.

De qui – Contre qui – Sur qui – **À qui** – Devant qui – Pour qui – Grâce à qui – Chez qui – En qui

Exemple : ***À qui*** *pensez-vous ?*

a. .... a-t-elle réussi ?

b. .... nous devons nous défendre ?

c. .... a-t-il acheté ce cadeau ?

d. .... est-ce que tu dois te présenter ?

e. .... peut-on avoir confiance ?

f. .... est-ce que je peux compter ?

g. .... parlez-vous ?

h. .... est-ce qu'elle habite ?

6 Choisissez la bonne proposition.

Exemple : *On sait (avec quelle /* ***pour quelle****) raison elle a démissionné ?*

a. Tu sais (à quelle / de quelle) heure il commence le matin ?

b. Vous savez (par quel / pour quel) moyen il compte y arriver ?

c. Il t'a dit (de quel / dans quel) dossier est la facture ?

d. (Selon quelle / À quelle) fréquence les consommateurs achètent-ils le produit ou le service ?

e. On a retrouvé (sous quel / sur quel) nom il s'était enregistré ?

f. (Avec quelle / Dans quelle) mesure estimez-vous qu'elle ait rempli sa mission ?

g. (Jusqu'à quel / Dans quel) point peut-on affirmer qu'une entreprise est petite ?

h. (Vers quels / Envers quels) pays exportez-vous ?

7 Complétez les questions avec les éléments suivants.

Quels – Avec quelle – À quelle – Sur quels – Pour quelles – Quel – Dans quel – Quelle – Par quels

Exemple : ***Quelle*** *est la faune des îles Kerguelen ?*

a. .... température chauffez-vous votre appartement la nuit ?

b. .... est l'impact de la marée noire sur le tourisme ?

c. .... risques court la planète si rien n'est fait aujourd'hui ?

d. .... biodiversité voulons-nous vivre demain ?

e. .... moyens peut-on diminuer les émissions de CO_2 ?

f. .... raisons utilisez-vous votre voiture ?

g. .... pays la pollution est-elle la plus forte ?

h. .... critères est fondée l'étude du réchauffement de la planète ?

8 Trouvez la préposition manquante.

Exemple : ***En*** *quoi les seniors représentent-ils une richesse humaine ?*

a. .... quoi sert l'allocation personnalisée à l'autonomie ?

b. .... quoi se déplace ta grand-mère chez elle ?

c. .... quoi ont besoin les personnes âgées ?

d. .... quoi faut-il commencer pour réussir sa retraite ?

e. .... quoi faut-il miser pour réussir à faire du troisième âge un acteur de l'économie ?

f. .... quoi doit-on investir pour assurer ses vieux jours ?

g. .... quoi se battent ces retraités ?

h. .... quoi se dirige ce vieil homme ?

9 Complétez les questions avec *qui, qui est-ce qui, qui est-ce que / qu', que, qu'est-ce que / qu'* ou *qu'est-ce qui / qu'*.

Exemple : ***Qui*** *est ce Thomas Meister dont parlent tous les journaux ?*

a. .... t'a donné l'information ?

b. .... pensez-vous de cet article ?

c. .... une revue scientifique ?

d. .... j'envoie comme photographe pour couvrir l'accident de l'autoroute A 10 ?

e. .... a-t-elle écrit à propos de la destruction du champ de maïs transgénique ?

f. .... est Georges-Marc Benamou ?

g. .... a changé au *Figaro* ? Beaucoup de choses ont changé d'après vous ?

h. .... un journaliste ?

10 **Posez cinq questions à partir du texte suivant.**

Neuf journées d'information ont été organisées entre le 14 et le 28 novembre par la région Île-de-France et le ministère délégué à l'Enseignement supérieur et à la Recherche pour le lancement du 7e programme cadre de recherche et développement (PCRD). Au programme, des débats, les technologies de l'information, les nanosciences, l'environnement, l'énergie, les transports.

Exemple : *Qu'est-ce qui a été organisé entre le 14 et le 28 novembre ?*

a. .... ?

b. .... ?

c. .... ?

d. .... ?

e. .... ?

Évaluation 12

1 Complétez les questions d'histoire avec les éléments suivants. /10 points

Comment – Avec qui – Après quelle – En quoi – Jusqu'où – À quelle – Quelle – Qui – Pour quelle – Laquelle

Exemple : ***Qu'est-ce que*** *l'Édit de Nantes ?*

a. .... a écrit la *Marseillaise* ?

b. .... le Sphynx a-t-il perdu son nez ?

c. .... occasion le Général de Gaulle a-t-il lancé son « Vive le Québec libre ! » ?

d. .... raison le roi Mithridate est-il resté célèbre ?

e. .... était la devise de Bismarck ?

f. .... s'est marié le roi Louis XVI ?

g. .... la Révolution américaine diffère-t-elle de la Révolution française ?

h. .... victoire Philippe Pétain a-t-il été élevé au rang de maréchal ?

i. .... des batailles suivantes a eu lieu en Belgique ?

j. .... s'étendait le royaume de Jugurtha ?

2 Complétez les phrases avec un mot interrogatif. /10 points

Exemple : ***De quand*** *date la première carte des étoiles ?*

a. .... connaît-on l'âge des étoiles ?

b. .... vitesse se déplace la Lune ?

c. .... met la lumière de l'étoile polaire pour nous parvenir ?

d. Sans les étoiles, ... serait la Terre ?

e. .... sont les différentes parties d'une étoile ?

f. .... les éclipses solaires sont-elles plus rares que les éclipses de lune ?

g. .... aura lieu la prochaine nuit des étoiles filantes ?

h. .... une éclipse de soleil ?

i. .... est le diamètre de l'étoile Antarès ?

j. .... viennent les noms des constellations ?

2 La phrase négative

Mémento niv. A2 p. 241

1 Soulignez la marque de négation dans les phrases.

Exemple : *Les programmes concernant la qualité de l'eau* ***ne*** *sont* ***pas encore*** *entièrement au point même dans les pays industrialisés.*

a. La population de ce village n'a ni accès à l'eau ni à l'assainissement.

b. Un habitant de la planète sur cinq n'a toujours pas accès à l'eau potable.

c. Il ne fait guère de doute qu'à l'avenir, la rareté de l'eau sera un problème dans certaines régions.

d. Non seulement l'eau n'est pas plus abondante aujourd'hui qu'à la formation de notre Terre mais elle ne s'est pratiquement pas renouvelée depuis.

e. On ne trouve jamais l'eau à l'état pur dans la nature.

f. Réchauffement climatique : ne rien faire coûterait 6 800 milliards de dollars.

g. Puisque l'eau est indispensable à la vie, et que nul ne peut s'en passer, alors personne ne doit pouvoir être privé d'eau.

2 Complétez cet extrait avec *nul(le)s*, *jamais* et / ou *ne*.

Nulles mains que les miennes **ne** l'ont soigné, **ne** l'ont touché, **ne** l'ont habillé, **ne** l'ont aidé à souffrir. .... mère .... a pu ressentir une plus vive sollicitude envers son enfant malade… Il me parlait du pays qu'il venait de quitter ; il me racontait ses travaux. Il rappelait mille souvenirs aussi du passé, du bonheur perdu ; et ses larmes se mettaient à couler, amères, abondantes. J'essayais de calmer son chagrin ; mais je .... le pouvais, sachant bien moi-même que .... plus la vie .... lui sourirait ; et, impuissante à le consoler, regardant, muette, tomber ses pleurs, je voyais en même temps se creuser, chaque jour davantage, ses joues pâles et s'altérer son admirable visage.

Il me demandait souvent en place de qui, lui si bon, si charitable, si droit, pouvait bien endurer tous ces maux atroces. Je .... savais quoi lui répondre. J'avais peur, et j'ai peur encore, que ce ne fut en ma propre place.

Hélas !

Je l'ai aidé à mourir, et lui, avant de me quitter, il a voulu m'enseigner le vrai bonheur de la vie. Il m'a, en mourant, aidée à vivre.

Isabelle Rimbaud, extrait de *Mon frère Arthur Rimbaud*, Roche, 1892.

3 **Complétez cet extrait de poème avec les éléments suivants.**

n'a plus (2 fois) – ne réjouit plus – n'est plus qu' – ne trouve plus – n'a qu' – n'ont plus

[…]
L'onde **n'a plus** le murmure
Dont elle enchantait les bois;
Sous des rameaux sans verdure
Les oiseaux .... de voix;
Le soir est près de l'aurore;
L'astre à peine vient d'éclore
Qu'il va terminer son tour;
Il jette par intervalle
Une lueur, clarté pâle
Qu'on appelle encore un jour.

L'aube .... de zéphyr
Sous ses nuages dorés;
La pourpre du soir expire
Sur les flots décolorés;
La mer solitaire et vide
.... un désert aride
Où l'œil cherche en vain l'esquif;
Et sur la grève plus sourde
La vague orageuse et lourde
.... murmure plaintif.

La brebis sur les collines
.... le gazon;
Son agneau laisse aux épines
Les débris de sa toison;
La flûte aux accords champêtres
.... les hêtres
Des airs de joie ou d'amour.
Toute herbe aux champs est glanée:
Ainsi finit une année,
Ainsi finissent nos jours!
[…]

Alphonse de Lamartine, *Harmonies poétiques et religieuses*, « Pensées des morts », 1830.

4 Complétez l'extrait avec les éléments suivants.

n'y a point – ne chasserai jamais – **ne change rien** – n'avais que – ne manges pas – ne peux plus – pas même – ne mange pas – n'avais donc que

Rachel va les chercher, les apporte et les distribue aux convives. Ici commence le dialogue suivant, auquel vous allez bien reconnaître que je ***ne change rien****, ... ce qui pourrait offenser la grammaire.*

LA MÈRE — Ma chère, tes biftecks sont trop cuits.

RACHEL — C'est vrai ; ils sont durs comme du bois. Dans le temps où je faisais notre ménage, j'étais meilleure cuisinière que cela. C'est un talent de moins. Que voulez-vous ! j'ai perdu d'un côté, mais j'ai gagné de l'autre. Tu ...., Sarah ?

SARAH — Non ; je .... avec des couverts d'étain.

RACHEL — Oh ! C'est donc depuis que j'ai acheté une douzaine de couverts d'argent avec mes économies que tu .... toucher à de l'étain ? Si je deviens plus riche, il te faudra bientôt un domestique derrière ta chaise et un autre devant.

Montrant sa fourchette. — Je .... ces vieux couverts-là de notre maison. Ils nous ont trop longtemps servi. N'est-ce pas maman ?

LA MÈRE, *la bouche pleine.* — Est-elle enfant !

RACHEL, *s'adressant à moi.* — Figurez-vous que lorsque je jouais au théâtre Molière je .... deux paires de bas et que tous les matins...

Ici Sarah se met à baragouiner de l'allemand pour empêcher sa sœur de continuer.

RACHEL, *continuant.* — Pas d'allemand ici ! Il .... de honte. Je .... deux paires de bas, et, pour jouer le soir, j'étais obligée d'en laver une paire tous les matins. Elle était dans ma chambre, à cheval sur une ficelle, tandis que je portais l'autre.

Alfred de MUSSET, *Un Souper chez Mademoiselle Rachel*, 1839.

5 **Associez les questions et les réponses.**

a. Vous consommez beaucoup de viande ?
b. Ce restaurant sert du poisson ?
c. Vous connaissez un restaurant végétarien dans le coin ?
d. Tu aimes les pommes ?
e. On peut encore commander du gâteau ?
f. Tu as préparé le dîner ?
g. Tout le monde a pris son repas ?
h. Vous savez où je peux acheter du pain ?
i. Vous voulez du pain aux céréales ?

1. Non, je ne mange ni fruits ni légumes.
2. Non, il n'y en a plus.
3. Non, vous n'en trouverez nulle part.
4. Non, je ne supporte pas le gluten.
5. Non, je n'en ai jamais vu au menu.
6. Non, personne n'a dîné.
7. Non, il n'y avait rien dans le frigo.
8. Non je ne mange que rarement des produits d'origine animale.
9. Non, il n'y en a aucun près d'ici.

a8 ; **b** .... ; **c** .... ; **d** .... ; **e** .... ; **f** .... ; **g** .... ; **h** .... ; **i** ....

6 **Replacez les formes négatives dans le texte.**

sans savoir – ne sont pas – n'éprouve point – sans bruit – n'a point – n'y a pas – ne connaît point – **ne savez pas** – ne gronde pas

VOUS AUTRES, HABITANTS DES RUES, vous **ne savez pas** ce qu'est la rivière. Mais écoutez un pêcheur prononcer ce mot. Pour lui, c'est la chose mystérieuse, profonde, inconnue, le pays des mirages et des fantasmagories, où l'on voit, la nuit, des choses qui ...., où l'on entend des bruits que l'on ...., où l'on tremble .... pourquoi, comme en traversant un cimetière : et c'est en effet le plus sinistre des cimetières, celui où l'on .... de tombeau. La terre est bornée pour le pêcheur, et dans l'ombre, quand il .... de lune, la rivière est illimitée. Un marin .... la même chose pour la mer. Elle est souvent dure et méchante c'est vrai, mais elle crie, elle hurle, elle est loyale, la grande mer ; tandis que la rivière est silencieuse et perfide. Elle ...., elle coule toujours ...., et ce mouvement éternel de l'eau qui coule est plus effrayant pour moi que les hautes vagues de l'Océan.

Guy de MAUPASSANT, *Sur l'eau*, 1891.

Évaluation 13

❶ Mettez les phrases suivantes à la forme négative (parfois plusieurs possibilités). /10 points

Exemple : *Nous sommes déjà allés en Tanzanie.*
*Nous **ne** sommes **jamais** allés en Tanzanie.*
*Nous **ne** sommes **pas encore** allés en Tanzanie*

a. Il y avait quelqu'un que je connaissais dans le groupe.

....

....

b. Il reste encore beaucoup de châteaux forts.

....

....

c. Il nous a expliqué quelque chose pendant la visite.

....

....

d. On découvre toujours quelque chose d'intéressant avec ce guide.

....

....

e. J'ai toujours rêvé d'aller au pôle Nord.

....

....

f. On a vu Notre-Dame et la Sainte-Chapelle.

....

....

g. L'avion est parti à l'heure.

....

....

h. Tous les touristes sont les bienvenus dans ce village.

....

....

i. Il veut partir quelque part en vacances.

....

....

j. Je voyagerai encore souvent avec toi.

....

....

2 Transformez les parties entre parenthèses à la forme négative. /10 points

J'aurai bientôt vingt ans, et très vite (encore et toujours) **plus jamais** vingt ans.

(Et aussi encore) .... une enfance.

J'appelle enfance la grâce d'être l'enfant de quelqu'un. Papa c'est quelqu'un, c'est quelque chose pour moi. C'est mon enfance.

Mon possessif et enfance possédée. C'est Papa qui m'a dit d'écrire.

Je suis possédé par Papa. C'est mon démon, mon dieu vivant, (un chien qui vit encore) .... sans moi. Moi je suis son enfant, ce qui me dispense d'autres qualités. Je suis son amour, sa plus noble vertu. Papa cite le poète indien Rabindranath Tagore : « Je ne l'aime pas parce qu'il est bon, mais parce qu'il est mon petit enfant. » Peu importe à Papa que (je sois bon à quelque chose) ...., puisque la vie (nous veut quelque chose de bon) .... Papa dénigre tout, bousille tout, et renvoie dos à dos la vie, cette criminelle assassinée, et son complice, l'humanité ; (tout trouve grâce) .... à ses yeux, et je reste à ce jour la seule grâce qui lui ait été accordée. (Je vaux quelque chose) ...., aux yeux du monde, mais Papa crève les yeux du monde parce que je suis son bien le plus précieux, à lui. Je suis son trésor de pirate. Je suis son amour exclusif. [...]

Au pôle Nord cet été, j'ai vu un mammouth dans la glace. On l'appelle le mammouth Jarkov. Il est là depuis vingt mille ans et me demande ce que je vais faire dans la vie. Comme il ne comprend pas les langues vivantes, je cite Sénèque : « La partie de la vie que nous vivons est courte. (Tout le reste est de la vie) ...., c'est du temps. » (J'ai vécu quelque chose) ...., (j'ai entamé) .... ma partie de vie, je vais sur mes vingt ans.

(Tu vas quelque part) ....

sans moi, dit Papa. On rentre. [...]

D'après Hervé PRUDON, *Ours et fils*, Grasset et Fasquelle, 2004.

3 Complétez l'extrait avec les éléments suivants. /10 points

Ne [...] pas (3 fois) – ne [...] que – ne [...] plus rien – personne ne (3 fois) – jamais personne ne – sans rien – sans [...] à rien

Tu es restée assise sur le lit, pieds ballants, tu ne sais pas combien ainsi, immobile, ... voir, ... penser ....
Tu voudrais que quelqu'un vienne, mais .... vient, ... t'a entendue, ... sait.
Depuis toujours tu es dans le monde désert et .... t'a dit ce que tu étais en train de vivre...
La littérature .... t'intéresse ...., elle .... a .... à t'apporter, la réalité la dépasse de trop loin. Les essais t'ennuient, tu .... sais .... pourquoi, tu les trouves illisibles. Tu .... te sens attirée .... par des témoignages...

Anne GODARD, *L'Inconsolable*, Éditions de Minuit, 2006.

La nominalisation à base verbale

1 **Trouvez deux noms à partir du verbe.**

Exemple : *arrêter* → ***une arrestation, un arrêt***

a. voir → .... ; ....

b. essayer → .... ; ....

c. finir → .... ; ....

d. détacher → .... ; ....

e. estimer → .... ; ....

f. glisser → .... ; ....

g. élancer → .... ; ....

h. appeler → .... ; ....

2 **Choisissez la bonne réponse.**

Comme toutes les activités humaines dans les sociétés occidentales, le (*jardin* / ***jardinage***) n'échappe pas à une certaine (*marchandise* / *marchandisation*) et toute une activité économique s'est développée autour de cette pratique. À l'origine assurée par les graineteries, la commercialisation des (*plants* / *plantations*) et graines est de plus en plus assurée par des (*jardiniers* / *jardineries*) qui l'accompagnent d'une (*offre* / *offrande*) d'accessoires et de (*produits* / *productions*) de (*traite* / *traitement*) divers et qui font partie maintenant du paysage des zones commerciales des grandes villes. Pépiniéristes et (*entreprises* / *entrepreneurs*) d'(*entretien* / *entreteneur*) d'espaces verts complètent l'offre de services accessibles au particulier.

Extrait de : http://fr.wikipedia.org/wiki/Jardinage

3 **Complétez les titres avec les noms suivants.**

ralentissement – parution – ouverture – remise – étude – signature – accusations – **risques** – noyades

a. **Risques** climatiques : 1 000 milliards de dollars chaque année

b. Zone euro : .... de la croissance

c. Mexico : .... en cause du Forum mondial de l'eau

d. .... de délit de fuite pour un homme de Champigny-sur-Marne

e. .... d'une réunion internationale des villes jumelées

f. .... d'un accord cadre pour faciliter l'égalité des chances dans l'artisanat

g. .... de piscine ; une étude montre que 10 % ont lieu en piscine publique

h. .... comparative de six moteurs de recherche

i. Syrie : .... du premier quotidien politique privé

4 Transformez les phrases.

Exemple : *On a découvert une abeille fossilisée âgée de cent millions d'années.*
→ ***Découverte d'une abeille fossilisée âgée de cent millions d'années.***

a. Les dinosaures se sont éteints sans déclin préalable de leur diversité.
→ ....

b. Des milliers de sauterelles ont envahi la région de Cancun.
→ ....

c. Le Dodo (oiseau) a disparu en 1681.
→ ....

d. L'Islande reprend la chasse commerciale à la baleine.
→ ....

e. Des ours ont été réintroduits dans les Pyrénées.
→ ....

f. Une pétition contre un centre d'élevage a été signée.
→ ....

g. Un laboratoire pratiquant des expériences sur les animaux a été fermé.
→ ....

h. Des militants pour les droits des animaux ont protesté contre un styliste utilisant de la fourrure.
→ ....

5 Faites une phrase à partir du verbe.

Exemple : *Le prince **s'est marié** avec une roturière. Cela a fait scandale.*
→ ***Le mariage** du prince avec une roturière a fait scandale.*

a. Deux étrangers **ont été expulsés**. Cela a choqué la population.
→ ……………………………………………………………………………………

b. La population **vieillit**. Cela est devenu un sujet de préoccupation.
→ ……………………………………………………………………………………

c. L'agriculture **s'est industrialisée** depuis plus d'un siècle. Cela remet en question l'équilibre entre l'homme, la nature et les traditions.
→ ……………………………………………………………………………………
……………………………………………………………………………………

d. Un conducteur de bus et des passagers **ont été agressés**. Cela s'est produit en région parisienne.
→ ……………………………………………………………………………………
……………………………………………………………………………………

e. On **a abattu** des arbres dans un square. Cela a provoqué la colère des riverains.
→ ……………………………………………………………………………………

f. Le film *Le Peuple migrateur* **sera projeté**. Il sera suivi d'un débat avec le réalisateur.
→ ……………………………………………………………………………………

g. Lionel Lemonchois **a triomphé** dans la *Route du Rhum*. Cela est dû à sa ténacité.
→ ……………………………………………………………………………………

h. Le gouvernement **a promis** de baisser les impôts. Cela ne pourra être tenu.
→ ……………………………………………………………………………………

6 Trouvez des noms pour remplacer les propositions.

Les années 1980

Exemple : *22 mai 1981 : François Mitterrand dissout l'Assemblée nationale.*
→ ***Dissolution de l'Assemblée par François Mitterrand le 22 mai 1981.***

a. 13 mai 1982 : les prix et les salaires sont bloqués.
→ ……………………………………………………………………………………

b. 24 mai 1983 : les étudiants manifestent contre la loi Savary sur l'enseignement supérieur.
→ ……………………………………………………………………………………

c. 17 juillet 1984 : le gouvernement Mauroy démissionne.

→ ....

d. 26 juin 1985 : le scrutin proportionnel est instauré pour les élections législatives.

→ ....

e. 22 mars 1986 : Jacques Chirac est nommé au poste de Premier ministre.

→ ....

f. 2 octobre 1987 : le gouvernement français est condamné à verser 50 millions de francs de dommages et intérêts à Greenpeace pour l'attentat contre le Rainbow Warrior.

→ ....

g. 8 mai 1988 : François Mitterrand est réélu à la présidence de la République.

→ ....

h. 29 mars 1989 : la pyramide du Louvre est inaugurée.

→ ....

7 Écrivez un texte à partir de la biographie suivante. (Utilisez le présent ou le passé composé.)

Naissance de Jacques Monod en 1910 à Paris.
Inscription en licence de sciences naturelles en 1928.
Participation à une expédition scientifique au Groënland en 1934.
Soutenance de thèse sur la croissance des cultures bactériennes en 1941.
Intégration de l'Institut Pasteur après la guerre.
Obtention, avec François Jacob et André Lwoff, du prix Nobel de physiologie et de médecine.
Nomination aux conseils scientifique et d'administration de l'Institut Pasteur en 1965 et 1967.
Affectation au poste de directeur de l'Institut Pasteur en 1971.
Mort en 1976 à Cannes.

Jacques Monod est né en 1910 à Paris. À l'âge de dix-huit ans, il ....

....

....

....

....

....

....

....

....

....

La nominalisation à base adjective

8 Trouvez le nom à partir de l'adjectif.

Exemple : *cruel* → ***la cruauté***

a. fou → ....
b. curieux → ....
c. courageux → ....
d. clair → ....
e. noir → ....
f. long → ....
g. étroit → ....
h. minutieux → ....

9 Trouvez le nom à partir de l'adjectif.

Exemple : ***Paresse*** *(paresseux) ; habitude prise de se reposer avant la fatigue. (J. Renard)*

a. La .... (libre), ce n'est pas de pouvoir faire ce que l'on veut, mais de vouloir ce que l'on peut. (J.-P. Sartre)

b. La .... (vrai) ? Un coup de couteau qui peut débrider parfois une plaie, crever un abcès. (H. Duvernois)

c. Convaincu du néant de tout, il reste délicieux de s'attendrir sur la .... (fragile) des roses. (M. Chapelan)

d. .... (nouveau) n'est pas .... (original) ni .... (moderne). (R. Bresson)

e. La véritable .... (modeste) consiste toujours à ne jamais se prendre pour moins ni plus que ce qu'on estime qu'on croit qu'on vaut ni pour plus ni moins que ce qu'on évalue qu'on vaut qu'on croit. (P. Dac)

f. Mon .... (soucieux) principal : essayer d'oublier mes .... (soucieux) secondaires. (F. Blanche)

g. Une .... (injuste) dont nous profitons s'appelle la chance ; une .... (injuste) dont un autre profite s'appelle un scandale. (L. Dumur)

h. La .... (glorieux) ressemble au marché : parfois, quand vous y restez quelque temps, les prix baissent. (F. Bacon)

10 Formez une phrase à partir de l'adjectif souligné.

Exemple : *Jérôme était incompétent. On l'a renvoyé pour cela.*
→ *On a renvoyé Jérôme pour* ***incompétence***.

a. Pascal est intelligent. Grâce à cela, il a réussi à grimper les échelons.

→ ....

b. Notre directeur est <u>mégalomane</u>. Cela nous mène tout droit à la faillite.

→ ....

c. La candidate était <u>jeune</u>. Cela a joué en sa défaveur.

→ ....

d. Le chef de service était <u>sévère</u>. Cela déplaisait aux employés.

→ ....

e. Le vendeur a été <u>tenace</u>. Cela a été payant.

→ ....

f. Nous étions <u>inexpérimentés</u>. C'est ce qui nous a coulés.

→ ....

g. Un chef d'entreprise doit être <u>rigoureux</u>. C'est une nécessité pour réussir.

→ ....

h. Les relations entre le client et le fournisseur sont <u>complexes</u>. Cela porte sur de nombreux aspects.

→ ....

La transformation de la proposition complétive

11 Formez une phrase à partir de l'adjectif souligné.

Exemple : *Les salariés demandent <u>que leurs salaires soient augmentés</u>.*
→ *Les salariés demandent* ***une augmentation de salaire.***

a. Marie attend que son statut soit revalorisé.

→ ....

b. Les employés redoutent que l'entreprise soit délocalisée.

→ ....

c. L'association Culture-Foot-solidaire exige qu'une publicité de la marque PUMA soit retirée.

→ ....

d. Les syndicats regrettent que les négociations aient été rompues.

→ ....

e. La Présidente du Conseil régional souhaite que l'activité de cette entreprise soit maintenue sur le site de Poitiers. → ....

....

f. Les ouvriers ont proposé que la grève soit poursuivie jusqu'à mercredi.

→ ....

g. De nombreux actionnaires veulent que le directeur parte.

→ ....

h. La direction regrette que le dialogue social ait échoué.

→ ....

⓬ Transformez les éléments soulignés.

Exemple : *Bien que certains pesticides soient interdits, les populations d'abeilles ont diminué.*
→ ***Malgré l'interdiction*** *de certains pesticides, les populations d'abeilles ont diminué.*

a. Bien qu'elle soit rare, l'eau est souvent mal employée.

→ ....

b. Bien que sa population soit très dense, 65 % du territoire japonais sont toujours occupés par des forêts. → ....

....

c. Bien que le recyclage se développe, il faut trouver une solution pour les autres déchets.

→ ....

d. Bien que les pluies aient été abondantes cet hiver, nous souffrons de la sécheresse.

→ ....

e. Bien que nous désherbions fréquemment, les mauvaises herbes envahissent la pelouse.

→ ....

f. Bien que la production alimentaire ait augmentée, 840 millions de personnes souffrent de malnutrition ou sous alimentation. ....

→ ....

g. Bien que la faune marine s'épuise, la pêche industrielle continue à être pratiquée.

→ ....

h. Bien que la population ait été prévenue du risque d'inondation, beaucoup de personnes se sont retrouvées coincées dans leur voiture. ....

→ ....

....

Évaluation 14

❶ Transformez les phrases à partir des verbes. **/10 points**

• Propositions pour l'écologie •

Exemple : ***Accroître*** *l'offre de transports collectifs,* ***encourager*** *l'utilisation du vélo en ville,* ***inciter*** *au covoiturage.*
→ ***Accroissement de*** *l'offre de transports collectifs,* ***encouragement de*** *l'utilisation du vélo en ville,* ***incitation*** *au covoiturage.*

a. Mettre en place une politique véritablement mondiale de lutte contre l'effet de serre.

→ ....

b. Restreindre l'usage du charbon.

→ ....

c. Recycler systématiquement les déchets d'équipement.

→ ....

d. Supprimer les subventions publiques entraînant la dégradation de l'environnement.

→ ....

e. Transférer une partie de la fiscalité portant sur le travail sur la fiscalité écologique sans augmenter le niveau général des prélèvements obligatoires.

→ ....

....

f. Concevoir des produits industriels pour qu'ils durent, soient réparés ou recyclés.

→ ....

g. Lutter contre l'étalement urbain.

→ ....

h. Créer des tarifs en matière d'eau, d'électricité et de ramassage des déchets incitant les ménages à adopter des comportements vertueux.

→ ....

....

i. Engager une politique de prévention, en particulier en ce qui concerne l'alimentation, l'emploi des pesticides et la dissémination des OGM.

→ ....

....

j. Réduire l'utilisation de pesticides.

→ ....

❷ Complétez les phrases. (/10 points)

Exemple : *La **gourmandise** (gourmand) d'Alexandre Dumas est légendaire.*

a. Sénèque a écrit un livre sur .... (bref) de la vie.

b. Il y a un proverbe allemand qui dit que .... (méchant) s'apprend sans maître.

c. Jacques Sternberg affirme que : « Arriver tous les jours à son travail avec une heure de retard est un signe de .... » (ponctuel).

d. L'écrivain Frédéric Beigbeder s'est imposé par sa .... (vif) d'esprit, son humour et sa fantaisie.

e. .... (humble) d'Erri de Luca est vraiment profonde.

f. Beaucoup de gens sont choqués par .... (franc) de Michel Houellebecq.

g. Le jury tient compte de la qualité littéraire et de .... (exact) matérielle des détails.

h. Un des attributs de Bernard Frank était .... (impertinent).

i. Beaucoup de ses personnages sont traités avec .... (désinvolte).

j. L'œuvre de ce poète est d'une .... (maladroit) sublime.

4 La forme passive

Mémento p. 259

1 Soulignez les formes passives dans le texte.

DES ARBRES VENUS D'AILLEURS À L'ARBORETUM DU CRANOU

Un observatoire de la biodiversité forestière, installé dans le Finistère, veut tester les arbres qui résisteront le mieux aux changements climatiques.

UN TEMPS radieux nous accueille à l'arboretum du Cranou (Finistère) qui bénéficie pourtant du plus faible ensoleillement de Bretagne. Ce petit paradis de feuillus et de résineux se trouve au nord-ouest de la forêt qui porte le même nom. Une forêt ombragée qui a alimenté le port de Brest en bois de marine depuis que les Bretons voyagent et qui sert maintenant à fabriquer les tonneaux de whisky breton. La forêt **est gérée par** l'Office national des forêts (ONF), tout comme l'arboretum ouvert gratuitement au public, qui s'étend sur 14 hectares. [...]

Ici, en 1970, un *sylvetum* avait été créé par l'ONF et l'Institut national de recherche agronomique (INRA), sorte d'arboretum forestier qui rassemble un nombre limité d'espèces, chacune représentée par de nombreux sujets. Son objectif était d'étudier leur comportement à des fins de reboisement. Il regroupait 51 espèces différentes de feuillus et de résineux qui avaient été plantées de façon expérimentale, dont le cryptomère du Japon, l'épicéa de Sitka et le mélèze. Tous ces arbres magnifiques vont être étudiés de façon à voir ceux qui s'adapteront aux variations climatiques.[...]

L'arboretum a été créé ici parce que, en outre, l'Europe est pauvre en espèces d'arbres. Pour une espèce présente en Europe il y en a dix différentes en Amérique du Nord et cent en Asie. [...]

Depuis le début de la réhabilitation du site en novembre 2005, « *certains arbres, comme le chêne pédonculé, qui ne supportent pas les variations pluviométriques sont à l'étude. D'autres comme le sapin de Vancouver ou le douglas d'Oregon ont été introduits pour observer leur comportement* », explique Thierry Lamant de l'ONF d'Orléans. En 2006, 45 espèces ont été introduites (soit 100 arbres) auxquels s'ajouteront 90 autres (soit 250 plants) en 2007.

À terme 150 espèces différentes seront plantées au Cranou. [...]

De notre envoyée spéciale au Faou (Finistère), Isabelle Brisson.

Le Figaro, le 19 octobre 2006

2 **Complétez les textes avec les éléments proposés (plusieurs réponses possibles).**

sera condamné – avait été enlevé – sera arrêté – **seront retrouvés** – rendue – sera abattu – a été condamné – sera reconnue – fut libéré

Montigny-lès-Metz

Ville de Moselle (France) dans laquelle deux garçons **seront retrouvés** assassinés à coups de pierre le 28 septembre 1986.

Patrick Dils, âgé de 16 ans au moment des faits, ... pour ce double meurtre. Son innocence ne .... que le 24 avril 2002, après qu'il aura passé quinze années en prison.

Jacques Mesrine s'évade en compagnie de François Besse. Mesrine avait récupéré trois revolvers dans le parloir du QHS (Quartier de Haute Sécurité) où il se trouvait avec son avocate.

Ayant maîtrisé leurs gardiens et revêtu leurs uniformes, Besse et Mesrine ont entraîné avec eux un troisième détenu, qui .... sur les murs de l'enceinte de la prison.

Patrick Henry .... à la perpétuité en 1977 pour l'assassinat à Troyes du petit Philippe Bertrand, âgé de 7 ans et qui .... le 30 janvier 1976.

Bien qu'il n'ait échappé que de justesse à la peine de mort à l'époque (grâce à ses avocats Robert Bocquillon et Robert Badinter), Patrick Henry .... le 15 mai 2001, conformément à la décision .... le 26 avril 2001 par la juridiction régionale de libération conditionnelle qui examinait sa huitième demande de libération anticipée. Mais il n'aura pas profité longtemps de sa liberté, puisqu'il .... avec dix kilos de haschisch en Espagne, le 6 octobre 2002.

Extraits de : http://www.affaires-criminelles.com/lexiques_m.php

3 Complétez les textes avec les éléments proposés (plusieurs réponses possibles).

ont été sollicités – est estimé – **a été sauvé** – avait été emmené – être secouru – avait déjà été secouru

Pays de Galles : marin d'eau douce

Éric Abbott, un plaisancier britannique dépourvu de toute qualification maritime, **a été sauvé** une douzaine de fois en un an par les gardes-côtes. Il a dû à nouveau .... dans la nuit de jeudi à vendredi, ont annoncé les sauveteurs.

Alors qu'il .... la veille, le marin d'eau douce âgé de 56 ans, qui s'obstine à n'utiliser que des cartes routières pour s'orienter, s'était échoué jeudi sur la côte nord du Pays de Galles.

Il avait fait le désespoir de ses sauveteurs en reprenant vite la mer. Et pour la troisième fois en deux jours, ceux-ci .... pour lui porter assistance. Pour cette dernière mésaventure, Éric Abbott n'est pas allé loin, puisqu'il a coincé l'hélice du voilier qu'il a lui-même construit dans la chaîne de mouillage d'un autre bateau.

Un porte-parole des gardes-côtes a déclaré après ce nouvel incident que M. Abbott .... « le plus loin possible à l'intérieur des terres » pour subir « une sévère remontrance ».

Le coût des nombreuses opérations de sauvetage de M. Abbott cette année .... par l'instruction royale de sauvetage en mer à 60 000 livres.

Mais les garde-côtes ne disposent *a priori* pas du droit d'interdire à quiconque de prendre la mer.

AFP, 12 août 2000.

4 Complétez ces brèves informations.

Saint-Dié-des-Vosges

Le centre éducatif renforcé ravagé par un incendie.

À l'arrivée des pompiers, le toit était entièrement embrasé. Deux grosses lances montées sur les grandes échelles et six lances moyennes **ont été déployées** (déployer) afin de circonscrire le sinistre.

Courville :

une école maternelle ravagée par un incendie.

Aucun des seize enfants du centre aéré présents au moment du sinistre, vers midi, ... (ne pas exposer).

Capestang Début d'incendie au foyer résidence pour personnes âgées.	Hier, peu avant 17 heures, une épaisse fumée .... (être observé) sortant de la chambre – heureusement inoccupée – d'un des résidents.
Plaisir : l'école maternelle détruite par l'incendie.	Lundi soir, vers 21 h 30, un violent incendie a ravagé l'établissement situé sente de l'École. L'intérieur des lieux .... (détruire entièrement) par les flammes.
Sarcelles : un mégot mal éteint vide l'école.	Élèves et personnels de l'école .... (évacuer), soit près de 340 personnes, pendant la durée de l'intervention.
Seine-et-Marne : incendie dans une école de Brie-Comte-Robert.	Hier, cet établissement privé qui compte 309 élèves de maternelle, primaire et collège, ... (endommager), par un incendie.
L'Isle-Adam : une école maternelle dévastée par les flammes rue des Sablières.	L'école maternelle Jean-de-La-Fontaine, qui fait également office de halte-garderie pendant les vacances scolaires, ... (dévaster entièrement) mardi dernier, en début d'après-midi.
Coups de chaleur sur la Bourgogne **Dimanche, incendie criminel à l'école Camus.**	C'est à 16 h 26 que les pompiers .... (appeler) pour un feu à l'école Camus, rue Robert Schumann.
Puy-de-Dôme L'hôtel en feu n'était pas aux normes.	La gérante d'un hôtel .... (placer) en garde à vue pour « blessure involontaire par manquement délibéré à une obligation de sécurité et de prudence ».

Extraits de : http://www.securis.fr/actu/

5 Transformez les phrases soulignées à la forme passive.

La police <u>**a flashé**</u> un automobiliste samedi à une vitesse de 220 km/h sur l'autoroute vers Valence. <u>On le chargeait</u> de conduire en urgence cette voiture à Marseille. [...]

<u>La police lui a retenu son permis</u> et <u>a immobilisé la voiture</u>. <u>Le tribunal de police doit convoquer le conducteur</u>.

<u>On n'a pas pu retenir</u> le délit de grande vitesse, qui suppose <u>qu'on a déjà condamné quelqu'un</u> pour un dépassement supérieur de plus 50 km/h à la limite autorisée, ni celui de mise en danger de la vie d'autrui car la voie était libre.

<u>On a arrêté</u> un autre automobiliste dimanche au même endroit alors qu'il roulait à 218 km/h. Le tribunal correctionnel d'Avignon <u>doit le convoquer</u>, car il a mis en danger la vie de ses passagers.

Un automobiliste **a été flashé** samedi ....

....

....

....

....

....

....

....

....

....

....

6 Transformez les phrases à la forme active ou passive.

Exemple : ***On a condamné*** *deux anciens trésoriers du RPR à quatorze mois de prison avec sursis.*

→ *Deux anciens trésoriers du RPR* ***ont été condamnés*** *à quatorze mois de prison avec sursis.*

a. Après douze ans d'incarcération, P. P. Geoffroy sera libéré sous conditions le 15 février 1981.

→ ....

b. La police britannique a arrêté quatre terroristes présumés à Birmingham.

→ ....

c. Daniel Schneidermann est accusé de plagiat par plusieurs auteurs de sites web.

→ ....

d. La ministre de la Défense a été entendue par les juges chargés de l'instruction.

→ ....

e. Une perquisition dans le casier d'un élève peut être effectuée par le directeur d'école.

→ ....

f. On aurait enlevé un membre de l'ONU en Irak ce matin.

→ ....

g. Le butin du casse de Nice ne sera jamais retrouvé.

→ ....

h. Le journaliste a déclaré qu'on l'avait interrogé pendant six heures.

→ ....

7 Complétez les phrases avec les formes passives.

vendu – **publié** – traduit – écrit – retrouvé – distribué – reconnu – imprimé – édité

Exemple : *Dans son livre,* L'Aube, ***publié*** *chez L'Harmattan, l'auteur dévoile les secrets de son enfance.*

a. Après l'obtention d'un prix de poésie, j'ai publié mon premier roman .... en deux mois.

b. Voici un nouveau livre de Philippe Plisson .... aux éditions du Chêne.

c. Les droits de ce premier roman .... à 300 000 exemplaires en France ont été rachetés par Steven Spielberg.

d. Le dictionnaire théologique publié par ce chanoine, daté du 10 novembre 1470, est considéré comme le plus vieil ouvrage .... en Suisse.

e. *La Nuit sacrée* est un roman de Tahar Ben Jelloun .... dans quarante-trois langues.

f. L'hebdomadaire gratuit *Epok* dédié à l'actualité culturelle et .... dans toutes les Fnac, cessera d'exister fin décembre 2006.

g. Cet auteur, ... internationalement pour son engagement, explore sans relâche les contradictions sociales de son pays.

h. Le principal rouleau .... à Qumrân fait de ce troisième livre le plus ancien manuscrit biblique qui nous soit parvenu.

8 **Complétez les phrases avec les verbes pronominaux.**

se prononcer – se parler – **se lire** – s'apprendre – se chanter – se lier – se dire – s'écrire – se diviser

Exemple : *L'arabe* ***se lit*** *de droite à gauche.*

a. Le japonais .... au moyen de trois systèmes.

b. Pour un Italien l'espagnol .... assez facilement et *vice versa.*

c. Le latin .... en une dizaine de langues romanes.

d. Le swahili .... au Kenya, en Ouganda, au Zaïre et en Tanzanie.

e. La langue chinoise .... presque.

f. Les mots empruntés à l'anglais .... généralement selon une phonétique anglaise simplifiée.

g. En mongol, les lettres .... de la gauche vers la droite.

h. « homme » en sanscrit .... « manu ».

9 **Complétez les phrases avec les éléments suivants.**

se voir confier – se faire renverser – se faire attaquer – se voir prescrire – se faire escroquer – se voir retirer – se faire battre – se laisser photographier – se laisser convaincre

Exemple : *À Beauvais, une jeune femme de 25 ans* ***s'est fait attaquer*** *par un chien.*

a. Une quinzaine de physiciennes, avec des parcours professionnels divers, ... par la célèbre photographe Fabienne Giboudeaux.

b. Un motard de 27 ans a été contrôlé à 162 km/h au lieu de 50 dans une agglomération et .... son permis.

c. Hier matin, un enfant de 10 ans .... par un camion en sortant de chez lui.

d. Au Niger un chef de village .... par l'écotourisme.

e. En 2004, 11,3 % des Belges .... un antidépresseur.

f. À Saint-Domingue plusieurs ressortissants français .... en louant pour leur vacances une villa qui s'est révélée être délabrée ou en cours de construction.

g. Hier soir l'OM .... par le PSG 2 à 0.

h. Au Luxembourg, le ministre Schiltz .... un troisième portefeuille ministériel, celui de la Défense.

Évaluation 15

1 Complétez le texte. /10 points

Axes routiers

Dans un communiqué de presse du ministère de l'Outremer, concernant les dommages aux infrastructures, de nombreux axes routiers restent coupés en raison d'éboulements à Gourbeyre et à Vieux Fort. À Gourbeyre et Saint-Claude trois ponts doivent faire l'objet d'une expertise. La route d'accès à la deuxième chute du Carbet a **été fermée** (fermer) à cause de la chute d'un rocher de 110 m de hauteur.

La route d'accès à la Soufrière .... (interdire) en raison d'un affaissement de la chaussée et d'importants éboulements.

La route qui relie Grande-Anse et Petite-Anse .... (affecter). La route du Sud .... (fermer) en raison de forts éboulements. Le pont du Galion est sérieusement fissuré. Le pont de Petit-Bourg est aussi fissuré.

Eau potable

En ce qui concerne le réseau d'eau potable, de nombreuses réparations .... (effectuer). Cependant l'eau est restée impropre à la consommation dans plusieurs communes (Gourbeyre, Deshaies et Vieux-Habitants). La commune de Pointe-Noire .... (priver) d'eau potable. À Bouillante, le captage en rivière .... (arracher). À Pointe-Noire, les deux usines de production sont arrêtées. La distribution d'eau potable .... (toucher) par des ruptures de canalisation, notamment dans le sud de Basse-Terre et à la Côte-sous-le-vent. [...]

En Dominique

Selon John Minsch, sismologue du Service américain d'information sur les séismes, l'épicentre était situé à environ 45 km au nord-ouest de la Dominique, où il n'y a pas eu de victimes.

À Portsmouth les dégâts .... (concentrer) sur deux rues parallèles dans la ville, quinze maisons et trois églises .... (toucher). L'église catholique, construite en 1850 s'est effondrée sans faire de victime, la vieille église anglicane .... (détruire) également.

Extraits de : http://www.azurseisme.com/GuadeloupeSeisme.htm

2 Complétez le texte avec les éléments suivants. /10 points

attendu – ont été signalées – est commercialisée – est suspendu – observées – ont été produites – **est pratiquée** – commercialisée – accusés – écoulées – ont été importées

Chiffres

Ruches. On en dénombre plus d'un million en France. L'apiculture **est pratiquée** par de nombreux amateurs et petits producteurs. Il existe 70000 apiculteurs, dont 92 % possèdent moins de 30 ruches. L'éclatement de la profession rend difficile l'obtention de chiffres fiables sur la production de miel ou les mortalités d'abeilles.

Production. En 2004, de 20000 à 30000 t .... en France. Mais 12000 t de miel de Chine, de Hongrie, d'Allemagne et des pays d'Amérique latine .... 50 % de la production .... dans les marchés ou par vente directe.

Les récoltes de miel de lavande, de sapin et de châtaignier sont particulièrement minces. Pour les miels de tournesol et de colza, la situation varie en fonction des apports en eau sur les champs. Selon France-Miel, l'unique coopérative nationale, qui commercialise environ 15 % de la production, « 2006 est une petite année parmi les petites années ». La production .... par l'entreprise devrait atteindre 1300 tonnes, contre 1400 tonnes .... chaque année depuis cinq ans. Et 1800 tonnes auparavant.

Le regain .... par les apiculteurs depuis la suspension de l'usage des pesticides Gaucho et Régent, ... de décimer les abeilles, n'est donc pas au rendez-vous. L'usage du Gaucho .... depuis 1999 sur le tournesol et depuis 2004 sur le maïs, et celui du Régent depuis 2004 sur toutes les cultures.

Les mortalités d'abeilles .... pendant les deux derniers hivers confirment la persistance de difficultés. Des mortalités « importantes », soit jusqu'à 70 % des populations perdues localement, ... à la fin de l'hiver à Michel Béraud, président du Syndicat des producteurs de miel de France (SPMF). [...]

Extrait d'un article de Gaëlle Dupont, *Le Monde*, le 29 / 08 / 2006.

Mémento p. 259

Le discours indirect

1 Soulignez les phrases qui expriment le discours indirect.

Japon – Une poupée parlante pour tenir compagnie aux personnes âgées

[…] Cette poupée est fabriquée par le groupe Tomy. Son nom, Yumel, vient du mot japonais « yume » qui signifie rêve. Elle mesure 37 cm et coûte l'équivalent d'une soixantaine d'euros. Elle est équipée de six capteurs et d'un microcontrôleur. Selon le fabricant, elle est capable de prononcer 1 200 phrases différentes et de chanter des chansons, réclamer que l'on s'occupe d'elle, elle peut même demander qu'on lui achète un jouet ! Elle garde en mémoire les habitudes d'une personne : à quelle heure elle se lève, à quelle heure elle se couche. Une fois programmée, elle peut rappeler à son propriétaire qu'il est temps d'aller se coucher, ou lui dire que c'est une belle journée de printemps (son horloge interne lui indique la date) ou encore de ne pas trop se fatiguer s'il se fait tard… […]

Jeudi 24 février 2005, Jean-Philippe Tarot © Senioractu.com 2005.

---

2 Rapportez au discourt indirect la présentation suivante.

« Je m'appelle Valérie Sevran, j'ai quarante-huit ans, je suis mariée et j'ai deux enfants. Je travaille dans une boulangerie et mon mari est diététicien. Nous aimons beaucoup voyager, sortir au cinéma et faire de la randonnée. Notre fils vient d'entrer à l'université de lettres et notre fille est en dernière année de lycée. Ils nous procurent beaucoup de joie. »

Elle dit qu'elle s'appelle Valérie Sevran, qu'elle ....

....

....

....

3 Transformez les phrases au discours indirect (plusieurs possibilités).

Exemple : *« Je te l'ai envoyée hier ».*
→ *Il jure* ***qu'il me (ou te) l'a envoyée hier.***

a. « Je vous ai déjà répondu. »
→ Elle prétend qu'elle ....

b. « Nous leur avons fait une remise de 10 %. »
→ Ils affirment qu'ils ....

c. « On me l'avait expliqué en réunion. »

→ Il reconnaît qu'on ....

d. « Le client ne nous a toujours pas payé. »

→ Elle certifie que ....

e. « La commande ne m'est par encore parvenue. »

→ Il assure que ....

f. « On ne m'a pas informé du changement de programme. »

→ Il constate qu' ....

g. « On ne nous a pas donné de consignes claires. »

→ Elles confirment qu'on ....

h. « Nous vous l'avons vendue avec une garantie de un an. »

→ Ils soutiennent qu'ils ....

4 Complétez les phrases.

Exemple : *« Il y a plus d'un milliard de personnes en surpoids sur la planète. »*
→ *On dit* ***qu'il y a plus d'un milliard de personnes en surpoids sur la planète.***

a. La pollution est-elle à l'heure actuelle le plus grave problème sur la planète ?

→ On voudrait savoir ....

b. Quand les guerres cesseront-elles définitivement ?

→ Je me demande ....

c. Comment peut-on retrouver un travail lorsqu'on est un chômeur de longue durée ?

→ Il ne sait pas ....

d. Pourquoi la faim dans le monde n'a-t-elle toujours pas été éradiquée ?

→ Pouvez-vous me dire ....

e. Qu'est-ce que les candidats proposent pour lutter contre la montée de la violence ?

→ Savez-vous ....

f. Où irons-nous si la Terre ne devient plus vivable ?

→ Beaucoup de gens se demandent ....

g. Quelles mesures prendrez-vous pour faire face à la crise économique actuelle ?

→ Je vous demande ....

h. Qui pourrait empêcher une guerre nucléaire d'éclater ?

→ On se demande ....

La concordance des temps

5 Rapportez les propos de Ségolène Royal sur les femmes.

Exemple : « ***Il est temps*** *aussi qu'à l'échelle de la planète il y ait une répartition plus harmonieuse des responsabilités et des devoirs entre hommes et femmes.* »
→ *Elle a dit qu'**il était temps** qu'à l'échelle de la planète il y ait une répartition plus harmonieuse des responsabilités et des devoirs entre hommes et femmes.*

a. Il faut refuser ces discriminations qui, dans le monde du travail, frappent les femmes.
→ Elle a dit que / qu' ....

b. Je crois, moi, possible et nécessaire d'aider les familles qui ont des difficultés à exercer leur métier de parents.
→ Elle a dit que / qu' ....

c. Le co-développement doit respecter le potentiel de ces régions et associer directement les populations concernées, en s'appuyant en particulier sur les femmes.
→ Elle a dit que / qu' ....
....

d. En Afrique, elles assurent 98 % du travail de la terre mais bénéficient seulement de 5 % des aides.
→ Elle a dit que / qu' ....

e. L'allongement de la durée des cotisations pénalise très fortement les femmes.
→ Elle a dit que / qu' ....

f. En Poitou-Charentes, je me bats pour que les filles ne restent pas cantonnées aux formations traditionnellement féminines : les sections littéraires, le secrétariat, le textile, les services à la personne.
→ Elle a dit que / qu' ....
....

g. On finance des formations qualifiantes et des reconversions pour des femmes qui choisissent un « métier d'homme ».
→ Elle a dit que / qu' ....

h. 50 % des demandes de prêts bancaires pour créer une activité sont présentées par des femmes mais seulement 28 % aboutissent.
→ Elle a dit que / qu' ....
....

D'après http://www.femmesdavenir.segoleneparis.fr/node/56

6 **Transformez les phrases entre parenthèses.**

[...] elle m'a demandé **si je travaillais bien à l'école** (est-ce que tu travailles bien à l'école?), ... (est-ce que tu es bien sage?), ... (qu'est-ce que tu aimerais faire quand tu seras plus grand?), et ....
.... (est-ce que tu veux goûter les bonbons que j'ai dans mon sac?). Je lui ai répondu que .... (je travaille pas mal), que .... (je suis assez sage), que ....
.... (je veux devenir aviateur) et que ....
.... (si tu as des bonbons), moi, ...
.... (j'en veux bien).

Extrait de « Mémé », *Histoires inédites du Petit Nicolas*, volume 2
de René GOSCINNY & Jacques SEMPÉ, © IMAV éditions, 2006.

7 **Transformez le dialogue au discours indirect en complétant le texte.**

— Bonjour.
— Bonjour.
— Je suis là, sous le pommier.
— Qui es-tu ?
— Je suis un Renard.
— Tu veux jouer avec moi ? Je suis très triste.
— Je ne peux pas car je ne suis pas apprivoisé.
— Excuse-moi. Euh… qu'est-est-ce que ça signifie « apprivoisé » ?

Alors le Renard est arrivé. Il **a dit bonjour**. Le petit Prince .... aussi, il s'est retourné vers lui mais il ne l'a pas vu. Il a dit .... Il lui a demandé .... et il a répondu .... Il lui a proposé .... Il lui a répondu .... Il a dit alors .... Il a ensuite réfléchi et il a demandé ....

Antoine de SAINT-EXUPÉRY, *Le Petit Prince*, Gallimard, 1943.

8 Rapportez au discours indirect certaines propositions de l'UMP* concernant l'éducation.

Nous réduirons de moitié le nombre d'élèves par classe dans les établissements scolaires en zone difficile, nous doublerons les heures de sport, un internat-réussite sera ouvert dans chaque ville, les enseignants auront une entière liberté pédagogique, des études dirigées seront mises en place dans tous les établissements, nous supprimerons la carte scolaire, nous créerons une université des métiers, un compte-épargne de formation individuelle verra le jour et nous généraliserons le CV anonyme.

D'après un article du *Monde*, le 14 décembre 2006.

* UMP : Union pour un Mouvement Populaire.

Ils ont dit qu'**ils réduiraient** le nombre d'élèves par classe dans les établissements scolaires en zone difficile, qu'ils ....

....

....

....

....

9 Transformez les phrases suivantes.

Exemple : *« Qu'avez-vous vu cette nuit-là ? »*
→ *Il m'a demandé* ***ce que j'avais vu*** *cette nuit-là.*

a. « Où avez-vous dormi ? »
→ Il m'a demandé ....

b. « Avez-vous entendu quelque chose ? »
→ Il m'a demandé ....

c. « Qu'est-ce que vous avez fait avant 23 heures ? »
→ Il m'a demandé ....

d. « Comment êtes-vous rentrée chez vous ? »
→ Il m'a demandé ....

e. « Pourquoi n'avez-vous pas téléphoné tout de suite à la police ? »
→ Il m'a demandé ....

f. « Est-ce que d'autres personnes sont sorties quand les cris ont éclaté ? »
→ Il m'a demandé ....

g. « Qui a ouvert la porte de l'appartement de Monsieur Boyer ? »

→ Il m'a demandé ....

h. « Quand avez-vous rencontré Monsieur Boyer la première fois ? »

→ Il m'a demandé ....

10 Transformez les phrases entre parenthèses.

Alors moi, je me suis mis à pleurer et j'ai dit que **c'était pas juste à la fin**, que je .... (« je veux voir le film »), et papa a dit :

— Bon, bon, bon, ne pleure plus, on va le filmer, ce sale égoïste.

Et papa a filmé M. Blédurt, qui gardait toujours la tête tournée du même côté, avec le même petit sourire.

Eh bien ! Le film on ne l'a même pas vu. M. Blédurt a dit à papa que .... (« la caméra a un défaut ») et que .... (la prise de vues est ratée »). Mais plus tard, j'ai entendu Mme Blédurt dire à maman qu'.......... (« j'ai vu le film »), qu'.......... (« il est très rigolo ») et que M. Blédurt n'était pas content du tout parce qu'.......... (« je me suis trouvé trop gros »).

Extrait de « On tourne », Histoires inédites du Petit Nicolas, volume 2,
de René Goscinny & Jean-Jacques Sempé, © IMAV éditions, 2006.

11 Transformez les questions sur l'actualité de janvier 2006 au style indirect.

Exemple : *Il m'a demandé comment s'appelait la présidente du Chili.*
Comment s'appelle la présidente du Chili ?

- Est-ce que l'on fête le 250e anniversaire de la naissance de Mozart ?
- Combien de fois Amélie Mauresmo a été finaliste dans un tournoi du grand chelem ?
- À quel président les socialistes français ont-ils rendu hommage le 8 janvier ?
- Vers quel pays se dirige le porte-avions Clémenceau ?
- Qu'est-ce qui a transformé la vie politique palestinienne ?
- À propos de quoi la Russie a-t-elle augmenté ses pressions sur l'Ukraine ?
- Qui a gagné la course auto du 28e rallye Paris-Dakar ?
- Combien de temps a duré le voyage de la capsule de la mission Stardust ?

a. ....

b. ....

c. ....

d. ....

e. ....

f. ....

g. ....

h. ....

12 Transformez le texte au passé.

J'annonce la nouvelle à Virginie. Elle blêmit et me demande ce que nous allons devenir et comment nous ferons pour vivre si je me retrouve au chômage. Je tente de la rassurer. D'abord, ce n'est qu'un entretien préalable. Ensuite, d'un mal, il peut toujours sortir un bien. Si je dois être licencié, ce sera peut-être l'occasion de prendre un nouveau départ, par exemple en créant une entreprise. Et puis, j'ai une clause de mobilité dans mon contrat de travail. S'ils veulent me faire partir, ils finiront bien par y arriver. Ils peuvent très bien me proposer une mutation dans une de nos usines dans le Jura ou en Auvergne. Un refus de ma part sera donc un cas de rupture de mon contrat de travail. Il vaut donc mieux un départ bien négocié, plutôt qu'un pourrissement de la situation qui finira inévitablement par jouer en ma défaveur. Une seule chose est sûre : nos projets d'acquisition de logement tombent à l'eau. Aucune banque n'acceptera d'accorder un crédit à un salarié en passe d'être licencié et de toute façon, il est plus prudent de rester locataire.

J'**ai annoncé** la nouvelle à Virginie. Elle **a blêmi** et m'**a demandé** ce que nous **allions** devenir et ....

Denis Castel, *Ras-le-Bol*, Le Jardin des Livres, 2005.

13 Choisissez le verbe et mettez la phrase au style indirect passé.

nier – **avouer** – jurer – répéter – raconter – révéler – se plaindre – promettre – déclarer

Exemple : *L'assassin au juge : « Oui, c'est moi qui ai tué Madame Lefort ».*
→ *L'assassin **a avoué** au juge que c'était lui qui avait tué Madame Lefort.*

a. L'avocat à la chambre de première instance : « J'apporterai la preuve que l'accusé est coupable des dix chefs d'accusation retenus contre lui ».

→ ....

....

b. Le président du Tribunal à la Cour : « Monsieur Gautier et sa femme sont acquittés de l'accusation ».

→ ....

....

c. Le témoin au juge : « Je dirai toute la vérité, je le jure ».

→ ....

d. Le secrétaire général du Syndicat général de Police au journaliste : « Non, la criminalité n'a pas chuté dans notre pays ».

→ ....

....

e. L'accusé au policier : « Je vous dis que je ne suis pas coupable, je ne suis pas coupable ! ».

→ ....

f. La victime à l'inspecteur : « Je suis rentré à pied comme d'habitude, j'ai dîné, regardé la télévision et je me suis couché vers 23 heures ».

→ ....

....

g. L'enfant au juge : « Deux garçons m'ont frappé et m'ont demandé de leur donner de l'argent ».

→ ....

h. Le complice au commissaire : « Le butin se trouve dans une consigne à la gare de l'Est ».

→ ....

Évaluation 16

1 Transformez les phrases entre parenthèses. /10 points

Papa m'a expliqué qu'**on avait loué une salle rien que pour nous** (« On a loué une salle rien que pour nous ») et qu'.. (« il faut que tu sois sage ») que .... (« que tu ne te disputes pas avec tes cousins »), et maman m'a dit .... (« ne mange pas trop, pour ne pas être trop malade »). Tonton Eugène, qui a un gros nez rouge et qui était dans l'auto avec nous, a dit qu'on .... (« Laissez-le tranquille ! »), que .... (« Ce n'est pas tous les jours qu'il y a un mariage dans la famille »), et papa lui a répondu que .... (« Toi tu peux parler »), et .... (« Qu'est-ce que tu attends pour te marier ? »). Et tonton Eugène a répondu qu'.. (« Je ne me marierai qu'avec maman »), et maman a rigolé et elle a dit que tonton Eugène .... ; (« Tu ne changeras jamais), et papa a dit que .... (« C'est dommage ! »).

Extrait de « Le Mariage de Martine »,
Histoires inédites du Petit Nicolas, volume 2,
de René Goscinny & Jean-Jacques Sempé, © IMAV éditions, 2006.

2 Complétez le texte au discours indirect. /10 points

Une femme fait coucou à la porte de la cuisine, mais c'est une fillette qui me sert. Je m'adresse à la dame qui fourgonne dans son fourneau et je demande à tout hasard **s'il n'y a pas de boulot par ici** (« il n'y a pas de boulot par ici ? »). Ça a l'air de l'intéresser ; elle vient en s'essuyant les mains à son tablier.

C'est une rousse avec des taches de son, un visage agréable. Elle est jeune et dodue. Je fais mon œil d'innocence.

Elle me dit ....

(« il y avait un nommé Chanton qui faisait une coupe dans un vallon plus haut ») mais elle croit

.... ; (« il a fini »). Il y a quelques jours qu'elle ne l'a pas vu. De toute façon, elle ne sait pas .... (« est-ce qu'il avait besoin d'aide ? »). À part ça, ... (« je ne vois rien »).

Elle connaît sa valeur et elle se force un peu pour gonfler sa poitrine ; qui est jolie. La fillette nous regarde en dessous.

Je demande .... (« d'ici, en continuant, on va quelque part ? »). Elle me répond d'un ton qui signifie précisément, le monde, c'est autre part qu'ici. D'après elle, ... (« il suffit de partir pour rencontrer le pays de cocagne »). C'est une opinion comme une autre.

Son café est bon.

Je regarde l'heure à sa pendule. Il est dix heures, mais elle me dit .... (« elle retarde »). Ça n'est pas une affaire ; je ne suis pas à la minute. Je me documente un peu sur le pays. J'en arrive à la conclusion que ce sont des gens qui vivent de miel. Il y a beaucoup de ruches. Miel et bois, et charrois correspondants.

Je ne veux pas être en reste. Question de poitrine mise à part, sur laquelle elle insiste un peu trop, la dame est gentille. Je lui demande .... (« qu'est-ce qu'on fait ici le dimanche ? »). Elle me dit .... (« on danse et on joue aux boules »). Je trouve que c'est bien comme programme. Je le lui dis. Elle en convient. Elle ajoute .... (« Il y a mieux mais c'est plus cher.)» Je lui fais remarquer .... (« toute la question est là »). Sur ces bonnes paroles, je refous le camp dans le soleil.

Jean GIONO, *Les Grands Chemins*, Gallimard, 1951.

Unité 5

Exprimez

PAGES

1 La comparaison

Mémento p. 261

Les comparatifs

1 **Soulignez dans le texte toutes les formes comparatives (adverbes, verbes, locutions...).**

35 HEURES – RTL 08/08/02

Dix jours, pas plus

« Avec les 35 heures, en matière de vacances, on est en train de vivre une vraie révolution », explique l'anthropologue spécialiste du temps libre, Jean-Didier Urbain. Une « révolution » culturelle : les vacances d'aujourd'hui sont de moins en moins de saison. En clair, on part moins en juillet et août. Une tendance déjà amorcée depuis quelques années, qui cette année sur le littoral du Languedoc-Roussillon, par exemple, se généralise. En mobil-home, appartement ou caravane ou en tente, les séjours sont en moyenne de 12 à 15 jours, comme Brigitte, cette vacancière fonctionnaire territorial dans le Tarn. Elle a loué avec ses enfants, un mobil-home. Dix jours à quelques centaines de mètres des plages du Grau-du-Roi. Dix jours, pas plus, contre trois semaines, il y a deux ans. Car avec les 35 heures, expliquait-elle, je pars plus souvent, plus loin donc moins longtemps.
« *Nous avons raccourci les vacances d'été. Nous avons pu partir cinq jours faire du VTT en Dordogne. Nous sommes parties quatre jours à Londres à prix cassés.* »

Sur le terrain, tous les professionnels du tourisme l'ont constaté. Jacques Privat est restaurateur à Port-Camargue et président de l'Union régionale des métiers de l'industrie hôtelière : « *Nous allons retrouver nos modifications dans le comportement du Français et surtout, les clients consomment beaucoup moins. Pour la restauration, sur un séjour de huit jours, si vous avez prévu d'aller deux fois au restaurant, ils vont y aller une seule fois. Et beaucoup qui n'y vont pas du tout ! Par exemple, s'ils sortent le soir, pour aller manger une glace, ça se fait de moins en moins...* »

Réorientation des budgets

« *Ils ne consomment pas forcément moins, mais différemment* », analyse de son côté Bernard Sauveur, patron à Aigues-Mortes du camping de la petite Camargue, un immense complexe avec centre équestre et club de plongée. Avec cet étalement des vacances sur l'année, constate-t-il comme les sociologues, les séjours plus courts doivent être vendus clefs en mains.
« *C'est plutôt une re-répartition, réorientation des budgets, à mon sens, qu'une diminution globale du budget vacances. Ils chercheront un hôtel ou une résidence avec piscine, dans le camping avec animation et terrain de sport. Ils sont prêts à payer un hébergement avec des services inclus. En prenant plus de courts séjours et plus de vacances avec les 35 heures, on a appris à mieux gérer un budget. L'arbitrage qui est fait souvent cette année, on le voit, c'est : la promenade à cheval ou le parc d'attractions privilégié par rapport à de la consommation alimentaire, à de la boucherie ou à de la restauration.* »

Vacances plus intenses

C'est le cas de Brigitte. À 46 ans, sur son temps de RTT, elle s'est mise au sport. Activité qu'elle partage aujourd'hui pour la première fois en vacances avec ses enfants.

« *Nous allons beaucoup moins au restaurant, mais par contre les enfants prennent des cours de tennis. Je peux participer aux mêmes activités que mes enfants maintenant, et c'est très bien.* »

Une logique de consommation plus intense paradoxalement alors que les gens ont plus de temps. Ils sont plus avares qu'avant quant à la dépense de ce temps, notent les sociologues. Et dans les dix ans à venir, la tendance devrait encore s'accentuer avec des séjours toujours plus courts, plus thématiques, répartis sur toute l'année.

Aline Thibal.

* Réduction du temps de travail.

2 Comparez les éléments suivants avec *plus, moins, autant, aussi* (*que, de*).

Exemple : *Le Muscadet des Coteaux de la Loire (sec) / le Muscadet de Sèvre-et-Maine*
→ *Le Muscadet des coteaux de la Loire est* ***plus sec*** *que le Muscadet de Sèvre-et-Maine*

a. Le Château Margaux (1961) / le Château Angelus (1982)
→ ....

b. Les Coteaux du Layon (environ 10 €) les Sauternes (environ 30 €)
→ ....

c. Les tonneaux en bois de châtaignier (libérer des tannins) / les tonneaux en chêne
→ ....

d. Le Bourgogne (fruité) / le Bordeaux
→ ....

e. Quelques vins méconnus (bons) / des crus très prisés (bons)
→ ....

f. Dans ma cave (200 bouteilles de vins blancs) / (200 bouteilles de vins rouges)
→ ....

g. Le champagne (sensible à la lumière) / les autres vins.
→ ....

h. Les Italiens (21 litres de vin par an) / les Français (55 litres de vin par an).
→ ....

3 **Complétez les phrases avec les éléments suivants.**

– : moins (de) (que) – + : plus (de) (que) – = : aussi, autant (de) (que).

Exemple : *En France, nous travaillons* ***moins que*** *la plupart de nos voisins européens.* (***travailller*** *-)*

a. Les salariés français du secteur privé .... travail en une heure .... la plupart des travailleurs des autres pays. (abattre +)

b. Les bénéficiaires des 35 heures se réjouissent d' .... temps pour leur famille et leurs loisirs. (avoir +)

c. Avec les 35 heures, les travailleurs .... stressant. (déplorer un travail +)

d. Grâce aux 35 heures, la même charge de travail .... temps par les employés. (être accompli en –)

e. La plupart des employés préfèrent travailler plus, pour .... argent. (gagner +)

f. Avec les 35 heures, les Français .... en 39 heures. (produire toujours =)

g. Les 35 heures .... de créations d'emplois .... annoncé. (ne pas avoir permis =)

h. Dans les années 1950, la réduction du temps de travail .... importante .... à la fin des années 1990. (avoir été =)

4 **Complétez les phrases avec *mieux, meilleur(e)(s), moins bien, moins bon(ne)(s), moins mauvais(e)(s), plus mauvais(e)(s)* ou *pire(s) (que)* (plusieurs possibilités).**

Exemple : *L'année dernière la situation économique n'était pas bonne, mais cette année, c'est* ***pire****.*

a. Le groupe Arcelor-Mittal est optimiste et table sur de .... résultats en 2007.

b. Dans mon entreprise, les conditions de travail sont .... que dans la tienne. On n'a qu'une demi-heure pour déjeuner et on travaille un samedi sur deux.

c. Les travailleurs intérimaires dans l'Union européenne ont un taux d'accidents sur le lieu de travail plus élevé et sont .... informés en matière de sécurité.

d. Promouvoir la conciliation travail et vie au sein de votre entreprise vous permettra, à vous et à vos employés, de .... gérer les responsabilités.

e. Les résultats sont .... qu'on aurait pu le craindre.

f. Ce pâtissier vient d'être élu .... ouvrier de France.

g. Je préfère cet ordinateur, il est plus performant. L'autre est ....

h. Mes étudiants en économie sont .... que l'année dernière. Ils ne savent même pas compter ! Un comble.

5 Complétez les phrases avec *aussi... que, autant (de)... que.*

Exemple : *La carte Pass comme la carte UGC permet d'aller voir* ***autant de*** *films* ***que*** *l'on veut en payant uniquement 19 € 80.*

a. Certaines musiques de film sont devenues .... célèbres sinon plus .... leur film.

b. Chez ce cinéaste, l'image compte .... les mots et les sons.

c. Kris Kringle prétend être le vrai Père Noël dans ce film familial .... classique .... chaleureux.

d. Jamais la primitivité de la confrontation des corps sur un ring n'aura été retranscrite avec .... violence et de beauté à la fois .... dans *Raging Bull.*

e. *Ken Park* est un film .... dur .... beau.

f. On a eu 6000 entrées contre 5000 attendues, donc on est content mais pas .... les spectateurs qui sortaient de la projection.

g. *Les Feux de la rampe* est .... émouvant .... les meilleurs films de Chaplin

h. Avec *Fils du Nord-Est*, jamais le cinéma n'a .... permis d'accéder à cette dimension multiculturelle du monde d'aujourd'hui ainsi .... à une telle connaissance des peuples.

6 Complétez le texte avec les éléments suivants.

plus sereins – moins de scrupules – ressemblent plus – plus lourde – reçoivent de plus en plus – **de plus en plus souvent** – risquent moins de – moins formels – pas moins de – plus souvent

Petits repas entre amis

Famille, copains ou voisins… on s'invite aujourd'hui **de plus en plus souvent**, à toute heure de la journée et pour des repas .... Voici les nouvelles recettes de la convivialité.

« On se téléphone, on se fait une bouffe… » Cela n'a plus rien d'une phrase en l'air. Les Français, désormais, se prennent au mot et affichent table ouverte .... qu'à leur tour. Le CREDOC* est formel / vous et moi, les cadres comme les agriculteurs, les retraités comme les étudiants, ... Ces quatre dernières années, ... 2 millions de Français ont augmenté la fréquence de leurs invitations. Aujourd'hui, 73 % d'entre nous organisent de petits dîners au moins une fois par mois. Objets de toutes nos attentions : les parents, les voisins, les collègues… et surtout les amis. [...]

Concurrents du sempiternel dîner « grand-messe », le goûter comme le *brunch* attirent une nuée de potes – en leur promettant des matins .... Plus *hype* encore, le *drunch*. En clair : le *dinner-lunch*, équivalent glamourisé de l'apéritif dînatoire, qui, lui non plus, ne souffre pas de formalisme. Oublié, le triptyque porcelaine-argenterie-porte-couteau ! 20 % d'entre nous reçoivent dans le salon, sur la table basse, voire dans la cuisine. Parfois, les invités peuvent être invités… à mettre le couvert. À moins qu'ils ne soient déjà affalés dans le canapé, devant le match de foot sur le petit écran. Car le plateau télé est en vogue, si, si – 10 % des Français le pratiquent en bonne compagnie. « *Les 25-45 ans n'ont pas connu les privations de la guerre*, note Frédéric Loeb. *Ils ont* .... *à désacraliser la nourriture, à bousculer les règles du savoir-vivre.* » Tout est permis : piocher dans le plat, apporter la casserole sur la table, manger du bout des doigts. « *Les repas entre amis* .... *que jadis à des dînettes-parties*, résume Sylvie Bernède, styliste au Bon Marché. *La vaisselle s'adapte : les sets de table remplacent la nappe,* .... *et salissante. Les petits contenants, parfaits pour les tapas, et les tasses encastrables, qui* .... *basculer sur le tapis, sont à la mode. Quant aux assiettes en carton et aux serviettes en papier, marché autrefois très saisonnier, elles se vendent désormais de janvier à décembre* ». […]

Véronique MOUGIN, *L'Express* du 04/10/2004.

* Centre de recherche pour l'étude et l'observation des conditions de vie.

Le même / pareil

7 Faites une phrase avec *le même, la même, au même* ou *les mêmes.*

Exemple : *J'ai 25 ans et toi aussi. Nous avons* **le même** *âge.*

a. Pierre aime le bleu et le noir et Régine aussi.

→ ....

b. Je fais 1 m 90 et mon frère aussi.

→ ....

c. Mes enfants vont au collège Henri IV et tes enfants aussi.

→ ....

d. J'habite 5 rue de la Liberté et vous aussi.

→ ....

e. J'aime la musique classique, la natation, les voyages et Samuel aussi.

→ ....

f. Marina habite à Bombay et Jean-Charles aussi.

→ ....

g. Mon père est arrivé à 20 h et Brigitte aussi.

→ ....

h. François travaille chez Sony et moi aussi.

→ ....

8 Complétez avec *pareil(le)(s).*

Exemple : *« Se taire c'est* **pareil** *dans toutes les langues ». (Ph. Geluck)*

a. La richesse est .... à l'eau de mer : plus on en boit plus on a soif. (A. Schopenhauer)

b. J'aime les choses barbantes. J'aime que les choses soient exactement .... encore et encore. (A. Warhol)

c. Les femmes, toutes ...., ne se ressemblent qu'imparfaitement. (H. Bernard)

d. Le fleuve est .... à ma peine. Il s'écoule et ne tarit pas. (G. Apollinaire)

e. Nous sommes presque tous .... Il est simplement plus facile de définir nos différences que nos similitudes. (L. Ellerbee)

f. Les conditions nouvelles qui entraîneront en gros l'apparition d'hommes tous .... et pareillement médiocres sont éminemment propres à donner naissance à des hommes d'exception du genre le plus dangereux et le plus séduisant. (F. Nietzsche)

g. Tous les bons livres sont .... Ils sont plus vrais qu'aurait pu être la réalité. (E. Hemingway)

h. Dès qu'il y a une femme qui parle c'est contagieux, toutes elles parlent .... (C. Angot)

9 **Trouvez les verbes (parfois pronominaux) de comparaison à partir de l'adjectif.**

Exemple : *Devenir* ***plus court*** → ***raccourcir***

a. Devenir plus grand → ....

b. Devenir meilleur → ....

c. Devenir plus jeune → ....

d. Devenir plus vieux → ....

e. Devenir plus beau → ....

f. Devenir pire → ....

g. Devenir plus riche → ....

h. Devenir plus gros → ....

10 **Complétez les phrases avec les verbes (attention au temps !).**

s'allonger – diminuer – s'appauvrir – s'alourdir – accroître – **s'aggraver** – s'épaissir – alléger – accélérer

Exemple : *Le bilan des inondations* ***s'aggrave*** *dans le sud du pays.*

a. L'embrasement des entrepôts .... la propagation de l'incendie le long du fleuve et les sauveteurs sont très vite dépassés.

b. Exceptée la petite zone de calme près du centre, la vitesse du vent .... toujours du centre vers la périphérie du cyclone.

c. Le réchauffement climatique peut .... le risque de maladie des arbres.

d. Notre organisation s'efforce d'.................................... les souffrances des victimes des catastrophes naturelles ou causées par l'homme.

e. Le bilan .... à 32 morts dans l'explosion d'une mine de charbon.

f. Le chimiquier Ece coule avec ses 10 000 tonnes d'acide phosphorique : la liste des accidents maritimes chimiques .... !

g. Au contact de l'air ambiant, beaucoup plus froid, la lave .... et, progressivement, se transforme en roche.

h. Si nous détruisons la forêt tropicale humide, nous laissons à nos enfants un monde qui devient monotone, qui se vide et ....

Les superlatifs

11 Complétez avec *le, la, les* et *plus, moins, mieux, meilleur(e)(s)* et accordez les adjectifs si nécessaires.

Exemple : *Les Français, peuple* ***le plus ennuyeux (ennuyeux +)*** *et* ***le moins hospitalier (hospitalier –)*** *de tous.*

LONDRES (AFP)

Les Français sont jugés par le reste du monde comme le peuple .... (inhospitalier +) de la planète, ... (ennuyeux +), et pour couronner le tout, celui qui manque .... (générosité +), selon une enquête du site internet WAYN.

46 % des quelque 6000 personnes interrogées sur le site internet spécialisé dans les contacts entre voyageurs *Where Are You Now* (WAYN, Où vous trouvez-vous maintenant ?) ont qualifié les Français de peuple .... (inhospitalier +), mais ils sont suivis par les Allemands qui obtiennent .... (deuxième mauvais score +), ont rapporté les journaux britanniques *Daily Express* et *Morning Star*.

Les Britanniques n'apparaissent nulle part dans les 10 premières réponses du classement pour les quatre questions posées : quels sont les peuples .... (inhospitalier +), ... (généreux -), ... (ennuyeux -), ... (cultivés +) ?

Le fondateur de WAYN, le Français Jerôme Touze, s'est déclaré stupéfait : « *Je n'aurais jamais imaginé que les Français seraient considérés comme* .... (hospitalier -) *de tous* », a-t-il dit. « *Je pense que notre morosité romantique est incomprise et je vais m'assurer auprès de mes proches et amis en France qu'ils seront plus agréables avec les touristes dans l'avenir* ».

L'Italie est jugée comme le pays .... (cultivé +) et doté de la .... (cuisine +), tandis que les États-Unis n'ont aucun style et la cuisine .... (mauvais +) de toutes. Dans cette dernière rubrique, la France apparaît quand même deuxième. Mais un éditorial du *Daily Telegraph* en rajoute : « *Les Français aiment penser que* Chanel N° 5 *est leur parfum, mais nous savons tous que c'est plutôt l'ail et les gitanes moisies* ».

AFP, lundi 22 mai 2006.

12 Complétez les questions et répondez au quiz.

Comment consomment nos voisins européens ?

QUIZ

Qui consomme le plus de vin ? De café ? De chocolat ?
Vérifiez si les clichés de consommation des Européens sont fondés.

a. Qui sont .... livres en Europe ? (gros consommateurs)
- ☐ Les Allemands
- ☐ Les Italiens
- ☐ Les Grecs
- ☐ Les Français

b. Qui consomme .... ? (bière)
- ☐ Les Irlandais
- ☐ Les Belges
- ☐ Les Allemands
- ☐ Les Portugais

c. Qui boit .... ? (café)
- ☐ Les Italiens
- ☐ Les Finlandais
- ☐ Les Danois
- ☐ Les Tchèques

d. Qui sont .... vin ? (gros consommateurs)
- ☐ Les Français
- ☐ Les Grecs
- ☐ Les Suédois
- ☐ Les Hongrois

e. Qui sont .... chocolat ? (fous)
- ☐ Les Norvégiens
- ☐ Les Hollandais
- ☐ Les Suisses
- ☐ Les Belges

f. Quels Européens investissent .... dans des produits de jardinage ? (argent)
- ☐ Les Espagnols
- ☐ Les Autrichiens
- ☐ Les Anglais
- ☐ Les Luxembourgeois

g. Dans quel pays d'Europe consacre-t-on .... aux sorties dans les restaurants ? (argent)
- ☐ En Norvège
- ☐ Au Portugal
- ☐ En France
- ☐ En République Tchèque

h. Consommer, c'est se faire plaisir. Quels Européens se reconnaissent .... dans cette affirmation ? (bien)
- ☐ Les Polonais
- ☐ Les Italiens
- ☐ Les Anglais
- ☐ Les Français

Extrait de L'Internaute magazine : http://questionnaire.linternaute.com/questionnaire/ 1578/23/index.shtml

Évaluation 17

❶ Complétez avec les éléments. (/10 points)

économisent davantage – **bien meilleur** – s'est détériorée – une meilleure situation – un tout petit peu plus – mieux – moins bien – meilleure – ont préféré réduire – s'est améliorée – s'est dégradée

mardi 28 septembre 2004

Les trois-quarts des Français satisfaits de leur situation financière

PARIS (AFP - 11 h 04) - Les trois-quarts des Français sont satisfaits de leur situation financière, selon un sondage TNS Sofres pour *Le Figaro* et les Services financiers de la Poste.

Selon ce sondage réalisé par téléphone du 6 au 9 septembre auprès de 1 003 personnes (échantillon représentatif, méthode des quotas), 67 % jugent leurs finances assez satisfaisantes et 10 % très satisfaisantes, contre 23 % pas satisfaisantes. Le moral est **bien meilleur** qu'il y a 15 ou 20 ans : ils n'étaient que 60 % de satisfaits en 1989, et 61 % en 1984.

Près des trois-quarts pensent aussi jouir d' .... que leurs grands-parents et 60 % que leurs parents. L'avenir en revanche inquiète davantage : 50 % seulement pensent que la situation sera encore .... pour leurs enfants, contre 35 % convaincus du contraire.

Sur les 5 dernières années, le sentiment des Français est partagé : 43 % pensent que leur situation .... (surtout les moins de 35 ans et les actifs). À l'inverse, 40 % jugent que leur situation .... (surtout les retraités et ceux qui gagnent autour de 1 500 euros).

Pour ceux qui se sentent .... lotis, 48 % citent parmi les causes une hausse de leur revenu. Au contraire, pour ceux qui trouvent qu'ils vivent ...., 77 % citent comme première cause la « hausse du coût de la vie » et 75 % « la hausse des prix liée au passage à l'euro ».

Chez ceux dont la situation ...., la grande majorité se serre la ceinture : les deux-tiers .... leur train de vie plutôt que de puiser dans leur épargne. Un quart seulement ponctionne ses économies et 10 % emprunte.

Les Français épargnent .... qu'avant (52 % plus, 48 % moins) et ceux qui .... le font surtout pour un projet (immobilier, voiture) ou pour leur retraite.

Pour 59 % des Français, être à l'aise financièrement signifie gagner 2 000 à 4 000 euros par mois (à Paris, le seuil est plutôt de 4 500) et pour 32 % d'entre eux, on est riche quand on gagne 6 000 à 10 500 euros.

Par ailleurs, 88 % des Français trouvent difficile de se constituer un patrimoine aujourd'hui et 80 % sont favorables aux récents allégements fiscaux pour leur transmission. 22 % des sondés seraient d'ailleurs prêts à en profiter pour transmettre une partie de leur patrimoine dans les mois qui viennent.

Extrait de : http://archquo.nouvelobs.com/cgi/articles?ad=economie/20040928.OBS7898.html&datebase=20040928

❷ Complétez les citations avec les éléments. /10 points

les plus – la pire – plus... que – **plus (2 fois)** – la meilleure – autant... que – le moins – le moins mauvais – moins bien – moins – aussi... que – moins... que – autant de – mieux que

Exemple : ***Plus** je vieillis, **plus** je vois que ce qui ne s'évanouit pas, ce sont les rêves. (J. Cocteau)*

a. Il est .... absurde de regretter le passé .... d'organiser l'avenir. (R. Polanski)

b. Rien ne nous trompe .... notre jugement. (L. de Vinci)

c. De nos jours la compétence ne suffit pas, le génie encore .... ; il faut se vendre. (A. Maillet)

d. Quand un homme est jeune, il a de l'estomac ; quand il l'est ...., il a du ventre. (Noctuel)

e. Les hommes qui parlent .... sont .... vaillants. (Shakespeare)

f. Un sourire coûte .... cher .... l'électricité, mais donne .... lumière. (Abbé Pierre)

g. La démocratie est un mauvais système, mais elle est .... de tous les systèmes. (W. Churchill)

h. .... étroits .... ceux du sang et de la famille sont les liens de l'amitié. (J. Boccace)

i. .... n'importe quel médecin au monde, la Nature sait ce qui nous convient. (G. Courteline)

j. La langue est .... et .... des choses. (Ésope)

Mémento niv. A2 p. 244

1 **Soulignez les expressions de temps dans le texte suivant.**

À Madame Tennant.
[Croisset] **jour de Noël 1876, [25 décembre].**

Ce jour-là, les Anglais sont en fête ! Et je vous imagine, autant que je le puis, chez vous, entourée de vos beaux enfants, avec la Tamise à vos pieds. Moi, je suis complètement seul. Ma nièce et son mari sont à Paris depuis six semaines. Je n'irai pas les rejoindre avant le commencement de février, afin d'aller plus vite dans ma besogne et de pouvoir publier mon petit volume de contes au printemps. Mon *Saint Jean-Baptiste* est à moitié. Je *meurs d'envie* de vous lire celui-là, avec les deux autres. Quand sera-ce ? Quand irez-vous en Italie et surtout quand en revenez-vous ?
Si vous êtes « contente de ce que je m'ennuie de vous », soyez-le pleinement, chère Gertrude ! Pendant les longues années que j'ai vécues sans savoir ce que vous étiez devenue, il n'est peut-être pas un jour que je n'aie songé à vous. C'est *comme ça !*
[...]

Je vous remercie de détester le Trouville moderne. (Comme nous nous comprenons !) Pauvre Trouville ! La meilleure partie de ma jeunesse s'y est passée. Depuis que nous étions ensemble sur la plage, bien des flots ont roulé dessus. Mais aucune tempête, ma chère Gertrude, n'a effacé ces souvenirs-là. La perspective du passé embellit-elle les choses ? Était-ce vraiment aussi beau, aussi bon ? Quel joli coin de la terre et de l'espèce humaine ça faisait, vous, vos sœurs, la mienne ! Ô abîme ! Abîme ! Si vous étiez un vieux célibataire comme moi, vous comprendriez bien mieux. Mais non, vous me comprenez, je le sens.

À ce moment de l'année on se souhaite un tas de choses. Que faut-il vous souhaiter ? À moi, il me semble que vous avez tout. Je regrette de n'être pas dévot afin de prier le ciel pour votre bonheur.

Gustave FLAUBERT, *Correspondance*, 1876.

2 Replacez *depuis* par *il y a ... que*.

Exemple : *Je n'ai pas revu mes enfants* ***depuis*** *trois ans !*
→ ***Il y a*** *trois ans* ***que*** *je n'ai pas revu mes enfants !*

a. Nous voulions nous marier depuis longtemps.

→ ....

b. Stéphanie est veuve depuis au moins vingt ans.

→ ....

c. Tu es divorcé depuis combien de temps ?

→ ....

d. Ils vivent ensemble depuis seulement deux mois.

→ ....

e. Vous n'avez pas de nouvelles de votre père depuis dix ans ?

→ ....

f. Mon grand-père vit avec nous depuis deux ans.

→ ....

g. On est installé dans ce pays depuis plus d'un siècle.

→ ....

h. Ma sœur a disparu depuis huit jours.

→ ....

3 Transformez les phrases.

Exemple : *Depuis mon enfance, j'ai peur des cafards.*
→ ***Depuis que je suis enfant****, j'ai peur des cafards.*

a. Depuis ma naissance, je suis myope.

→ ....

b. Depuis notre mariage, mon mari et moi nous entendons très bien.

→ ....

c. Depuis mon entrée à l'école primaire, j'ai toujours été la première de ma classe.

→ ....

d. Depuis notre emménagement, nous n'avons eu que des problèmes.

→ ....

e. Depuis mon embauche dans cette entreprise il y a deux ans, j'ai changé trois fois de poste.

→ ....

f. Depuis ma retraite, je n'ai jamais autant travaillé.

→ ....

g. Depuis ma sortie d'hôpital, j'ai du mal à marcher.

→ ....

h. Depuis notre retour d'Australie, nous avons du mal à nous réadapter à la France.

→ ....

4 **Complétez les citations avec *depuis, depuis que, dès* ou *dès que*.**

Exemple : ***Depuis que*** *l'homme existe, l'idéal n'a pas plus de pouvoir que le pouvoir n'a d'idéal. (Jérôme Deshusses)*

a. .... la nuit des temps, les enfants naissent en pleurant, comme s'ils pressentaient ce qui les attend. (Didier Daeninckx)

b. Les filles sont jolies .... le printemps est là. (Hugues Auffray)

c. .... tu vois que tu sais faire une chose, attaque-toi à quelque chose que tu ne sais pas encore faire. (Rudyard Kipling).

d. Il paraît que la crise rend les riches plus riches et les pauvres plus pauvres. Je ne vois pas en quoi c'est une crise. .... je suis petit, c'est comme ça. (Coluche)

e. .... l'arrivée, le départ se profile. (Ylipe)

f. La jeunesse de l'Amérique est sa plus vieille tradition : elle dure .... trois cents ans. (Oscar Wilde)

g. Je n'ai plus peur de la mort .... j'ai appris que je ne serai pas le premier à passer par là. (Michel Serrault)

h. .... l'on fait un pas hors de la médiocrité, l'on est sauvé. (Ernest Psichari)

5 **Complétez les phrases avec un adverbe de temps de la liste.**

désormais – autrefois – bientôt – ensuite – **aujourd'hui** – souvent – pendant – déjà – depuis

Exemple : *Que signifie* ***aujourd'hui*** *devenir compétent en langues à l'école ?*

a. Les savants cherchaient .... dans l'Asie Centrale le foyer des langues indo-européennes.

b. Être multilingue depuis l'enfance est un avantage pour apprendre d'autres langues ....

c. Si, par le passé, les Finlandais apprenaient un nombre de langues très varié, de plus en plus d'étudiants n'apprennent .... plus que l'anglais et le suédois.

d. Les Luxembourgeois parlent tous quatre langues, les Belges, les Hollandais parlent très .... trois langues.

e. Certaines langues sémitiques sont attestées .... plus de 4 000 ans (akkadien, ougaritique...).

f. Le gaélique d'Irlande sera .... la 21e langue officielle de l'Union européenne.

g. Dans Les *langues autochtones du Québec*, Jacques Maurais montre combien de langues ont .... disparu et combien .... sont en voie de disparition.

h. L'utilisation du catalan a été interdite en dehors du cercle familial et durement réprimée .... les quarante années de la dictature franquiste.

6 Complétez les phrases avec *en* ou *dans*.

Exemple : *Que de chemin parcouru **en** un an !*

a. .... deux semaines, je partirai au Sénégal.

b. Nous avons fait le tour du Chili .... un mois et demi.

c. Ton avion décolle .... quelques minutes. Dépêche-toi !

d. .... huit ans, elle est allée cinq fois en Australie.

e. .... cette période d'affluence, il faut se lever très tôt pour voir les monuments.

f. .... quelques temps, on pourra faire le tour du monde en une journée.

g. Tu ne pourras jamais visiter tout le pays .... si peu de temps.

h. L'agence devra répondre à votre réclamation .... un délai de trente jours.

7 Choisissez la bonne réponse : *pour* ou *pendant*.

Exemple : *Nous devons fermer le forum **pour** un certain temps.*

a. J'ai gardé ce PC .... plus de dix ans.

b. Son ordinateur est garanti .... trois ans.

c. Je recherche un poste d'administrateur réseau en alternance .... 18 mois dans le cadre d'un contrat de professionnalisation.

d. Dans cette école, les étudiants sont plongés dans l'informatique .... deux semaines.

e. Mon père a travaillé chez Microsoft .... dix-sept ans.

f. La souris sans fil Logitech, sera disponible ce mois-ci, ... une durée limitée, au prix de 45, 99 €.

g. Dans le domaine de l'informatique, l'évolution est assez rapide. On n'achète pas un ordinateur .... 20 ans.

h. .... longtemps, les sites Web ont surtout proposé du texte et des images. Aujourd'hui, les images animées peuvent être diffusées beaucoup plus facilement.

8 Choisissez la bonne réponse.

Michel Piccoli est né à Paris (**le** / à) 27 décembre 1925. Ses parents sont musiciens ; son père est violoniste et sa mère, pianiste. Il fait ses études au collège d'Annel, à l'École Alsacienne et au Collège Sainte-Barbe à Paris. (Au lendemain / Après) la guerre, il décide de devenir comédien et figure dans *Sortilèges* de Christian-Jaque en 1945. (Trois ans plus tard / À trois ans), il débute au théâtre avec la pièce *Le Matériel humain*. (Depuis / Puis), il partage sa carrière entre le cinéma et le théâtre. [...]

(À partir de / En) 1967, Michel Piccoli a déjà une carrière très abondante, et marié à la chanteuse et comédienne Juliette Gréco, il est (encore / désormais) une valeur sûre du cinéma. Alors qu'il pourrait sans inquiétude se contenter d'accepter des rôles classiques, il remet soudain tout en question, en acceptant de jouer des personnages plus difficiles. Il tourne ainsi pour Marco Ferreri *Dillinger est mort* puis *La grande bouffe* qui lui vaudra autant d'éloges que de critiques. Il tournera (dès lors / depuis) dans des films qu'il aura au préalable longuement étudiés, entre autres, *Far-West* de Jacques Brel, *Themroc* de Claude Faraldo ou *Grandeur nature* de Luis Berlanga. (Jamais / Dans le même temps), il est la vedette « attitrée » des œuvres de Claude Sautet, Luis Bunuel et Marco Ferreri.

(Fin des années / Pendant) 70, Michel Piccoli change encore de registre en se jouant des risques du métier, avec une évidente jubilation. Il prend le risque de déplaire au public, en multipliant les rôles antipathiques. [...]

C'est en 1997 que Michel Piccoli mène à bien l'aventure de son premier long métrage en tant que réalisateur, *Alors voilà*, après s'être exercé (trois ans plus tôt / il y a trois ans) sur *Train de nuit*, un court-métrage. Ce passage à la réalisation couronne une décennie pleine, aussi bien en termes quantitatifs que qualitatifs ; *Milou en Mai* de Louis Malle, le peintre tourmenté de *La belle Noiseuse* de Jacques Rivette, sélectionné à Cannes en 1991. (Puis / Cependant), Dandy séducteur dans *Party* de Manuel De Oliveira, *Généalogie d'un crime* de Raoul Ruiz, patriarche de *L'Émigré* de Youssef Chahine, chirurgien cynique dans *Maladie d'amour, L'Homme voilé*... [...]

2003 n'est pas la dernière date à laquelle s'arrête sa brillante carrière ; Michel Piccoli monte (régulièrement / après) sur les planches pour jouer des pièces prestigieuses. Quant au cinéma, il tourne (jusqu'à / toujours) autant. [...]

Extrait de : http://festicannes.free.fr/biopiccoli.html

9 **Reconstituez le texte à l'aide des connecteurs de temps.**

Un « hibernatus » japonais survit 24 jours en dormant comme une marmotte.

TOKYO (AFP)

Un randonneur japonais égaré et blessé en pleine montagne sans autre viatique qu'un pot de sauce barbecue a affirmé...

a. pendant 24 jours en « hibernant ».
Mitsutaka Uchikoshi, un employé de mairie de 35 ans, était parti pique-niquer avec des amis

b. Aujourd'hui il est rétabli à 100 %, a expliqué le docteur.
La mairie de Nishinomiya (ouest du Japon) où travaille le randonneur engourdi a fait savoir qu'il avait repris son poste

c. mercredi avoir réussi à survivre

d. Lorsque les secouristes l'ont finalement retrouvé

e. le 7 octobre près du mont Rokko, près de Kobe, à 400 km à l'ouest de Tokyo. Mais alors qu'il avait décidé de rentrer avant les autres, il est tombé accidentellement du haut d'un rocher et s'est blessé au dos, a-t-il raconté à la presse.
Seul, incapable de bouger ou de prévenir les secours, il n'avait pour se sustenter qu'un pot de sauce barbecue : « J'en ai goûté un peu mais ce n'était pas vraiment mangeable », a-t-il reconnu.

f. mercredi.

Mercredi 20 décembre 2006, 16 h 44.

g. le 31 octobre,

h. Le deuxième jour, il s'est couché sur un coin d'herbe au soleil : « J'étais bien et j'ai fini par m'endormir. C'est la dernière chose dont je me souvienne », a témoigné M. Uchikoshi.

i. après 24 jours, la température de son corps n'était plus que de 22 degrés, a affirmé son médecin. « Il a très rapidement sombré dans un état d'hypothermie similaire à l'hibernation. Grâce à ça, ses fonctions cérébrales étaient protégées. »

Ordre du texte : ....

Évaluation 18

/10 points

1 **Complétez le texte avec les éléments suivants.**

après (3 fois) – enfant – d'habitude – parfois – **deux ans avant** – maintenant – pendant – depuis – une fois

DEUX ANS AVANT SA MORT, mon père m'a remis une petite valise remplie de ses propres écrits, ses manuscrits et ses cahiers. En prenant son habituel air sarcastique, il m'a dit qu'il voulait que je les lise .... lui, c'est-à-dire .... sa mort.

« *Jette un coup d'œil*, a-t-il dit, un peu gêné, *peut-être y a-t-il quelque chose de publiable. Tu pourras choisir.* »

On était dans mon bureau, entourés de livres. Mon père s'est promené dans la pièce en regardant autour de lui, comme quelqu'un qui cherche à se débarrasser d'une valise lourde et encombrante, sans savoir où la poser. Finalement, il l'a posée discrètement, sans bruit, dans un coin. .... passé ce moment un peu honteux mais inoubliable, nous avons repris la légèreté tranquille de nos rôles habituels, nos personnalités sarcastiques et désinvoltes. Comme ...., nous avons parlé de choses sans importance, de la vie, des inépuisables sujets politiques de la Turquie, de tous ses projets inaboutis, d'affaires sans conséquences.

Je me souviens d'avoir tourné autour de cette valise .... quelques jours .... son départ, sans la toucher. Je connaissais .... mon enfance cette petite valise de maroquin noir, sa serrure, ses renforts cabossés. Mon père s'en servait pour ses voyages de courte durée, et .... aussi pour transporter des documents de chez lui à son travail. Je me rappelais avoir, ..., ouvert cette valise et fouillé dans ses affaires, d'où montait une odeur délicieuse d'eau de Cologne et de pays étrangers. Cette valise représentait pour moi beaucoup de choses familières ou fascinantes, de mon passé et de mes souvenirs d'enfance ; pourtant, je ne parvenais pas à la toucher. Pourquoi ? Sans doute à cause du poids énorme et mystérieux qu'elle semblait renfermer.

Je vais parler .... du sens de ce poids : c'est le sens du travail de l'homme qui s'enferme dans une chambre, qui, assis à une table ou dans un coin, s'exprime par le moyen du papier et d'un stylo, c'est-à-dire le sens de la littérature.

Orhan Pamuk, extrait de l'article « La Valise de mon père », *Le Monde* du 14/12/06.
Traduit du turc par Gilles Authier.

3 La condition et l'hypothèse

Mémento p. 261

1 Faites des phrases.

Exemple : *ne pas avoir de problèmes (je) / Rester neutre. (je)*
→ ***Si je ne veux pas avoir de problème, je reste neutre.***

a. partir (vous) / vous suivre (je)

→ ....

b. lui pardonner (elle) / ne plus rien comprendre (je)

→ ....

c. le relâcher (on) / ouvrir la porte à tous les abus (on)

→ ....

d. voter contre (tu) / ne plus te parler (je)

→ ....

e. changer d'avis (ils) / ne pas être étonnant (ce)

→ ....

f. accepter leur proposition (nous) / aller droit au mur (nous)

→ ....

g. le condamner à la perpétuité (on) / trouver cela injuste (je)

→ ....

h. ne pas être d'accord (vous) / vous empêcher de protester (personne)

→ ....

2 Choisissez le verbe et complétez les phrases.

Exemple : *Si tu* ***passes*** *à Paris,* ***appelle****-moi ! (appeler / passer)*

a. Si vous .... à la montagne, ...-nous ! (aller / emmener)

b. Si elle .... de partir au Canada, ...-lui de contacter Michel ! (décider / dire)

c. Si tu .... en Inde, ... de faire une demande de visa ! (ne pas oublier / partir)

d. Si nous .... comment obtenir un permis de séjour, ... à l'ambassade ! (demander / ne pas savoir)

e. S'il .... faire du ski, ... un séjour aux Trois Vallées ! (réserver / vouloir)

f. Si tu .... de faire de la plongée sous-marine, ... le brevet PADI* ! (passer / avoir l'intention)

g. Si vous .... dans plusieurs pays d'Europe, ... la carte Inter-Rail ! (voyager / prendre)

h. Si son avion .... en retard, ...-le ! (attendre / arriver)

* Professional Association of Diving Instructors.

3 Complétez le texte.

Pour savoir si vous êtes poète
Par le gardien le dimanche 5 juin 2005

Enfermez pendant une nuit sans lune
une rose et un éléphant dans une chambre
à coucher. Revenez le lendemain sur la pointe
des pieds. Selon le spectacle qui s'offre à vous,
vous saurez ***si, oui ou non, vous êtes poète.***

Dans le meilleur des cas l'éléphant paraît normal mais il sent la rose. Si vous **êtes** (être) content pour l'éléphant, vous .... (être) parfumeur. Si cela vous .... (peiner) pour la fleur vous .... (être) poète.

La rose est grise et l'éléphant est rose. À l'évidence, ils ont conservé leur vertu. Si cette nouvelle vous .... (décevoir), ... (renoncer) à la poésie. Si elle vous .... (attrister), ... (écouter) le silence, il cache peut-être une bonne nouvelle. Si elle vous .... (mettre) en joie .... (se dire) que le chemin est encore long avant l'édition de vos œuvres complètes.

L'éléphant et la rose se déclarent amoureux. Demandez-leur de vous fournir une preuve. S'ils .... (refuser), ... (se réjouir) : ils sont faits l'un pour l'autre, et vous pour la poésie. S'ils vous .... (demander) l'adresse d'une bijouterie vous .... (être) perdu : ils sont victimes de leur imagination et vous de vos ambitions littéraires. [...]

http://blog.legardemots.fr/post/2005/06/05/128-pour-savoir-si-vous-etes-poete

4 Complétez les phrases comme dans l'exemple.

Exemple : *Si vous **ne respectez pas** (ne pas respecter) les conditions sanitaires, **vous vous rendrez** (se rendre) coupable d'un délit douanier.*

a. Si tu .... (importer) les échantillons en tant que bagage accompagné, tu .... (devoir) te rendre au bureau du port d'entrée.

b. Si nous .... (faire) au moins un envoi par mois ou douze par an, nous .... (pouvoir), en ouvrant un compte chez DHL, bénéficier de tarifs adaptés à votre volume d'expéditions.

c. Les préposés des douanes vous .... (recommander) sûrement de faire appel à un courtier en douane si vous .... (exporter) pour la première fois.

d. Si elle .... (ne pas présenter) ses documents de déclaration en détail dans le délai de cinq jours, ils lui .... (facturer) une pénalité pour production tardive de la déclaration en détail par expédition.

e. Lors de vos déplacements dans d'autres pays de l'Union européenne, si vous .... (effectuer) des achats réservés à un usage personnel, vous .... (ne pas avoir) à remplir de déclaration ni à payer de droits et taxes à votre retour en France.

f. Si tu .... (apporter) plusieurs articles, ceux dont la valeur cumulée ne dépasse pas le montant indiqué dans le tableau .... (être admis) en franchise.

g. Je .... (ne pas avoir) aucune formalité à accomplir si à l'occasion d'un séjour touristique j'................................ (importer) pour un délai maximum de six mois des moyens de transport à usage privé.

h. Si on .... (payer) notre voiture neuve TTC à l'étranger, on .... (être) aussi redevable de la TVA française au taux de 19, 6 %.

5 Transformez les phrases.

Exemple : *Si tu ne manges pas ta soupe, tu n'auras pas de dessert.*
→ *Mange ta soupe **sinon** tu n'auras pas de dessert.*

a. Si nous ne nous dépêchons pas, il n'y aura plus de pain.

→ ....

b. Si vous ne vous avancez pas, vous ne pourrez pas voir la préparation.

→ ....

c. Si tu manges tous ces bonbons, tu vas grossir.

→ ....

d. Si vous ne mettez pas assez de sel, cela va être fade.

→ ....

e. Si nous laissons le lait sur la table, il va tourner.

→ ....

f. Si tu ne mets pas de couvercle sur le saladier, les mouches vont aller dedans.

→ ....

g. Si vous faites cuire la viande trop longtemps, elle va se dessécher.

→ ....

h. Si nous ne servons pas les pâtes immédiatement, elles vont continuer de cuire.

→ ....

6 Complétez les deux textes avec les éléments.

souhaitez – arrivez – est (2 fois) – ne subit pas – pouvez – entrez – sera affichée – assurent – subit – avez manqué – ne sera affichée

Texte 1

Si vous .... **être informé sur la circulation d'un train** en particulier, ... vos villes de départ et d'arrivée sur la Recherche Express.

Si votre train .... un retard, une estimation de retard .... en rouge, à gauche de l'horaire (si votre train .... de retard, aucune mention ....).

Texte 2

Vous faire rembourser vos billets de train non utilisés ?

C'est possible… sous certaines conditions.

Après le départ

Vous avez raté le train de quelques minutes.

Si vous .... votre TGV, vous .... échanger gratuitement votre billet jusqu'à une heure après le départ du TGV dans les gares et boutiques SNCF de votre ville de départ.

Si vous .... un peu plus tôt ou un peu plus tard que prévu à la gare, les bornes « Échange Minute TGV » .... un échange de réservation pour un TGV en partance le même jour.

À l'arrivée

Côté TGV, la clause de régularité instaurée par la SNCF peut vous permettre de récupérer le tiers du billet si le retard dépasse les trente minutes. Attention. Tout dépend des circonstances. Les règles ont été négociées avec les associations d'usagers. Si le retard .... directement imputable à la SNCF (une rupture de caténaire, une défaillance dans la signalisation...), l'indemnisation .... automatique.

Extrait du magazine *Réponse à tout.* http://www.reponseatout.com/article.php3?id_article=300

7 Complétez les phrases.

Exemple : *Si les chats **pouvaient** (pouvoir) parler, que nous **diraient**-ils (dire) ?*

a. Si je / j'.. (avoir) un chien, je le / l'.. (appeler) « Ikare ».

b. Si on .... (apercevoir) un tigre, même quelques secondes, on .... (être) heureux.

c. Si l'éléphant .... (poser) sa patte, il le / l'.. (écraser) comme une mouche.

d. Si on .... (dératiser) plus souvent, il y .... (avoir) peut-être moins de maladies.

e. Si un serpent venimeux .... (surgir) tout à coup, que .... (faire) ?

f. Si les animaux .... (disparaître) complètement, comment ....-nous (réagir) ?

g. Si on .... (prendre) des mesures plus draconiennes, on .... (pouvoir) protéger la faune plus efficacement.

h. Si tu .... (voir) ses perroquets, tu ne / n' .... (croire) pas tes yeux !

8 **Posez des questions sur le modèle. (Utilisez *Comment, Que...* ou simplement le verbe.)**

Exemple : *réagir (vous) / vous rencontrez un extraterrestre ?*
→ ***Comment réagiriez-vous si vous rencontriez un extraterrestre ?***

a. faire (tu) / Internet n'existe plus

→ ....

b. répondre (vous) / cet homme vous demande votre adresse

→ ....

c. s'opposer (elle) / un inconnu lui dit de le suivre

→ ....

d. se défendre (il) / on l'humilie

→ ....

e. dire (ils) / rencontrer le diable

→ ....

f. se comporter (nous) / un pays déclare la guerre à la France

→ ....

g. refuser (nous) / quelqu'un nous propose un million d'euros

→ ....

h. dire (on) / on nous oblige à démissionner

→ ....

9 **Faites des phrases.**

Exemple : tu / être galant homme / lui ouvrir la porte
→ ***Si tu étais galant, tu lui ouvrirais la porte.***

a. elle / avoir un minimum de savoir-vivre / arriver à l'heure

→ ....

b. vous / posséder une certaine éducation / faire la queue comme tout le monde

→ ....

c. il / connaître les coutumes de ce pays / ne pas se moucher à table

→ ....

d. tu / se comporter en gentleman / m'aider à enlever mon manteau

→ ....

e. elles / savoir se comporter en société / ne pas mettre les coudes sur la table

→ ....

f. ils / être pourvu de bonnes manières / ne pas téléphoner si tard

→ ....

g. vous / connaître la politesse / ne pas me couper la parole

→ ....

h. il / ne pas manquer de tact / ne pas faire de gaffes aussi souvent

→ ....

10 Dites ce que les phrases expriment.

une hypothèse – un reproche – un remerciement – une déduction – une justification – un regret – une excuse

Exemple : *Si elle avait pris sa voiture, elle aurait mis moins de temps qu'à pied.*
= une déduction

a. Si vous aviez roulé moins vite vous auriez pu l'éviter.

= ....

b. Si tu ne m'avais pas ramené, je ne sais pas comment j'aurais fait.

= ....

c. Si mes freins n'avaient pas lâché, nous ne serions pas allés au fossé.

= ....

d. Si j'avais su que c'était toi qui était devant, je n'aurais pas klaxonné.

= ....

e. Si nous avions perdu ta trace, nous ne t'aurions jamais retrouvé.

= ....

f. S'ils avaient payé le parcmètre, ils n'auraient pas eu d'amende.

= ....

g. Si tu ne m'avais pas expliqué le chemin, j'aurais perdu une heure.

= ....

h. Si je n'avais pas eu cet accident, je serais devenu pilote de course.

= ....

11 Transformez les phrases.

Exemple : *Vous n'êtes pas arrivé à l'heure* **donc** *vous n'êtes pas entré.*
→ ***Si vous étiez arrivé à l'heure, vous seriez entré.***

a. Elle n'a pas pris d'abonnement donc elle n'a pas eu de place.

→ ....

b. Ils n'ont pas lu la critique donc ils y sont allés.

→ ....

c. Je ne savais pas que vous vouliez venir donc je ne vous ai pas pris de billet.

→ ....

d. On n'avait pas acheté de billet coupe-file donc on a fait la queue pendant deux heures !

→ ....

e. Il n'y avait pas d'audio-guides donc nous n'avons pas vraiment pu apprécier les œuvres.

→ ....

f. Tu n'as pas regardé sur le billet donc tu n'as pas vu que ça commençait à 19 h 00.

→ ....

g. Nous ne sommes pas allés au kiosque de la Madeleine donc nous avons eu des places plus chères.

→ ....

h. Elles ne m'ont pas écoutée donc elles y sont allées pour rien.

→ ....

12 Transformez les phrases.

Exemple : *Je veux bien le faire mais vous devez me payer.*
→ *Je veux bien le faire* ***à condition que vous me payiez.***

a. Elle peut venir chez lui mais il doit préparer le déjeuner.

→ ....

b. Nous sommes d'accord pour t'aider mais tu dois nous prêter ta voiture.

→ ....

c. Tu seras la bienvenue mais tu devras cuisiner.

→ ....

d. Ils pourront rester à la maison mais ils ne doivent pas faire de bruit.

→ ....

e. On accepte son chien mais elle doit le tenir en laisse.

→ ....

f. Vous pouvez cuisiner mais vous devez tout nettoyer après.

→ ....

g. Il dira oui mais je dois d'abord m'occuper des enfants.

→ ....

h. Elles ont donné leur accord mais on doit venir tôt.

→ ....

13 Associez les éléments.

a. Qu'importe que nous empruntions des itinéraires différents
b. Qu'ils me haïssent,
c. Il n'y a pas de mal à changer d'avis
d Je suis prêt à aller n'importe où,
e. Peu importe que le chat soit gris ou noir
f. Sachez que je puis croire toutes choses
g. Les Français peuvent être considérés comme les gens les plus hospitaliers du monde,
h. Une femme est aisée à gouverner
i. Il est bon de suivre sa pente

1. pourvu que ce soit un homme qui s'en donne la peine. (Jean de la Bruyère)
2. pourvu que ce soit en montant (André Gide)
3. pourvu qu'elles soient incroyables. (Oscar Wilde)
4. pourvu que nous arrivions au même but. (Gandhi)
5. pourvu qu'il attrape les souris. (Deng Xiaoping)
6. pourvu qu'ils me craignent. (Cicéron)
7. pourvu que l'on ne veuille pas entrer chez eux. (Pierre Daninos)
8. pourvu que ce soit dans le bon sens. (Winston Churchill)
9. pourvu que ce soit en avant. (David Livingstone)

a4 ; **b**.................. ; **c**.................. ; **d**.................. ; **e**.................. ; **f**.................. ; **g**.................. ; **h**.................. ; **i**..................

14 Complétez les phrases avec les éléments de la liste (plusieurs réponses possibles).

si – à condition que / qu' – **d'accord mais** – à condition de – du moment que / qu' – dans ce cas – pourvu que / qu' – sans – pour peu que / qu'

Exemple : *Tu veux partir en voyage ?* ***D'accord mais*** *où ?*

a. Je suis prêt à aller n'importe où .... il y a du soleil.

b. Vous obtiendrez un bon tarif .... réserver très tôt.

c. Elle a pris une assurance annulation ? .... elle pourra se faire rembourser.

d. Voici quinze trucs pour voyager .... stress.

e. La compagnie aérienne nous importe peu .... nous arrivions à temps.

f. Traverser l'Atlantique en solitaire, ... tu sois motivé, cela ne devrait pas être trop dur.

g. On partira en vacances .... on fasse assez d'économie.

h. Vous ne pourrez pas monter dans le train .... vous n'avez pas de billet.

15 Transformez les phrases avec *sans* ou *avec*.

Exemple : *Si tu mets du blanc, ce sera plus lumineux.*
→ ***Avec*** *du blanc, ce sera plus lumineux.*

a. Si j'avais un apport personnel, je pourrais emprunter plus.

→ ....

b. Si vous n'avez pas de travail, il est très difficile de trouver un logement.

→ ....

c. Si on n'obtient pas le crédit, on ne pourra pas acheter.

→ ....

d. Si mes parents ne m'avaient pas aidé, je n'aurais jamais obtenu le bail.

→ ....

e. Si nous changions les fenêtres, nous ferions des économies d'énergie.

→ ....

f. Si elle avait deux chambres, Clarisse nous recevrait volontiers.

→ ....

g. S'il n'y a pas de cheminée, ça ne m'intéresse pas.

→ ....

h. Si nous possédions un garage, ce serait plus commode.

→ ....

16 Complétez les questions de l'interview avec les verbes suivants.

aviez – **vous identifieriez** – rêveriez – arrivait – aimeriez – changeriez – souhaiteriez – diriez – seriez – feriez

– À quel « héros » / personnage de fiction vous identifieriez-vous volontiers ?

Julien Sorel... mais aussi, pour faire bonne mesure et nuancer, Félicité (l'héroïne *d'Un cœur simple* de Flaubert).

– Quelle utopie ....-vous prêt(e) à défendre ?

Celle que je définis très précisément dans mon roman *Écoland*.

– À part être écrivain ou illustrateur, que ....-vous d'être ?

Chef d'orchestre ou metteur en scène.

[...]

– Que ....-vous ou ....-vous à un ogre s'il vous ....d'en croiser un ?

« Je ne suis pas comestible ».

– Si vous .... la possibilité de recommencer, que ....-vous ?

Un ou deux événements de ma vie, il y a environ 25 ans. De mauvais choix, des voies de garages dans lesquelles je me suis empêtré (euh... oui : je suis opiniâtre, pour le meilleur mais aussi pour le pire !)

[...]

– Que ....-vous que l'on retienne de vous ?

Répondre, c'est déjà faire preuve de prétention, non ? Mais s'il le faut, ce serait : un livre... une phrase... une expression... Finalement, on écrit pour ne pas mourir tout à fait. Et si l'on retient d'un auteur une seule phrase ou même une idée, c'est déjà magnifique !

[...]

– Un lieu où vous .... vivre.

Le Périgord... ça tombe bien : j'y vis !

Extrait de l'interview de Christian Grenier :
http://www.ricochet-jeunes.org/carteblanche.asp?id=4

Évaluation 19

1 **Associez les questions aux réponses.** /10 points

a. Si vous étiez persécuté pour des raisons d'activités politiques ?

b. Si vous aviez une heure de temps libre ?

c. Si vos parents vous frappaient ?

d Si votre meilleure amie vous annonçait qu'elle se marie ?

e. Si vous aviez gagné 6 millions d'euros à l'Euromillion ?

f. Si vous n'aviez plus que quelques jours à vivre ?

g. Si on vous volait votre carte de crédit ?

h. Si vous étiez incarcéré à tort ?

i. Si vous étiez un garçon de 12 ans et que votre sœur de 5 ans s'étouffait ?

j. Si on se moquait de vous ?

k. Si vous appreniez qu'un très bon ami ne vous a pas invité à sa fête d'anniversaire ?

1. Je passerais le plus de temps possible avec mes proches.

2. Je demanderais l'asile politique.

3. J'en donnerais la moitié à des œuvres caritatives.

4. Je serais très déçu.

5. Je la féliciterais.

6. Je ferais immédiatement opposition.

7. Je ferais semblant de n'avoir rien entendu.

8. Je contacterais aussitôt mon avocat.

9. Je lui administrerais des poussées abdominales.

10. Je lirais un bon roman.

11. J'appellerais SOS enfance battue.

a2 ; **b**.................... ; **c**.................... ; **d**.................... ; **e**.................... ; **f**.................... ; **g**.................... ; **h**.................... ;
i.................... ; **j**.................... ; **k**....................

2 Complétez l'extrait de la chanson avec les éléments suivants. */10 points*

avais – avais fait – étais (8 fois) – étais resté – pourrait (2 fois) – avais si* – serais – avais eu (2 fois) – avais réussi – aimais – avais été

Avec
des si
on mettrait
Paris en bouteille

[...]

Antilop

Si j'.................................... moins triste, si j'.................................... des amis

Si j'.................................... blanc, j'.................................... bleu, si j'....................................
condamné

Si j'.................................... moins indécis, moins en dessous

Si j'...................................., au pays dans tout ce bain de sang

Si j'...................................., si* si j'.................................... pas .... ça

Si j'.................................... si**, si j'.................................... ça

Ah si j'.................................... riche, si j'....................................

Si .... pas le rap, si je n'.................................... pas dans le son

Si j'.................................... pas ici, qui .... dire tout ça

Si j'.................................... paresseux, qui .... dire tout ça

Alors assez des si, je .... beaucoup plus connu qu'ACDC

Incandescent et mon rap prend tes oreilles d'assaut
Antilop et Diamant c'est pas du Joe Dassin
Nouvelle Donne ça va péter, la bombe est amorcée
Sur ce, dans la vie faut pas être indécis
Antilop dans le rap, je suis un étalon pur sang
Avancer, c'est aussi savoir prendre des raccourcis
À la fin, je veux pas être au même point à dire « et si... »

Avec des si on mettrait Paris enbouteille
Parole : Diam's/Antilop SA
Musique : Franck Prince

(avais) si = su du verbe savoir dans cette chanson (il joue sur les sons).*

*si**= ci.*

3 Complétez les phrases avec les éléments suivants. /10 points

si – pourvu que – à condition que – avec – dans ce cas – **du moment que** – sans – au cas où – à moins que – à défaut de – sinon

Exemple : *Cet animal n'est pas dangereux* ***du moment que*** *(ou si) tu ne lui fais pas peur.*

a. Ne touche pas cette araignée .... elle risque de te piquer.

b. .... sa proie est petite, le tigre la tue en la mordant à la nuque.

c. .... de crevettes vivantes, on peut utiliser des crevettes congelées.

d. Les oiseaux peuvent être bagués à tout âge, ... leur patte soit assez grosse pour garder la bague.

e. Votre chien ne peut voyager dans un panier ou dans une cage ? .... votre chien pourra voyager sur vos genoux, ou bien au sol, tenu en laisse.

f. .... une couverture familière, votre animal se sentira en sécurité.

g. Votre chat ne pourra pas entrer dans le pays .... vous n'ayez tous les papiers nécessaires.

h. .... protection efficace de l'homme, beaucoup d'espèces sont menacées de disparition.

i. Vos restes de nourriture peuvent faire le régal des oiseaux .... ils ne soient pas trop salés.

j. .... vous verriez un ours, restez calme et évaluez la situation.

4 Le but, la cause, la conséquence

Mémento p. 263

Le but

1 Soulignez les mots qui expriment le but.

Exemple : *Beaucoup d'hommes boycottent le mariage de crainte de se voir ruiner financièrement lors du divorce.*

a. Les conseillers de Napoléon III, l'ont prié de se marier de manière à avoir un successeur et de continuer la dynastie.

b. Pour pouvoir se marier à New York, il faut au préalable obtenir un « permis de mariage ».

c. Vous pouvez contacter l'ambassade ou le consulat de votre pays afin d'obtenir éventuellement les papiers nécessaires au mariage.

d. Rendez-vous sur notre site, afin de trouver tous les renseignements utiles pour que vous puissiez organiser le mariage de votre rêve.

e. Vous devrez passer par l'Ambassade avant le mariage afin que, sur présentation de votre acte de naissance de moins de trois mois, nous puissions vous délivrer un certificat de célibat.

f. Préparez votre cérémonie de mariage de sorte qu'elle soit aussi fabuleuse que la personne que vous épousez.

g. Cette enquête a été réalisée à l'initiative du ministère de la Justice, pour fournir un supplément d'information au législateur, en vue d'une réforme du divorce.

h. Elle n'ose pas divorcer de peur de rester seule par la suite.

2 Reliez les éléments.

a. Le gouvernement a annoncé une série de mesures fiscales

b. En Colombie plusieurs entreprises « écologiques » ont commencé à se développer principalement

c. La SNCF va lancer le TGV à bas prix

d. En raison de leur structure plus modeste, les PME doivent faire un effort plus important que les grandes entreprises

e. Le capitalisme est un système économique et social dans lequel des entrepreneurs possédant les moyens de production échangent librement lors de transactions monétaires cette production

f. Les prix diffèrent selon le pays de livraison

g. Malgré les conseils et les livres qui existent

h. Le premier vice-ministre biélorusse de l'Économie s'est rendu à Moscou

i. Il faudrait rapidement permettre aux universités de s'associer étroitement aux entreprises

1. pour réussir en Chine, nombreux échouent encore.

2. afin de former leurs employés.

3. pour négocier du pétrole.

4. afin de financer la recherche et la mettre en adéquation aux besoins du secteur privé.

5. pour exporter vers l'Europe.

6. afin de dégager un profit.

7. pour aider les PME les plus performantes à se développer.

8. afin de tenir compte des différentes taxes locales auxquels sont soumis les vins et champagnes.

9. pour concurrencer les compagnies aériennes.

a7 ; **b**................ ; **c**................ ; **d**................ ; **e**................ ; **f**................ ; **g**................ ; **h**................ ; **i**................ .

3 **Complétez avec les verbes de la liste l'extrait de l'appel lancé lors du 1er séminaire international sur la sécurité des femmes.**

mettre – développer (3 fois) – encourager – adopter – accompagner – **se mobiliser** – soutenir (2 fois) – reconnaître – contribuer – se faire – écouter

NOUS EN APPELONS :

☞ **Aux femmes**

Pour qu'elles se **mobilisent** et .... entendre sur les questions de violence et d'insécurité, en s'inspirant des actions réalisées par d'autres femmes à travers le monde. [...]

☞ **Aux hommes**

Pour qu'ils ...., ... et .... les femmes dans leur démarche vers l'autonomie et le renforcement de leurs capacités d'action. [...]

☞ **Aux villes et municipalités**

Pour qu'elles .... en place des politiques locales de sécurité et d'aménagement sécuritaire et .... des pratiques qui intègrent l'approche de genre. [...]

☞ **Aux services de police**

Pour qu'ils .... une approche préventive et non répressive vis-à-vis de la violence et de l'insécurité. [...]

☞ **Au milieu de l'éducation**

Pour qu'il .... des programmes contre la violence, sur les rapports entre les sexes et sur les droits de la personne, afin de permettre aux jeunes de remettre en question les stéréotypes et les attitudes touchant à la violence à l'endroit des femmes. [...]

☞ **Au milieu de la recherche**

Pour qu'il .... la recherche sur la sécurité des femmes et l'intégration de l'approche de genre dans la prévention de la criminalité, incluant le développement de méthodes d'enquête et d'outils d'évaluation adéquats. [...]

☞ **Au secteur privé**

Pour qu'il .... l'impact social et économique de la violence faite aux femmes et le fait que la prévention est efficace en terme de coûts et bénéfices. [...]

☞ **Aux gouvernements**

Pour qu'ils .... des politiques et des programmes afin d'assurer l'autonomie financière des femmes incluant le droit des femmes à la propriété foncière. [...]

☞ **Aux réseaux internationaux et agences des Nations-Unies**

Pour qu'ils .... et .... au développement, à la collecte, à l'adaptation, à la diffusion, ainsi qu'à la multiplication des outils d'intervention et des bonnes pratiques. [...]

Extrait de http://www.femmesetvilles.org/seminar/francais/set_declaration.htm

4 Complétez les phrases avec *pour que* ou *afin que* et accordez le verbe (vérifiez le sujet du verbe).

Exemple : *Ton prof t'expliquera les objectifs **pour que** tu saches où tu vas. (savoir)*

a. Le test d'entrée est le minimum exigible, si vous effectuez un travail régulier, ... des chances de succès à l'examen. (avoir)

b. Ce centre de langues publie l'adresse de ses écoles partenaires .... juger de son emplacement exact. (pouvoir)

c. Mon père, d'une nature prudente m'a orienté .... des études techniques et .... ensuite fonctionnaire. (faire, devenir)

d. L'accent sera dorénavant mis sur la responsabilisation de l'élève .... en charge son apprentissage. (prendre)

e. Il faut remotiver les élèves des ateliers relais .... vers le collège. (aller)

f. L'enseignant doit guider l'élève .... à tirer ses propres conclusions et exercer son propre jugement. (parvenir)

g. Le développement de la langue française à l'étranger est important .... notre capacité d'influence et de rayonnement inchangée. (voir)

h. De nombreux pays augmentent la proportion des budgets nationaux allouée à l'éducation de base .... à la mesure de l'ampleur et de l'importance du défi que représente l'éducation pour tous. (être)

5 **Transformez les phrases avec *de peur que* ou *de crainte que*.**

Exemple : *J'ai caché mes disques sinon il me les prendrait sûrement.*
→ *J'ai caché mes disques* ***de peur qu'il ne me les prenne*** *(ou* ***de crainte qu'il ne me les prenne****).*

a. Nous ne lui prêtons pas notre voiture sinon il aurait sûrement un accident.
→ ....

b. Il nous a demandé de ne rien toucher sinon on aurait sûrement pu lui casser quelque chose.
→ ....

c. Elle avait barricadé toutes les portes sinon quelqu'un allait sûrement s'introduire chez elle.
→ ....

d. Ils avaient baissé le son sinon leurs parents allaient sûrement les surprendre en train de regarder la télévision.
→ ....
....

e. Je t'accompagnerai jusque chez toi sinon tu vas sûrement te faire agresser.
→ ....

f. Ma fille ne rentre jamais seule sinon on l'enlèverait sûrement.
→ ....

g. Mets une muselière à ton chien sinon il va sûrement mordre les policiers.
→ ....

h. Il avait mis son pied en travers de la porte sinon je lui aurais sûrement interdit d'entrer.

→ ....

6 **Transformez les phrases avec *en vue de.***

Exemple : *Jean-Pierre et Jocelyne vont voyager. Ils ont fait des réservations.*
→ *Jean-Pierre et Jocelyne ont fait des réservations* ***en vue d'un voyage / de voyager.***

a. Je vais partir à Tahiti. J'ai demandé mon affectation.

→ ....

b. Ségolène va ouvrir une chambre d'hôtes. Elle a acheté une maison en Corse.

→ ....

c. Nous allons exposer nos photos de Chine. Nous avons contacté une galerie.

→ ....

d. Le ministère du tourisme veut promouvoir la Calabre. Il a lancé une campagne publicitaire.

→ ....

e. Mes deux sœurs veulent traverser le désert de Gobi. Elles cherchent des sponsors.

→ ....

f. Tu veux obtenir un visa ? Voilà le formulaire que tu dois remplir.

→ ....

g. On veut organiser un séjour en Angleterre. On a besoin de trois personnes.

→ ....

h. Vous recherchez une solution amiable. Vous êtes invité à contacter votre agence de voyages.

→ ....

7 **Transformez les phrases avec *de sorte que, de manière que* ou *de façon que.***

Exemple : *Nos chambres possèdent tous les équipements. Ainsi vous pourrez apprécier un séjour agréable.*
→ *Nos chambres possèdent tous les équipements,* ***de sorte*** *que vous puissiez apprécier un séjour agréable (ou* ***de manière que*** *ou* ***de façon que****).*

a. Tous les tarifs disponibles ainsi que les catégories de chambres de l'hôtel choisi sont indiqués. Ainsi elle aura la possibilité de réserver toujours au tarif le plus avantageux.

→ ....

....

b. Dans cet hôtel, on s'occupera de toi personnellement. Ainsi tu te sentiras comme à la maison.

→ ....

c. Demande à la réception de nous réveiller à 6 h 00. Ainsi nous ne raterons pas notre avion.

→ ....

d. Je leur ai indiqué l'adresse de notre pension. Ainsi elles nous rejoindront pour dîner.

→ ....

e. Dans notre formule tout est inclus. Ainsi vous ne devrez pas payer d'extras.

→ ....

f. Nous leur donnerons tous les renseignements nécessaires. Ainsi ils sauront exactement comment se rendre à cette chambre d'hôtes.

→ ....

g. Il va écrire une lettre de plainte au groupe hôtelier. Ainsi nous obtiendrons un dédommagement.

→ ....

h. Nous vous enverrons des bons de réduction pour un prochain séjour. Ainsi vous en ferez profiter quelqu'un de votre entourage.

→ ....

....

La cause

8 Soulignez les mots qui expriment la cause.

Exemple : ***Puisque*** *je fais partie d'une famille modeste, elle va me snober.*

a. C'est parce que je ne suis pas belle qu'il ne me regarde pas.

b. Ils vont me trouver impoli car j'ai quitté la réunion plus tôt.

c. Tout le monde se moque d'elle sous prétexte qu'elle a dit une bêtise.

d. Comme nous sommes timides, nous sortons peu.

e. Étant donné qu'il est radin, personne ne veut sortir avec lui.

f. Camille est triste ; en effet son petit ami vient de la quitter.

g. Tu n'oses pas sortir à cause de tes boutons ?

h. Faute d'argent, on ne peut pas aller en vacances avec eux.

9 **Répondez aux questions (utilisez le passé composé).**

Exemple : *Pourquoi vous n'avez pas fait l'exercice ? (ne pas comprendre les explications)*
→ ***Parce que** je n'ai pas compris (ou nous n'avons pas compris...) les explications.*

a. Pourquoi Judith a-t-elle redoublé sa classe ? (ne pas assez étudier).

→ ....

b. Pourquoi es-tu en retard ? (mon réveil, ne pas sonner)

→ ....

c. Pourquoi cet élève a-t-il été puni ? (faire une bêtise)

→ ....

d. Pourquoi les professeurs manifestent-ils ? (leurs conditions de travail, se détériorer)

→ ....

e. Pourquoi Romain n'est-il pas allé à l'école après Noël ? (ne plus avoir envie d'y retourner)

→ ....

f. Pourquoi a-t-elle été exclue de l'école ? (refuser d'enlever son signe d'appartenance religieuse)

→ ....

g. Pourquoi avez-vous manqué une semaine de cours ? (se faire opérer de l'appendicite)

→ ....

h. Pourquoi n'as-tu pas lu le livre ? (le perdre dans le métro)

→ ....

10 **Reconstituez les phrases.**

Exemple : *elle / cigarette / maladies / car / des / respiratoires / est / provoque / dangereuse / La*
→ *La cigarette est dangereuse car elle provoque des maladies respiratoires.*

a. cette / sait / examens / pas / négatifs / car / On / tous / ce / été / les / ne / fièvre / qui / a / ont / provoqué

→ ....

....

b. médecin / une / mieux / y / il / fracture / vaut / avoir / un / Il / petite / peut / consulter / car

→ ....

....

c. peau / au / médicament / car / plus / de / ce / rendre / votre / exposer / sensible / soleil / Évitez / vous / peut

→ ....

....

d. volatile / Il / contagieuse / est / elle / redoutable / d' / s'agit / et / maladie / une / car

→ ....

e. à / chauds, / adapté / les / la / car / plus / Pour / résiste / chaleur / pays / est / mieux / il / le / paracétamol

→ ....

....

f. car / Les / les / virus / rhume / incapables / sont / sont / détruire / en / inutiles / cas / antibiotiques / de / de / ils

→ ....

....

g. ils / Ils / refoulés / de / pas / d' / ont / ont / pour / été / traitement / payer / hôpital / argent / leur / l' / l' / n' / entrée / à / car

→ ....

....

h. toxicité / huiles / être / Il / une / essentielles / aiguë / faut / prudent / car / certaines / ont

→ ....

11 Transformez les phrases.

Exemple : *Tu ne veux pas m'aider ? Eh bien, je vais le faire toute seule.*
→ ***Puisque*** *tu ne veux pas m'aider, je vais le faire toute seule.*

a. Vous n'êtes pas là demain ? Eh bien, je vais demander à Sonia de venir.

→ ....

b. Il est en colère ? Eh bien, qu'il aille se plaindre auprès de son chef.

→ ....

c. Nous ne pouvons pas entrer ? Eh bien, partons !

→ ....

d. Ils ne te font pas confiance ? Eh bien, à ta place, je démissionnerais.

→ ....

e. Elle n'a pas l'intention de faire ce qu'on lui demande ? Eh bien, elle va être sanctionnée.

→ ....

f. Tu n'as pas lu le dossier ? Eh bien, je te conseille vivement d'en prendre connaissance.

→ ....

g. Nous voulons être efficaces ? Eh bien, ne comptons que sur nous-mêmes !

→ ....

h. Elles ne sont jamais à l'heure ! Eh bien, renvoyons-les !

→ ....

12 Faites des phrases avec *comme* (utilisez le présent, le passé composé ou le futur).

Exemple : *aimer le piano / s'inscrire au Conservatoire (Charlotte)*
→ ***Comme*** *Charlotte aime le piano, elle s'est inscrite au Conservatoire.*

a. adorer chanter / aller à la chorale de l'école (je)

→ ....

b. ne pas connaître l'opéra Garnier / acheter des billets pour *La Flûte enchantée* (Mes enfants, je)

→ ....

....

c. ne pas vouloir rater le début du récital / devoir se dépêcher (nous)

→ ....

d. pleuvoir / être annulé (le concert)

→ ....

e. recevoir une bourse Fulbright / étudier la musique informatique à l'IRCAM* (Stephen)

→ ....

f. être musicien / certainement entendre parler de ce compositeur (tu)

→ ....

g. acheter une nouvelle chaîne / leur offrir des CD (Paola et Marco, nous)

→ ....

h. jouer du violon / pouvoir jouer quelque chose pour mon mariage (vous)

→ ....

*Institut de Recherche et Coordination Acoustique Musique.

13 Transformez les phrases avec *en effet* ou *comme*.

Exemple : ***Comme** j'ai perdu mes clés dans la rue, j'ai dû laisser mon vélo au bureau.*
→ *J'ai dû laisser mon vélo au bureau ; **en effet**, j'ai perdu mes clefs dans la rue.*

a. Comme nous venons d'acheter une voiture, nous pourrons venir dimanche.

→ ....

b. Myriam a eu un accident de moto ; en effet, les freins ont lâché.

→ ....

c. Comme leur bateau a chaviré, Mehdi et Christophe sont tombés à l'eau.

→ ....

d. Nous prenons le train pour aller à Madrid ; en effet, mon fils a peur en avion.

→ ....

e. Comme le bus aura au moins deux heures de retard, on vous appellera quand on arrivera.

→ ....

f. Je me suis retrouvée au fossé avec la voiture ; en effet, un camion m'a coupé la route.

→ ....

g. Comme le tramway est très silencieux, on ne l'entend pas arriver.

→ ....

h. C'est agréable de faire du vélo en ville ; en effet il y a maintenant de nombreuses pistes cyclables.

→ ....

....

14 Reliez la cause et la conséquence avec *étant donné que*.

Exemple : *On devra commencer par répondre à la nécessité d'abolir toute discrimination à leur encontre. / Les pauvres se classent parmi les groupes les plus vulnérables de toute société.*
→ ***Étant donné que** les pauvres se classent parmi les groupes les plus vulnérables de toute société on devra commencer par répondre à la nécessité d'abolir toute discrimination à leur encontre.*

a. Plus de la moitié de la population mondiale vivra bientôt en milieu urbain. / Il devient important, pour la santé future de notre planète, d'avoir des villes durables.

→ ....

....

b. Ils doivent se constituer beaucoup de réserves. / Les ours polaires ne peuvent pas se nourrir pendant de longues périodes.

→ ....

....

c. Les forêts peuvent absorber du carbone et le stocker pendant longtemps. / Elles sont considérées comme des « puits de carbone ».

→ ....

....

d. Elle relève du ministère des Pêches et des Océans (MPO). / La baleine grise est une espèce marine qui vit dans les eaux territoriales du Canada.

→ ....

....

e. Les niveaux d'ozone sont les plus élevés durant l'été. / La formation de l'ozone au niveau du sol dépend du rayonnement solaire.

→ ....

....

f. Le climat de l'hémisphère nord devrait continuer à devenir plus chaud et plus sec. / Les feux de forêt à grande échelle deviendront de plus en plus fréquents.

→ ....

....

g. L'État s'engage à préserver les caractéristiques écologiques et l'équilibre des ressources naturelles qui contribuent au développement de l'activité touristique. / Le respect du patrimoine naturel et culturel constitue l'un des fondements du développement économique et social.

→ ....

....

....

....

h. Le réchauffement accroît la teneur en eau de l'atmosphère. / On doit s'attendre à une augmentation marquée des fortes précipitations, surtout sur le flanc sud des Alpes.

→ ....

....

15 Reformulez les phrases avec *étant donné* + un nom (à partir du mot souligné).

Exemple : *Il semble probable que les humains seront en mesure de coloniser la Galaxie d'ici quelques millions d'années car le développement technologique sur Terre va* ***vite****.*
→ ***Étant donné la vitesse*** *de développement technologique sur Terre, il semble probable que les humains seront en mesure de coloniser la Galaxie d'ici quelques millions d'années*

a. Les grosses planètes (Jupiter, Saturne, Uranus, Neptune) sont très froides et contiennent de la glace car elles sont très éloignées du soleil.

→ ....

....

b. Il est très difficile d'avoir des renseignements précis sur les planètes car le système solaire est immense.

→ ....

....

c. La glace des comètes, exposée au rayonnement solaire, se transforme directement en gaz car l'air manque dans l'espace.

→ ....

....

d. Les sondes *Pioneer* ou *Voyager* ne pénétreront jamais dans des systèmes stellaires car les étoiles sont très distantes les unes des autres.

→ ....

....

e. La surface des terres sèches accessibles de Mars est approximativement égale à celle des terres émergées de la Terre car les océans sont absents sur Mars.

→ ....

....

f. Le meilleur moyen pour trouver des extraterrestres intelligents est de chercher les messages qu'ils pourraient émettre, car l'Univers est étendu.

→ ....

....

g. La pluie n'atteint jamais la surface de la planète Vénus car il y fait extrêmement chaud (220 °C).

→ ....

....

h. La durée de vie de cette étoile sera plus courte car sa taille est très importante.

→ ....

16 **Associez les éléments pour retrouver les titres d'articles de presse.**

a. Une grand-mère jugée

b. Japon : un taxi irascible emprisonné

c. Une salariée licenciée

d. Un père interpellé

e. Un pompier australien suspendu

f. Le Premier ministre critiqué

g. Une femme malaise erre vingt-cinq ans

h. Un garçon de onze ans viré de l'école

i. Une automobiliste verbalisée

1. pour s'être trompé de bus

2. pour être resté en vacances après les attentats

3. pour s'être fait teindre les cheveux en vert

4. pour s'être maquillée au volant

5. pour avoir agressé son fils

6. pour avoir roulé sur son client

7. pour avoir téléchargé illégalement

8. pour être allé chercher des pizzas avec son camion

9. pour avoir énoncé des propos racistes

a7 ; **b**.......... ; **c**.......... ; **d**.......... ; **e**.......... ; **f**.......... ; **g**.......... ; **h**.......... ; **i**.......... .

17 **Reformulez les phrases.**

Exemple : *Un ouvrier a été licencié parce qu'il a commis une faute grave.*
→ *Un ouvrier a été licencié* ***pour faute grave****.*

a. Un employeur a dû dédommager un employé parce qu'il n'avait pas respecté le contrat de travail.

→ ....

....

b. Dix dirigeants ont été mis en examen parce qu'ils ont effectué des malversations.

→ ....

c. Un comptable a été condamné parce qu'il avait falsifié des écritures comptables.

→ ....

d. Une secrétaire a été sanctionnée parce qu'elle avait un retard de trois minutes.

→ ....

e. Des travailleurs se sont mis en grève parce que leurs salaires n'avaient pas été payés.

→ ....

f. L'agence Moni a poursuivi l'entreprise Vallory parce qu'elle avait abusé de sa confiance.

→ ....

g. Une infirmière a porté plainte contre un médecin de son service parce qu'il l'avait harcelé moralement.

→ ....

....

h. Un employé a reçu une lettre d'avertissement parce qu'il avait été absent sans justification.

→ ....

18 Reformulez les phrases.

Exemple : *Comme il n'y a pas assez de temps, la loi ne sera pas examinée avant l'élection.*
→ ***Faute de temps**, la loi ne sera pas examinée avant.*

a. Comme il n'y a pas d'argent, la réforme du permis est sans cesse repoussée.

→ ....

b. Comme il n'y a pas de volonté politique, les possibilités d'ouverture de relations diplomatiques ne sont pas concrétisées.

→ ....

....

c. Comme il n'y a pas de régime solide, nous assisterons à une augmentation inévitable et incontrôlée du nombre d'États dotés d'armes nucléaires.

→ ....

....

d. Comme il n'y a pas de textes, la représentativité politique au féminin reste menacée dans ce pays.

→ ....

....

e. Comme il n'y a pas d'accord entre ses membres sur nombre de dossiers, l'Union européenne ne parvient pas à convertir son poids financier en influence politique.

→ ....

....

f. Comme il n'y a pas d'alternatives politiques, les altermondialistes espèrent qu'un Forum Social mondial plus concret deviendra une force de propositions.

→ ....

....

g. Comme il n'y a pas de réformes, le vieillissement fera peser un fardeau énorme sur les jeunes générations.

→ ....

....

h. Comme ils n'ont pas de personnel pour les aider, les députés, comme les conseillers municipaux, n'ont pas les moyens de suivre les dossiers.

→ ....

....

19 **Reliez les causes et les conséquences (attention *faute de* peut être en début ou en fin de phrase).**

a. plus de deux millions d'enfants meurent annuellement
b. à un stade précoce de la maladie, il a dû subir des traitements lourds
c. monsieur Martin est décédé ce matin
d. il faut au moins essayer de la prévenir
e. 4 millions d'hommes, de femmes et d'enfants sont atteints de maladies dites orphelines car ne faisant pas l'objet de recherches médicales
f. l'éradication de l'ESB n'est pas en vue à court terme
g. je suis tombé d'inanition
h. elle a été brûlée au second degré
i. on constate que 20 à 30 % des personnes en attente de greffe pulmonaire décèdent

1. faute d'avoir pu en bénéficier
2. faute d'avoir été dépisté
3. (faute d'être suffisamment nombreux à en souffrir)
4. faute de s'être protégée du soleil
5. faute de connaître suffisamment les modes de transmission
6. faute d'avoir été vaccinés
7. faute d'avoir été opéré à temps
8. faute de ne pas m'être assez alimenté ce matin
9. faute de pouvoir traiter cette maladie

a6 : *Faute d'avoir été vaccinés, plus de deux millions d'enfants meurent annuellement. (Ou Plus de deux millions d'enfants meurent annuellement, faute d'avoir été vaccinés.)*

b. ....

....

c. ....

....

d. ....

....

e. ....

....

f. ....

....

g. ....

....

h. ....

....

i. ....

....

20 Choisissez la bonne réponse.

Exemple : *(**Par suite d'** / À force d') intempéries, le train est arrivé avec deux heures de retard.*

a. J'ai loupé mon train (grâce à / à cause d') un taxi que j'avais commandé et qui n'est jamais venu.

b. N'hésitez pas à réserver vos places au 05 59 05 36 99 pour vous éviter toute attente en caisse, voire l'impossibilité d'accéder au train (faute de / en raison de) place libre.

c. (Par manque de / sous prétexte de) temps, nous n'avons pu arriver à l'heure à la gare.

d. (Compte tenu de / Faute de) l'important trafic de passagers et de marchandises, le métier d'aiguilleur dans cette ville était un poste à haute responsabilité.

e. Notre ville a beaucoup à gagner avec une gare TGV, (puisque / d'autant plus que) le financement ne paraît pas exorbitant.

f. Tous les trains ont été annulés (en raison d' / à force d') une grève générale.

g. La SNCF a refusé de dédommager ses usagers (ce n'est pas parce que / sous prétexte que) ces perturbations avaient pour origine des mouvements sociaux.

h. Nous avons réussi (à force de / à cause de) persévérance, à obtenir non seulement le maintien de la ligne mais aussi son électrification.

La conséquence

21 Soulignez les mots qui expriment la conséquence.

Exemple : *Le chanteur était malade **donc** le concert a été annulé.*

a. Le concert était vraiment nul si bien que nous sommes partis avant la fin.

b. Quand Madonna fait des concerts, il y a un monde fou. Par conséquent, il faut un maximum de sécurité.

c. La jeune violoniste a joué avec une virtuosité époustouflante. Aussi, le jury lui a-t-il attribué le premier prix.

d. Le piano était désaccordé. Du coup, je n'ai pas pu jouer.

e. Un de mes amis m'a proposé de faire un habillage musical pour mes textes, d'où la sortie le 27 mars de mon premier album.

f. Vous aimez ma musique ? Alors, défendez-la et diffusez-la !

g. Aujourd'hui est mort l'un des plus grands chanteurs de musique cubaine. C'est pourquoi nous sommes tristes.

h. Après le concert on m'a conduit à la loge des artistes de sorte que j'ai pu discuter avec eux.

22 Transformez les phrases avec *donc* ou *alors*.

Exemple : *(La cuisine de style contemporain) Vous allez opter pour des matériaux tendances parce que vous souhaitez jouer la carte de la modernité.*
→ *Vous souhaitez jouer la carte de la modernité, **alors / donc** vous allez opter pour des matériaux tendances.*

a. J'ai acheté de nouveau rideaux parce qu'ils étaient très vieux.

→ ....

b. Certaines personnes, pour leur salle de bains, veulent investir dans du mobilier haut de gamme parce que le peu de temps qu'ils y passent est important pour eux.

→ ....

....

c. Nous avons peint tous les murs de notre appartement parce que nous n'aimons pas la tapisserie.

→ ....

d. Audrey a redécoré sa maison de campagne parce qu'elle voulait un endroit chaleureux où passer ses week-ends.

→ ....

e. On a fait refaire la toiture et isoler la maison parce qu'elle datait de 1920.

→ ....

f. Les meubles ont été restaurés minutieusement parce qu'ils avaient une grande valeur mais s'étaient beaucoup dégradés avec le temps.

→ ....

....

g. Allez chez Ikea et prenez des couleurs vives dans les camaïeux d'ocre à orange vif parce qu'à l'heure actuelle, c'est très tendance de rajeunir sa déco avec des accessoires modernes.

→ ....

....

h. J'aime beaucoup fouiner sur les différents site Internet parce que, comme beaucoup de mamans, j'aime la déco et particulièrement la déco des chambres d'enfants.

→ ....

....

23 **Reliez les deux éléments avec *de sorte que* pour former une phrase.**

Exemple : *des manifestations de protestation ont éclaté à travers le pays / De Villepin a fait voter une loi à l'encontre de l'opinion publique*
→ De Villepin a fait voter une loi à l'encontre de l'opinion publique, ***de sorte que*** *des manifestations de protestation ont éclaté à travers le pays.*

a. le budget des Affaires indiennes a augmenté plus rapidement que l'ensemble des dépenses du gouvernement / l'écart s'est encore creusé

→ ....

....

b. les puissants qui veulent nuire au gouvernement utilisent les médias / une lutte constante oppose les journalistes et le gouvernement

→ ....

....

c. ils n'ont plus rien à craindre les uns des autres mais tout à craindre de ceux qui sont chargés de veiller à ce que la loi soit respectée, donc de l'État / dans l'état civil, la loi protège les individus et leurs biens

→ ....

....

....

d. la date de l'élection générale est choisie par le gouvernement / il est rare que le jour du scrutin coïncide avec un jour revêtant une importance culturelle ou religieuse

→ ....

....

e. Il me semble que la vie politique française est financée d'une façon étrange / l'expression démocratique des nouveaux partis est impossible

→ ....

....

f. les gens savent ce que l'on attend d'eux / dans une culture de responsabilisation, les rôles et responsabilités sont clairement définis

→ ....

....

g. même si des problèmes subsistent ils sont beaucoup moins aigus que dans les États membres moins favorisés de l'Union européenne / le Danemark connaît aujourd'hui à la fois une politique mûre et un logement de grande qualité

→ ....

....

....

h. les projets d'investissement public font augmenter les recettes / les impôts et taxes et les emprunts ne sont pas les seules sources de financement des dépenses d'équipement de l'État

→ ....

....

24 Associez les éléments.

a. Le tourisme équitable ne peut être envisagé que par des petites structures proposant des voyages très ciblés,

b. Les principes de durabilité concernent les aspects environnemental, économique et socioculturel du développement du tourisme,

c. Tourism For Help crée des projets touristiques en coopération avec des ONG locales œuvrant dans le développement local et la protection de l'environnement,

d. La notion de développement durable est centrée sur les hommes et leurs activités,

e. Le voyageur qui opte pour le tourisme équitable est un consommateur responsable qui a pris conscience que son attitude et ses actes dans un pays peuvent être pour les populations d'accueil autant un facteur de développement qu'un élément déstabilisateur,

f. Les bénéfices sociaux, culturels et financiers de ces activités doivent être perçus en grande partie localement, et équitablement partagés entre les membres de la population locale,

g. Il n'existe pas d'études spécifiques sur la notoriété, l'image et l'intérêt de la population française à l'égard du tourisme solidaire, responsable, équitable, etc.

1. en conséquence, il s'engage à se garder de toute attitude et de toute intervention qui pourrait bouleverser les équilibres sociaux, culturels et écologiques des communautés d'accueil.

2. c'est pour cela que nous sommes fiers de collaborer avec cette association.

3. c'est pourquoi, récemment, plus d'une vingtaine de voyagistes équitables ont créé l'Association Tourisme Solidaire et Équitable.

4. c'est pour ça que 5 % à 6 % du prix de chaque voyage est consacré au développement local, géré par les populations.

5. c'est pour cette raison que la pêche et le tourisme sont deux sujets importants pour le parc marin de l'Iroise.

6. c'est la raison pour laquelle le ministère des Affaires étrangères, impliqué depuis plusieurs années dans le soutien au tourisme, a souhaité interroger la population française sur la perception et l'intérêt pour des modes de voyages « différents ».

7. par conséquent, le tourisme durable doit : exploiter de façon optimum les ressources de l'environnement ; respecter l'authenticité socioculturelle des communautés d'accueil et assurer une activité économique viable sur le long terme.

a3 ; b .... **; c** .... **; d** .... **; e** .... **; f** .... **; g** ....

25 Transformez les phrases pour faire ressortir la conséquence.

Exemple : *Étant donné que la productivité des étudiants est, en règle générale, inférieure à celle des autres travailleurs, les charges salariales réduites peuvent être considérées comme une forme de « compensation » pour l'employeur.*
→ *La productivité des étudiants est, en règle générale, inférieure à celle des autres travailleurs,* ***de sorte que*** *les charges salariales réduites peuvent être considérées comme une forme de « compensation » pour l'employeur.*

a. Étant donné que la définition de l'efficacité productive se transforme, ce que l'on attend des salariés se transforme également.

→ ....

....

b. Étant donné qu'il y a aussi pas mal de phénomènes de replacement de travailleurs, mais que les emplois se trouvent redistribués entre différentes personnes l'emploi total n'augmente pas.

→ ....

....

....

c. Étant donné que l'importance croissante des services dans les pays avancés a permis une plus grande spécialisation, le travail intellectuel est devenu plus modulaire.

→ ....

....

d. Étant donné qu'un important travail de mise au point, qui requiert un personnel expérimenté, s'impose avant et après la saisie, nous n'avons pas pu avancer aussi vite que prévu.

→ ....

....

e. Étant donné que cette machine nous apporte aussi un gain de temps important, nous travaillons maintenant en 3 x 8.

→ ....

....

f. Étant donné que les programmes d'enseignement de Campus Canada sont tous dispensés à distance, les travailleurs peuvent suivre ceux qu'ils désirent de leur propre résidence ou de leur lieu de travail.

→ ....

....

....

g. Étant donné que l'action dite de substitution est ouverte aux organisations syndicales en matière de discrimination, les salariés ne sont pas tenus d'engager eux-mêmes un procès pour discrimination à leur employeur.

→ ....

....

....

h. Étant donné qu'on a segmenté et complexifié le Code du travail, plus personne n'y comprend plus rien.

→ ....

....

26 Faites des phrases (attention aux temps).

Exemple : *Pendant un mois, ne manger que de la soupe (je) / perdre 10 kg en un mois (je)*
→ *Pendant un mois je n'ai mangé que de la soupe,* ***si bien que*** *j'ai perdu 10 kg.*

a. ne plus dormir (mon père) / être irritable (il)

→ ....

b. ne pas avoir d'effet déshydratant (une tasse de café ou de thé) / pouvoir contribuer aux besoins totaux en eau (elle)

→ ....

....

c. démontrer l'efficacité du traitement aux rayons laser (aucune étude) / être impossible de formuler un avis fondé à ce sujet (il)

→ ....

....

d. être une médecine efficace (l'acupuncture) / se transmettre de génération en génération pendant plusieurs milliers d'années (elle)

→ ....

....

e. être tous mélangés dans ce magasin (les produits bio et non-bio) / falloir chercher une demi-heure pour trouver un paquet de spaghetti bio parmi une cinquantaine de marques (il)

→ ....

....

f. manger des produits de plus en plus sains (nous) / entrer dans l'ère de l'anti-gourmandise (nous)

→ ....

....

g. travailler du matin au soir (certaines personnes) / leur être difficile d'avoir une activité sportive pendant la semaine (il)

→ ....

....

h. tousser beaucoup (mon père) / décider d'arrêter de fumer (il)

→ ....

....

Évaluation 20

1 Choisissez la bonne réponse. /10 points

Exemple : *Avec notre guide, découvrez ce qu'il y a et où à Barcelone (**pour que** / de peur que) vous soyez sûr de ne rien manquer.*

a. Nous partirons plus tôt (afin que / de peur que) vous manquiez l'avion.

b. Marc et Thierry louent des chambres d'hôtes destinées à des personnes recherchant un cadre différent (en vue de / de crainte de) passer leurs vacances au cœur de la campagne.

c. Après le voyage organisez une soirée photo ou un restaurant, histoire de rester en contact. (De manière à / Pour ne pas) exclure les personnes qui n'ont pas pu être du voyage, demandez à chacun de venir avec un non itinérant.

d. Consultez les sites Web des offices du tourisme provinciaux pour planifier votre voyage (de façon à / afin de ne pas) assister à une reconstitution historique, qui fait de l'apprentissage de l'histoire une expérience nouvelle et mémorable pour toute la famille.

e. Discutez de vos plans de voyage avec votre unité de santé locale, une clinique de voyage ou votre médecin au moins six à huit semaines avant le voyage (de sorte que / de peur que) toutes les immunisations nécessaires puissent être faites.

f. L'argent économisé sur les billets d'avion ou les nuits d'hôtel peut être utilisé pendant le voyage (afin de ne pas / afin de) profiter au mieux du pays.

g. Nous vous fournissons tous les détails des caractéristiques et garanties de notre assurance voyage (pour que / de crainte que) vous puissiez choisir la formule qui vous convient.

h. Voici quelques trucs (pour ne pas / afin d') avoir d'ennuis en voyage.

i. Pour des vacances réussies, n'oubliez pas d'emporter un guide de voyage ! Il vous dévoilera tout sur le pays et les endroits à visiter absolument (afin que vous ne passiez pas / afin que vous passiez) à côté de l'essentiel.

j. Dans cette ville nous ne prenons jamais de taxi (de crainte qu' / pour qu') on ne nous enlève.

2 Transformez les phrases avec le(s) mot(s) entre parenthèses. /10 points

Exemple : *Un étudiant doit prévoir, au minimum, à cause du coût de la vie, une somme d'environ 700 € par mois pour ses dépenses courantes (logement, repas, loisirs, transport...). (**étant donné**)*
*→ **Étant donné le coût de la vie**, un étudiant doit prévoir, au minimum, une somme d'environ 700 € par mois pour ses dépenses courantes (logement, repas, loisirs, transport...).*

a. Est-ce que je dois parler le français et l'anglais pour étudier à l'Université d'Ottawa ? En effet, c'est un établissement bilingue. (puisque)

→ ....

....

b. Comme la note de contrôle continu est conçue pour favoriser l'étudiant, à l'issue de l'épreuve terminale, écrite ou orale, si la note de contrôle continu attribuée est supérieure à la note de contrôle terminal obtenue, on fait la moyenne de ces deux notes pour obtenir le résultat final. (en effet)

→ ....

....

....

....

c. On ne peut pas interdire à un étudiant d'assister à ses cours en raison de sa participation à une grève. (sous prétexte que)

→ ....

....

d. Le Tribunal de Grande Instance de Vannes a condamné quatre étudiants : en effet ils avaient piraté les comptes de leurs camarades de l'université. (pour + infinitif passé)

→ ....

....

e. Étant donné l'état de santé de certains étudiants, certaines mesures particulières on été prises afin de répondre à leurs besoins. (en raison de)

→ ....

....

f. Que peuvent faire les étudiants qui ont pu obtenir le diplôme permettant de concourir grâce à leur travail et leur sacrifice et qui voient les portes de la fonction publique se refermer brutalement. (à force de)

→ ....

....

....

g. Quand on nie l'accès à l'enseignement supérieur à un grand nombre d'étudiants parce qu'ils sont incapables de payer, ce ne sont pas seulement les étudiants qui y perdent. (à cause de)

→ ....

....

....

h. Près d'un quart des étudiants français renoncent aux soins car ils n'ont pas les moyens. (faute de)

→ ....

....

i. Divers services gratuits sont proposés aux étudiants. En effet, l'objectif du service de médecine préventive universitaire est de privilégier le bien-être des étudiants. (grâce à / au)

→ ....

....

j. Un étudiant a été récemment exclu pour deux ans, sans aucune preuve, de tout établissement d'enseignement supérieur parce qu'il avait fraudé au bac. (pour + nom)

→ ....

....

3 Reconstituez les phrases et placez le mot qui exprime la conséquence. */10 points*

Exemple : *nous sommes partis à pied / on aurait dû y aller en car, mais il n'est pas venu (alors) → On aurait dû y aller en car, mais il n'est pas venu* ***alors*** *nous sommes partis à pied.*

a. au Gabon, il n'existe pas de compagnies qui offrent le service d'envoi de taxi / le seul moyen d'obtenir un taxi est de se rendre dans la rue ou de s'orienter vers l'entrée de l'hôtel (par conséquent)

→ ....

....

....

b. il se pilotait avec une facilité déconcertante / il a déclaré que les caractéristiques aérodynamiques de notre avion étaient extraordinaires (si bien que)

→ ....

....

c. les freins classiques bloquent les roues / les pneus ont un effet chasse-neige, ce qui aide la voiture à s'arrêter plus rapidement (de sorte que)

→ ....

....

d. je me suis embarqué sur ce navire école et je ne regrette pas / j'avais envie de voyager et de découvrir d'autres horizons (c'est pourquoi)

→ ....

....

e. comme je l'ai dit, je débute, c'est ma première moto / je n'ai pas vraiment d'éléments de comparaison (donc)

→ ....

....

f. de par sa conception, l'ULM est un aéronef capable de planer / si le moteur s'arrête, le pilote peut manœuvrer son ULM pour le faire atterrir sur un terrain d'atterrissage improvisé (aussi)

→ ....

....

....

g. pour un scooter d'occasion, vous pourrez réaliser de réelles économies en comparant les prix demandés d'un commerçant à l'autre pour un produit équivalent / en matière de ventes de deux roues, les occasions ne manquent pas sur le net (du coup)

→ ....

....

....

h. il faut souvent courir derrière / les Malamutes d'Alaska sont les plus forts et les plus rapides compte tenu de la charge importante : 7 km/h quel que soit le poids du traîneau (c'est pour cela que)

→ ....

....

....

i. chaque montgolfière dispose de sa propre équipe de récupération qui suit son évolution tout au long du vol (à vue, liaison radio) et assure la récupération du matériel et des passagers à l'issue / la Montgolfière est entièrement tributaire de la force et de la direction du vent (maxi 10 k/t / 20 km/h), elle ne revient jamais à son point de départ ! (en conséquence)

→ ....

....

....

....

j. la Baie du mont Saint-Michel n'est pas sans dangers / pour la traversée de la baie à cheval, vous serez encadrés par deux guides : celui qui vous accompagne depuis le début de l'aventure, et un guide qui a l'expérience de la traversée (c'est la raison pour laquelle)

→ ....

....

....

Mémento p. 263

L'opposition

1 Soulignez les mots qui expriment l'opposition.

Exemple : *La banane écrasée, très mûre, à la peau noire, est assez souvent bien tolérée, alors que, insuffisamment mûrie, elle ne l'est pas.*

a. Les hommes sont en général de gros mangeurs. Il faut donc à la fois autoriser des aliments sans trop de limite et en interdire certains. En revanche, les femmes sont en général satisfaites de garder dans un régime un peu d'un aliment réputé « mauvais » pour leur ligne.

b. J'ai déjà essayé des diètes, de manger beaucoup de salade, des légumes, des céréales, mais au lieu de perdre du poids, j'engraisse ! Quoi faire ?

c. Le pain blanc, la purée en flocons et les cornflakes, malgré leur richesse en amidon, sont absorbés rapidement et ont un index glycémique élevé. À l'opposé, les fruits, bien que riches en fructose, sucre simple, ont un index glycémique peu élevé.

d. L'excès de prise de poids fait courir un risque propre pendant la grossesse même : développement d'une hypertension artérielle, diabète, troubles urinaires... Inversement, on sait que l'absence d'un poids suffisant entraîne des carences, un risque d'accouchement prématuré et de malformations à la naissance.

e. Contrairement aux idées reçues, une étude sur la valeur nutritionnelle des viandes a montré que, lorsque l'on contrôle l'apport en matières grasses de son alimentation, il est possible de consommer des viandes grillées, rôties et bouillies mais aussi des viandes en sauces à condition de choisir les morceaux les plus maigres.

f. Le pain complet, la carotte, la betterave rouge, la pomme et le chou facilitent le transit des aliments dans le tube digestif, tandis que l'orange et la pomme de terre le freinent.

g. Évitez de sauter de temps en temps un repas. Les contractions et les substances digestives de l'estomac vont dérégler votre métabolisme, et vous serez en inconfort par manque d'éléments minéraux que votre corps réclame pour garder l'équilibre vital. Au contraire exercez-vous à alléger votre repas en diminuant très légèrement les volumes, mais en gardant les équilibres indispensables d'un repas avec entrée, légumes, salades.

h. Dans de nombreux cas, un traitement médicamenteux n'est pas justifié, surtout si vous n'avez pas eu d'événement cardiovasculaire comme un infarctus ou un accident vasculaire cérébral par exemple. Par contre, votre médecin vous indiquera un régime diététique, base de tout traitement anti-cholestérol.

i. Il faut privilégier les protéines végétales. En effet, celles-ci, à l'inverse des protéines animales, ne sont pas liées aux graisses et renferment beaucoup de fibres qui, outre leur rôle bénéfique sur le transit intestinal, diminuent l'index glycémique et calment la faim.

2 Reliez les deux phrases avec *alors que*.

Exemple : *Moi, je voulais qu'on aille à la mer. / Mes parents ont décidé d'aller à la montagne.*
→ *Mes parents ont décidé d'aller à la montagne* ***alors que*** *moi, je voulais qu'on aille à la mer.*

a. Nous avons attendu trois heures à la réception. / L'hôtel était vide.

→ ....

b. Les préparatifs sont souvent épuisants. / Les vacances sont censées représenter détente, joie et repos.

→ ....

....

c. La plage de Colva est bordée d'hôtels et est souvent couverte de touristes. / Celle d'Agunda est assez peu fréquentée et n'a que la forêt.

→ ....

....

d. L'arrière-pays montagneux se prête à la chasse. / L'escalade, le vélo de montagne et le parapente constituent une attraction majeure à La Canée en Crète.

→ ....

....

e. Les familles avec enfants vont plus naturellement à la mer, car il suffit de s'équiper de seaux et de pelles. / Venir à la montagne avec des enfants en bas âge, c'est vite la galère.

→ ....

....

f. Il fait si chaud et sec. / Je n'imaginais pas voir la rosée en été en Tunisie.

→ ....

g. Nous, nous devons rester travailler tout l'été. / Vous avez de la chance de partir en vacances.

→ ....

....

h. Je préférerais des brochures par thème (circuits, escapades, séjours et à la carte). / Vacances Carrefour et Havas Voyages ont des brochures par pays ou continent.

→ ....

....

3 **Associez les éléments.**

a. Les lampes au mur sont en métal plaqué bronze de style classique
b. Un architecte d'intérieur est formé pour penser l'intérieur dans ses moindres détails
c. En Russie, le baroque « Narychkine » de certaines églises intègre des éléments décoratifs typiquement baroques à des éléments russes
d. L'architecture du temple de Crimée d'Istanbul fait penser aux églises arméniennes
e. Les auteurs du livre *Maisons de Bois* expliquent les choix de bois et de formes à travers le temps et l'espace
f. Les couleurs jouent sur la perception de l'espace : les tons clairs agrandissent les surfaces qu'ils recouvrent
g. Les murs extérieurs sont comme drapés par les tentacules d'une pieuvre
h. La construction du manoir a demandé trois ans, de 1847 à 1850
i. L'atmosphère élégante et informelle de l'hôtel Lisboa Plaza a été bien conservée

1. tandis que l'intérieur est agrémenté de rideaux de perles de verre et de coquillages.
2. tandis que l'architecte s'occupe finalement plus de l'habitation proprement dite.
3. tandis que la décoration intérieure et extérieure s'est poursuivie pendant encore dix ans.
4. **tandis que le lustre du plafond est en plaqué or.**
5. tandis que le palais d'Été de Tsarskoïe Selo et le palais d'Hiver de Saint-Pétersbourg sont d'une inspiration plus occidentale.
6. tandis que les tons foncés les réduisent.
7. tandis que les services et installations ont en permanence fait l'objet d'améliorations.
8. tandis que les photographies invitent à découvrir en détail ces façades et ces intérieurs.
9. tandis que la décoration intérieure est sobre.

a4 ; **b**........ ; **c**........ ; **d**........ ; **e**........ ; **f**........ ; **g**........ ; **h**........ ; **i**........ .

4 **Comparez ces deux châteaux en utilisant *alors que* ou *tandis que*.**

Exemple : *Le château de Chambord est du (ou a été construit au) XVIe siècle* ***tandis que / alors que*** *le château de Vaux-le-Vicomte est du XVIIe siècle.*

Château de Chambord	Château de Vaux-le-Vicomte
XVIe siècle	XVIIe siècle
Presque vide	Entièrement meublé
Autrefois propriété du roi	Autrefois propriété d'un ministre de Louis XIV
Propriété de l'État depuis 1932	Propriété privée
Domaine : 5 440 hectares	Domaine : 35 hectares
Durée des travaux : 30 ans	Durée des travaux : 5 ans
1 800 ouvriers	18 000 ouvriers
800 000 visiteurs par an	250 000 visiteurs par an

....

....

....

....

....

....

....

....

5 Choisissez la bonne réponse.

Exemple : *Si vous effectuez une randonnée (**alors que**/en revanche) la neige est présente, la marche devient plus dure du fait des raquettes que vous portez.*

a. La saison des pluies s'étend de juin à septembre, mais les précipitations sont presque nulles dans les régions désertiques du Nord. (En revanche, / À l'opposé de) la pluie occasionne des difficultés de circulation dans le Sud.

b. En Provence, en Corse et dans le bas Languedoc, le vent est froid et sec et amène les gelées printanières. Sur la Côte d'Azur, dans l'Aude et le Roussillon, c'est (contrairement à / au contraire) un vent humide chargé de pluie.

c. (Contrairement / Par contre) aux grêlons qui rebondissent sur un obstacle solide, les grains de grésil se brisent.

d. (À la place de / Au lieu de) nous protéger mieux contre un climat changeant et les aléas de la météo qui en résulteront sans doute, nous nous exposons à un risque toujours plus grand.

e. Le jour, la terre se réchauffe plus vite que la mer. L'air chaud s'élève donc de la terre et de l'air froid, situé au-dessus de l'eau, se déplace vers la terre pour le remplacer. C'est la brise de mer. (Inversement / À l'inverse de) la nuit, la terre perdant sa chaleur plus rapidement que l'eau, le vent se déplace donc de la terre vers la mer : c'est alors la brise de terre.

f. La douceur devrait s'étendre vers la Scandinavie et le nord de la Russie. Un temps assez froid devrait persister (tandis que / en revanche) de la Biélorussie au nord-est de l'Ukraine jusqu'à la mer Caspienne.

g. S'il fait mauvais temps pendant les six premiers jours de la lune, vous aurez du mauvais temps pendant toute la lunaison. (Par contre / Au lieu de) si le beau temps apparaît le sixième jour, le temps deviendra instable jusqu'au prochain changement de lune.

h. Demain, les températures ne dépasseront pas 19 à 23 degrés sur le littoral de la Manche. Il fera 22 à 24 degrés du Nord-Picardie au nord-est. (À l'inverse de / À l'opposé), sur le pourtour méditerranéen et le sud-ouest, les maximales grimperont jusqu'à 29 à 32 degrés.

La concession

6 Soulignez les mots qui expriment la concession.

Exemple : *Bien que nous soyons très bricoleurs, nous n'aurions pu réaliser nous-mêmes les plans et le gros œuvre.*

a. Je possède un jardin en pente que j'aimerais aménager afin de permettre aux enfants de pouvoir y jouer. Pourtant, ce jardin est derrière ma maison et n'est pas accessible avec un engin, même petit.

b. Je voudrais bien acheter cette perceuse, quoiqu'elle me paraisse chère à première vue.

c. Le mieux pour « sécher » un bois est de le laisser à l'air libre, même s'il pleut : ça lavera la sève.

d. Nous n'avons jamais posé de tapisserie mais nous allons essayer quand même.

e. Les femmes ont acquis une vraie maturité en matière de bricolage. Pourtant, on s'étonne que les grandes enseignes n'aient pas adapté une communication spécifique à ces consommatrices.

f. Nous mettons du personnel à votre disposition pour vos tâches ménagères, votre jardin, bricolage, petits travaux, sans que vous soyez l'employeur.

g. Malgré la saison hivernale, les jardiniers de la mairie songent déjà à une composition du jardin.

h. J'ai beau faire des efforts, je ne suis vraiment pas doué en bricolage.

7 Faites des phrases avec *pourtant* ou *quand même*.

Exemple : *parler très bien le chinois (Xavier) / ne jamais aller en Chine*
→ *Xavier parle très bien le chinois. **Pourtant**, il n'est jamais allé en Chine.*

a. parler couramment l'espagnol (Ma sœur) / mais préférer l'italien

→ ....

b. dire que la langue française se meurt (On) / être parlée par 200 millions de personnes (elle)

→ ....

c. Hier soir parler russe dans mon sommeil (je) / ne jamais étudier le russe

→ ....

d. parler français à la maison (je) / mais garder mon accent

→ ....

e. être assez méconnue (L'importance du portugais) / une langue de travail à l'ONU et à l'UNESCO et l'une des langues officielles de la Communauté européenne (être)

→ ....

....

f. être difficile (Le texte) / tenter une traduction (Il)

→ ....

g. augmenter dans cette école d'interprétariat (Le nombre d'élèves) / rester très difficile (L'admission)

→ ....

....

h. être international (les études de langues) / à l'Université, n'être que rarement obligatoire (les séjours à l'étranger)

→ ....

....

8 Transformez les phrases.

Exemple : *Il pleut mais je sors.* → ***Bien qu'****il* ***pleuve****, je sors.*

a. Il fait froid mais les gens se promènent.

→ ....

b. Il y a du vent mais la chaleur reste très forte.

→ ....

c. La température est douce pour la saison mais il faut se couvrir.

→ ....

d. Il veut skier mais le brouillard l'en empêche.

→ ....

e. Ils connaissent la région mais la neige rend difficile leur orientation.

→ ....

f. Nous savons que des inondations menacent la région mais nous ne voulons pas partir.

→ ....

g. L'ouragan prend la direction de la côte, il s'affaiblit d'heure en heure.

→ ....

h. Vous partez avant la nuit mais faites attention au verglas.

→ ....

9 **Transformez les phrases comme dans l'exemple.**

Exemple : *Je t'aime. Pourtant tu ne m'aimes pas. (bien que)*
→ *Je t'aime* ***bien que*** *tu ne m'aimes pas.*

a. Tu pars, je ne t'oublierai pas. (bien que)

→ ....

b. Tu n'es pas d'accord mais je quitterai tout pour toi. (quoique)

→ ....

c. Je te retrouverai même si tu ne me dis pas où tu es. (sans que)

→ ....

d. Nous quitterons le pays. Pourtant tu n'es pas d'accord. (bien que)

→ ....

e. J'irai en Afrique tout seul même si tu ne veux pas. (quoique que)

→ ....

f. Tu es parti. Je ne sais pas pourquoi. (sans que)

→ ....

g. Tu as souvent raison. Mais cette fois-ci tu as tort (bien que)

→ ....

h. Je te fais confiance. Pourtant j'ai peur. (quoique)

→ ....

10 **Dites le contraire.**

Exemple : *Si tu ne parles pas japonais, tu ne trouveras pas de travail au Japon.*
→ *Je trouverai du travail au Japon* ***même si*** *je ne parle pas japonais.*

a. Si tu n'aimes pas ton travail, tu ne vas pas continuer à aller au bureau.

→ je ....

b. Si vous n'êtes pas d'accord, vous ne devrez pas vous pliez aux règles.

→ Nous ....

c. Si on est jeune et qu'on n'a pas d'expérience, on ne peut pas être compétent.

→ On ....

d. Si mes rémunérations sont très faibles, je ne devrai pas les déclarer.

→ Vous ....

e. Si elle est malade ou que sa grossesse limite le genre de travail, l'employeur peut obliger une employée à commencer son congé de maternité.

→ L'employeur ....

....

f. Si le lieu d'habitation est situé dans la zone frontalière française ou allemande, le permis G (délivré dans le Canton de Bâle-Ville) ne permet pas de venir travailler en Suisse même.

→ Le permis G ....

....

g. Si le salaire est minable, il ne faut pas accepter cette offre d'emploi.

→ Il ....

h. Si mon employeur me dispense de faire mon préavis de licenciement, je ne peux pas me faire embaucher par une autre entreprise avant la fin du préavis.

→ Vous ....

....

11 Faites des phrases en utilisant *malgré* + un nom.

Exemple : *Il y a de la circulation mais je serai à l'heure.*
→ *Je serai à l'heure* ***malgré*** *la circulation.*

a. Il y avait du verglas mais nous sommes venus.

→ ....

b. Il pleuvait beaucoup mais Paul a continué à rouler imperturbablement.

→ ....

c. On vous a retiré votre permis mais vous avez continué à conduire ?

→ ....

d. La finition de cette voiture est un peu bâclée mais c'est une grande voiture pour sa catégorie.

→ ....

....

e. Les vitres sont ouvertes mais il fait 39, 5°C derrière le pare-brise de la voiture.

→ ....

f. La Clio est petite et consomme trop mais c'est une bonne voiture.

→ ....

g. J'avais fait une réservation deux semaines auparavant mais en arrivant, on m'a annoncé qu'il n'y avait plus de véhicule.

→ ....

....

h. Un automobiliste a perdu les 12 points de son permis de conduire mais le tribunal administratif de Bordeaux vient de l'autoriser à conduire.

→ ....

....

12 Reliez les phrases avec *sans que*.

Exemple : *On peut prendre un studio. / Les parents ne se portent pas caution.*
→ *On peut prendre un studio* ***sans que*** *les parents se portent caution.*

a. Pour un logement neuf, un entrepreneur doit réparer les défauts mentionnés par le propriétaire. / Il ne faut pas prouver une quelconque faute de sa part.

→ ....

....

b. Vous pouvez proposer à votre assureur de faire exécuter les travaux par l'entreprise de votre choix. / Vous n'avez pas à intervenir de quelque manière que ce soit.

→ ....

....

c. Le dégât des eaux a pris naissance chez moi. / On ne peut pas me reprocher une faute ou une négligence.

→ ....

....

d. En pratique, souvent le loyer se paie chaque mois et d'avance. / Vous n'êtes pas obligé de le rappeler au locataire.

→ ....

....

e. L'agent immobilier m'avait trouvé l'appartement de mes rêves. / Je ne m'y attendais pas.

→ ....

f. Hier j'ai mis mon contrat de location à la poubelle. / Je ne le voulais pas.

→ ....

g. Vous souhaitez vendre votre maison? Alors contactez-nous, nous viendrons vous voir. / Vous ne vous engagez à rien.

→ ....

....

h. Imaginez que vous ayez une jolie maison et que celle-ci fasse la une d'un journal ou serve la publicité d'une société de crédit. / Vous ne savez pas qu'elle a été prise en photo.

→ ....

....

13 Faites des phrases.

Exemple : *chercher (je) / ne pas trouver de solution (je)*
→ ***J'ai beau** chercher, je ne trouve pas de solution.*

a. le savoir (on) / surprendre toujours (ça)

→ ....

b. être blasé (vous) / être impressionnant (sa réussite)

→ ....

c. avoir bac + 5 (Annie) / ne pas trouver de travail (elle)

→ ....

d. essayer de comprendre (nous) / ne pas y arriver (nous)

→ ....

e. faire attention (Marc) / se tromper souvent (il)

→ ....

f. prendre des cours de soutien (Ses enfants) / continuer à avoir des difficultés à l'école (ils)

→ ....

g. enseigner depuis vingt ans (je) / ne pas en revenir (je)

→ ....

h. éprouver des difficultés en classe (Les élèves), ne pas échouer (ils)

→ ....

Évaluation 21

❶ Choisissez la bonne réponse. /10 points

Exemple : (***Alors qu'*** / *À l'opposé) ailleurs dans la capitale chinoise des milliers de jeunes manifestaient contre le Japon et sa lecture de l'histoire, appelant au boycottage des produits japonais, d'autres, aussi nombreux, se pressaient dans les stands de Zhongguancun, rêvant devant les ordinateurs et consoles de jeux importés du pays du Soleil-Levant.*

a. Avec cette victoire, l'Argentine est d'ores et déjà qualifiée pour les demi-finales, tout comme l'Allemagne, (contrairement à / tandis que) l'Australie et la Tunisie sont éliminées.

b. Les États-Unis vendront alors moins cher aux Espagnols des produits qu'ils payaient plus chers avant et (inversement, / alors que) les Espagnols vendront moins cher aux Américains des produits qu'ils payaient plus chers avant.

c. (À l'inverse des / Au lieu des) Américains, les Européens se protègent peu ou mal. Certains parce qu'ils croient aux vertus de la libre concurrence.

d. Le christianisme est, par essence, contraire aux religions indiennes. Il prêche l'hégémonie de l'homme sur les éléments naturels. Seul Dieu est au-dessus. (En revanche, à la place de) les Indiens adorent le Soleil, la Lune, la Terre...

e. (Au lieu d' / À l'opposé d') aller à Acapulco, mieux vaut faire dix kilomètres de plus et aller à Pie de la Cuesta, même si l'océan est dangereux, tous les hôtels sont équipés d'une piscine.

f. Les îles des atolls de Polynésie ne se trouvent pas dans une zone de « subduction », c'est-à-dire dans une zone où se produisent des mouvements de plaques de l'écorce terrestre. (À l'opposé / À la place de), Martinique et Guadeloupe sont situées directement au-dessus d'une zone de « subduction ».

g. En 1998, le Québec a décerné 59 % des baccalauréats à des femmes, la Suède, 61 %, le Canada, 59 %, la France, 57 % et l'Italie, 56 %. (Tandis que / À l'opposé de) cette tendance, le Japon a décerné seulement 35 % des diplômes équivalant au baccalauréat à des femmes ; la Turquie, 40 % ; la Corée et la Suisse, 41 %, et l'Allemagne, 43 %.

h. (Contrairement au / Au lieu du) Sénégal, la Gambie est une ancienne colonie britannique et elle a dû constamment, depuis son indépendance en 1965, résister à la volonté d'unification de son voisin sénégalais, dont elle dépend étroitement.

i. (En revanche le / Au contraire du) reste du Kenya, majoritairement chrétien, les 70 000 habitants de l'île de Lamu sont à 80 % musulmans.

j. L'économie de la Suisse est-elle en perte de vitesse en raison de ses rigidités et de ses réglementations intérieures excessives ? (Au contraire, / Contrairement à) la Suisse est l'une des économies les plus compétitives au monde.

2 **Intégrez-le(s) mot(s) entre parenthèses dans les phrases (attention aux accords).** /10 points

Exemple : *Marie Trintignant a tenté de varier ses rôles grâce à des comédies décalées ou déjantées telles que* Cible émouvante *et* Les démons de Jésus. */ Elle a à plusieurs reprises joué des rôles de jeunes femmes névrosées. (bien que)*
→ ***Bien qu'****elle ait à plusieurs reprises joué des rôles de jeunes femmes névrosées, Marie Trintignant a tenté de varier ses rôles grâce à des comédies décalées ou déjantées telles que* Cible émouvante *et* Les démons de Jésus.

a. Je suis touchée quand je le vois. / Je ne sais pas si Robert Redford est un grand acteur ? (pourtant)

→ ....

....

b. Ce n'est, encore une fois, pas l'esthétisme japonais qui a été respecté. / Le film est agréable à l'œil. (même si)

→ ....

....

c. Le film est un peu long par moment. / J'ai trouvé l'ensemble très agréable à regarder. (quoique)

→ ....

....

d. Takeshi Kitano possède plusieurs acteurs fétiches qu'il dirige régulièrement. / Il ne faut pas penser que le cinéma de Kitano est un univers uniquement masculin : Kayoko Kishimoto, Yuko Daike apparaissent dans plusieurs films. (cependant)

→ ....

....

....

e. Je ne peux m'empêcher de penser que l'histoire est romancée et embellie. / Une intrigue palpitante, une superbe réalisation et de magnifiques acteurs. (malgré)

→ ....

....

f. Auriez-vous accepté de tourner avec Patrice Chéreau quel que soit le sujet ? / Oui, je crois, parce que c'est rare de tomber sur des vrais directeurs d'acteurs. (quand même)

→ ....

....

g. Le public suit la star les yeux fermés. / La critique est divisée. (avoir beau)

→ ....

h. Le héros perd la vue et le père qu'il retrouve alors perd la vie pratiquement juste au moment de son arrivée. / Ils n'ont pas pu se pardonner un secret qu'on ne découvrira qu'à la fin. (sans que)

→ ....

....

....

i. Avant tout sur son talent et la rigueur de ses choix. / Isabelle Huppert construit sa carrière sur son charme. (mais)

→ ....

....

j. Hyde tombe éperdument amoureux de la jeune actrice. / Il est de trente ans son aîné. (Bien que)

→ ....

....

Mémento grammatical

PAGES

* Voir aussi : niveaux A1, p. 198 et A2, p. 239.

1. Le groupe nominal

1.1 L'ADJECTIF QUALIFICATIF

La place des adjectifs

- Certains adjectifs changent de sens selon qu'ils sont placés avant ou après le nom.
  – *Un **grand** homme : un homme célèbre.*
  – *Un homme **grand** : un homme de grande taille.*
  – *Une **ancienne** église : ce n'est plus une église aujourd'hui.*
  – *Une église **ancienne** : une église qui existe depuis longtemps.*
- C'est aussi le cas de *brave, cher, curieux, drôle, jeune, pauvre, propre, rare, seul* et *vrai.*
- En cas de cumul de deux adjectifs, certains se placent toujours en premier.
  – *Le **premier grand** tournoi de l'année* (et non pas *le grand premier tournoi*).
  – *Je prends un **dernier petit** café* (et non pas *un petit dernier café*).
- Les adjectifs *gros, rare, seul* arrivent toujours en premier ainsi que les adjectifs emphatiques *splendide, fabuleux, extraordinaire, horrible...*

1.2 LES INDÉFINIS

Quelqu'un / personne – Quelque chose / rien + de + nom masculin

– ***Quelqu'un de** sérieux.*
– ***Quelque chose de** bon marché.*

Quelque part, nulle part

- Pronoms qui marquent le lieu sans précision.
  – *Cette route doit bien mener **quelque part** !*
  – *Cela ne te mènera **nulle part** !*

Tel / telle / tels / telles

- Adjectif qui exprime l'intensité ou la similitude (avec un article) ou l'indétermination (sans article).
  – *Qu'est-ce que je peux faire avec un **tel** salaire? Une **telle** somme est ridicule !*
  – *« Journée portes ouvertes **tel** jour de **telle** heure à **telle** heure »*

Tel / telle / tels / telles + que

- Exprime la comparaison.
  – *Divers, parfois concurrents, mais unis pour une aventure qui doit dépasser les clivages : c'est la politique **telle que** je l'aime.*

Un(e) autre, l'autre, les autres, d'autre, d'autres

- Adjectif ou pronom qui exprime la différence ou une quantité supplémentaire.
  – *Je viendrai **un autre** jour.*
  – *Il n'y a plus de pain. Va en couper **d'autre**.*

Même, mêmes, le même, la même ou les mêmes

- Adjectif ou pronom qui exprime la similitude ou la ressemblance.
  – *Elles ont **la même** voix.*
  – *Ce sont toujours **les mêmes** qui arrivent en retard.*

N'importe quel(le)(s) / qui / quoi / où…

- Marque l'indifférence, l'indétermination.
  – *On ne doit pas parler à **n'importe qui**.*
  – *Je peux venir **n'importe quel** jour.*

Différent(e)(s)

- Adjectif qui exprime la multitude, la variété.
  – *Il y a **différentes** façons de téléphoner par Internet.*

Quelconque(s)

- Adjectif qui marque l'indétermination.
  – *Un être **quelconque** est-il exceptionnel ?*

Quiconque

- Pronom singulier qui désigne une personne indéterminée.
  – ***Quiconque** travaille a droit à une rémunération équitable et satisfaisante.*

Nul(le)(s)

- Adjectif avec le sens de aucun ou pronom avec le sens de personne.
  – *Pour eux, pour Achille, Cléopâtre, Hélène de Troie, Pâris, Sémiramis ou Tristan, **nul** repos, **nul** réconfort, **nul** espoir.*
  – *En France, **nul** ne peut être condamné à la peine de mort.*

Tout, tous, toute, toutes

- Adjectif qui exprime la totalité.
  – *Dans les grandes villes, on doit courir **tout** le temps.*
  – *Vous avez lu **tous** les livres de Diderot?*
  – *J'ai eu mal au ventre **toute** la nuit.*
  – *Ta sœur a repassé **toutes** tes chemises.*

Tous, toute, toutes

- Pronom qui exprime une idée de totalité.
  – *Nous avons rassemblé les moutons, puis nous les avons **tous** comptés.*
  – *Regarde! Tu l'as **toute** tachée!*

1.3 LES PRONOMS RELATIFS

Ce qui / que / dont

– *Je crois **ce que** je vois.*
– ***Ce qui** compte, c'est la solidarité.*
– *Une bonne douche, un solide déjeuner et une longue sieste, voilà tout **ce dont** je rêve maintenant.*

Celui, celle(s), ceux + qui / que / où / dont

– *Elle n'a pas acheté **celui que** tu voulais?*
– *Ils sont différents de **ceux que** nous attendions.*

Préposition + qui / quoi / où / lequel / laquelle / lesquels / lesquelles

– ***Par qui** ont été créées les agences de voyages?*
– *Voici la personne **sans laquelle** je ne serais pas là aujourd'hui.*
– *C'est le livre **auquel** nous faisions allusion.*

1.4 LES PRONOMS COMPLÉMENTS

Les pronoms compléments d'objet direct

- Le pronom complément d'objet direct s'utilise avec un verbe transitif direct:
  – *regarder, aimer... **quelqu'un** ou **quelque chose**.*

- Au passé composé on accorde le participe passé avec le complément d'objet direct :
  – *Il y avait deux gâteaux sur la table, je **les** ai mangé**s**.*
  – *Je croyais que Sophie était malade, pourtant nous **l'**avons vu**e** hier à la plage.*

Les pronoms compléments d'objet indirect

- Le pronom complément d'objet indirect s'utilise avec un verbe transitif indirect :
  – *téléphoner **à**, écrire **à**, parler **à... quelqu'un**.*
- Tous les pronoms représentent des personnes :
  – *Vous **me** parlez ?* (*me* = à moi).
  – *Tu **leur** diras bonjour.* (*leur* = à eux)

Les pronoms en et y

- *en*

C'est un pronom complément d'objet direct. Il remplace un nom précédé d'une expression de quantité.
  – Tu as pris **une** bière ? – Non, je n'**en** ai pas pris. (*en* = une bière)
  – Tu as pris **assez de** bière ? – Non, je n'**en** ai pas pris **assez**. (*en* = de la bière)

- *y*

C'est un pronom complément d'objet indirect ou de lieu. Il remplace un nom précédé de *à, dans, en, sur, sous...*

LIEU
– *Tu es allé **au** Guatemala ? – Non, je n'**y** suis pas allé.* (*y* = au Guatemala)

INDIRECT
– *Tu penses **à** tes vacances ? – Oui, j'**y** pense.* (*y* = à tes vacances)

Les doubles pronoms

- **PHRASES DÉCLARATIVES**

– *Non, je n'ai pas tes clés, tu ne **me les** as pas données.*
– *Non, ils n'ont pas reçu les copies, vous ne **les leur** avez pas données.*
– *Mon père était à la réunion mais il ne **vous y** a pas rencontré.*

- **PHRASES IMPÉRATIVES**

– *Parle-**lui-en** !*
– *Donne-**m'en** !* (et non pas donne-moi-s-en ou donne-moi-z-en)

2. Le groupe verbal

2.1 LE PASSÉ COMPOSÉ, L'IMPARFAIT, LE PLUS-QUE-PARFAIT

Le passe composé

- Il exprime une action finie à un moment donné.
  – *Je **suis né(e)** en 1964. / Elles **ont dîné**. / Tu **as appelé** Luc ? / Vous n'**avez** pas **vu** ce film ?*
  – ***Je me** suis levé(**e**). / **Ils se** sont parlé**s**.*
- Quand l'objet est placé avant le verbe il faut accorder le participe passé en genre et en nombre.
  – *Il y avait une pomme sur la table, je **l'**ai mang**ée**.*
  – ***Les fruits qu'**il a apport**és** étaient délicieux.*

L'imparfait

- Il exprime une action qui est en train de se produire dans le passé. Il s'utilise aussi pour les descriptions, les explications et l'habitude.
  – *Avant j'a**llais** souvent au cinéma. / Hier, quand je suis sorti, il **faisait** beau.*

Le plus-que-parfait

- Il exprime l'antériorité d'un événement par rapport à un autre événement passé.
  – *Quand Michelle est rentrée, nous **avions dîné**.*
  – *Je ne savais pas qu'elles **étaient sorties** hier soir.*

2.2 LE FUTUR

Le futur simple (révision)

- Il exprime quelque chose qui va se produire dans un futur plus ou moins proche.
  *Manger : **Je** manger**ai**, **tu** manger**as**... / Finir : **Je** finir**ai**, **tu** finir**as**...*
  – *L'année prochaine **j'**étudier**ai** le russe. / **Nous** commencer**ons** la réunion à 10 h 30.*

* Voir aussi : niveaux A1, p. 197 et A2, p. 237-238.

Le futur antérieur

- Il se forme avec les auxiliaires être et avoir au futur simple + le participe passé du verbe et exprime l'antériorité par rapport à un futur ou a un impératif.
  – *Quand vous* ***aurez fini*** *de dîner, vous monterez dans votre chambre!*
  – *Je vous les apporterai dès qu'ils* ***seront arrivés****.*

2.3 LE CONDITIONNEL

Le conditionnel présent

- Il exprime le souhait, le désir, l'hypothèse, la demande polie, le conseil.
  Manger: ***Je*** *manger****ais****,* ***tu*** *manger****ais****... / Finir:* ***Je*** *fini****rais****,* ***tu*** *fini****rais****...*
  – *Je* ***voudrais*** *devenir chanteur.* (souhait, désir)
  – *Si vous étiez ministre de l'environnement, que* ***feriez****-vous ?* (hypothèse)
  – ***Pourrais****-tu ouvrir la fenêtre ?* (demande polie)
  – *Tu* ***devrais*** *te coucher.* (conseil)

Le conditionnel passé

- Il se forme avec les auxiliaires *être* et *avoir* au conditionnel présent + le participe passé du verbe et exprime le regret, une information non confirmée, une atténuation, la surprise, le reproche.
  – *Tu* ***aurais pu*** *m'appeler! Tu as vu l'heure ?*
  – *M. Gaborit, un ressortissant français,* ***aurait été kidnappé*** *vers 23 heures.*

2.4 LE SUBJONCTIF

Le subjonctif présent

- Il exprime l'ordre, l'obligation, le souhait, le désir, la volonté, la demande, les sentiments: la joie, la tristesse, la surprise, la colère, la peur..., le conseil, la négation et l'interrogation des verbes d'opinion, le regret, le but, l'autorisation, le refus et l'interdiction. On utilise aussi le subjonctif après des formes impersonnelles telles que: *Il est dommage que, il est nécessaire que, c'est drôle que, c'est incroyable que...*
  – *Il faut* ***que je parte****.* (obligation, devoir)
  – *Tu veux* ***que je vienne*** *?* (désir, demande)
  – *Elle a peur* ***qu'il ait*** *un accident ?* (sentiment)
  – *Je ne crois pas* ***qu'il sache*** *où tu habites.* (négation)

Le subjonctif passé

- Il se forme avec les auxiliaires *être* et *avoir* au subjonctif présent + le participe passé du verbe et exprime la colère, la joie, la peur, la probabilité, le regret, la négation d'un verbe d'opinion, la satisfaction, la surprise.
- Il s'utilise aussi après un superlatif.
  – *Je regrette qu'il **ait fait** ce choix-là !*
  – *Nous avons eu peur que vous **vous soyez trompé** de route.*

2.5 LE PARTICIPE PRÉSENT ET LE GÉRONDIF

Le participe présent

- Il se forme à partir de la première personne du pluriel du présent. On retire la fin : -ons et on la remplace par la terminaison ***-ant*** : *nous dans~~**ons**~~ → dans**ant** ; nous nage~~**ons**~~ → nage**ant**.*
- Il peut avoir la valeur d'une subordonnée relative.
  *Les voyageurs **se rendant** en zone tropicales doivent faire les vaccins suivants.*
- Il peut avoir la valeur d'une subordonnée circonstancielle : *N'**ayant** pas de connexion Internet, c'est avec mon téléphone cellulaire que je vous envoie ces quelques nouvelles.*

Le gérondif

- Il se forme à partir de *en* + participe présent. Il exprime la simultanéité, le temps, la cause, la manière, la condition, l'opposition.
  – ***En arrivant** devant la porte, je me suis rendu compte que j'avais oublié mes clés.*
  – *Il s'est cassé la jambe **en tombant** de cheval.*

4. La phrase

4.1 LA PHRASE INTERROGATIVE

Mots interrogatifs	Exemples
Préposition + **qui**	***Pour qui*** *est-ce ?* ***Avec qui*** *y vas-tu ?*
Préposition + **quoi**	***Dans quoi*** *tu mets ça ?* ***Sur quoi*** *est-il monté ?*
Préposition + **où**	***Vers où*** *mène ce chemin ?* ***Par où*** *je dois passer ?*
Préposition + **quel(s), quelle(s)**	***À quelle*** *heure on se retrouve ? Sous quelle forme préférez-vous les manger ?*
Qui est-ce qui	***Qui est-ce qui*** *va ouvrir la porte ?*
Qui est-ce que	***Qui est-ce que*** *vous préférez ?*
Qu'est-ce qui	***Qu'est-ce qui*** *t'amuses ?*
Qu'est-ce que	***Qu'est-ce qu'o****n fait ?*

4.4 LA FORME PASSIVE

• Elle se forme avec le verbe *être* au présent, au passé composé, au futur, au plus-que-parfait, au conditionnel + le participe passé du verbe et exprime la mise en valeur du complément direct de ce verbe.
- *On retarde le vol d'une heure. → Le vol* ***est retardé*** *d'une heure.*
- *On (la police...) a fouillé entièrement la maison : → La maison* ***a été*** *entièrement* ***fouillée****.*
- *On aura condamné cet homme a huit ans de prison : → Cet homme* ***aura été condamné*** *à huit ans de prison.*

• Certains verbes pronominaux expriment le passif.
Les sushi ***se mangent*** *avec les doigts ou avec des baguettes.*

• ***Se faire*** **+ infinitif :** le sujet est toujours animé. L'agent n'apparaît pas toujours.
Son fils ***s'est fait renverser*** *par une voiture.*

4.5 LE DISCOURS INDIRECT ET LA CONCORDANCE DES TEMPS

Le discours indirect

• On l'emploie quand on veut rapporter ses propres paroles ou celles d'une ou plusieurs personnes.

Types de phrases	Exemples
Phrases affirmatives : *« Bonjour ! »* *« Je m'appelle Thomas. »*	 *J'**ai dit**, il **a dit**... bonjour* *Il **a dit qu'**il s'appel**ait** Thomas.*
Phrases interrogatives : *« Est-ce que tu viens ce soir ? »* *« Où habitez-vous ? »* *« Quand le film commence-t-il ? »* *« Pourquoi est-ce que tu ne viens pas ? »* *« Combien êtes-vous ? »* *« Comment est-ce que vous venez ? »* *« Quel âge avez-vous ? »* *« Qu'est-ce qu'ils vont faire ? »*	 *Je **me suis demandé si tu venais** ce soir.* *Je **me suis demandé où vous habitiez.*** *Je **me suis demandé quand le film commençait.*** *Je **me suis demandé pourquoi tu ne venais pas.*** *Je **me suis demandé combien vous étiez.*** *Je **me suis demandé comment vous veniez.*** *Je **me suis demandé quel âge vous aviez.*** *Je **me suis demandé ce qu'ils allaient faire.***
Impératif : *« Partez tout de suite ! »*	*J'**ai dit/demandé de partir tout de suite.***
Phrases négatives : *« Je ne suis pas malade. »* *« Ne viens pas. »*	 *Il **a dit qu'il n'était pas** malade.* *Je **lui ai demandé de ne pas** ven**ir**.*

La concordance des temps

- Quand on passe du discours direct au discours rapporté, les temps ne changent pas si le verbe introducteur est au présent ou au futur.
  *Elle **dit / dira :** « ils auront dix minutes de retard ». Elle **dit / dira qu'**ils auront dix minutes de retard.*
- En revanche si le verbe introducteur est au passé, les temps changeront comme suit :

Présent *Il dit qu'elle **est** malade.*	**Imparfait** *Il a dit qu'elle **était** malade.*
Passé composé *Il dit qu'elle **a eu** une bronchite.*	**Plus-que-parfait** *Il a dit qu'elle **avait eu** une bronchite.*
Futur simple *Il dit qu'elle ne **viendra** pas.*	**Conditionnel présent** *Il a dit qu'elle ne **viendrait** pas.*
Futur antérieur *Il dit qu'elle viendra vous voir quand elle **sera sortie** de l'hôpital.*	**Conditionnel passé** *Il a dit qu'elle viendrait vous voir quand elle **serait sortie** de l'hôpital.*

- **Remarques :** l'imparfait et le plus-que-parfait ne changent pas.
  – *Il dit qu'elle **avait** de la fièvre. / Il a dit qu'elle **avait** de la fièvre.*
  – *Il dit qu'elle **avait appelé** le médecin le matin. / Il a dit qu'elle **avait appelé** le médecin le matin.*

5. Exprimez

5.1 LA COMPARAISON

• **Le même**, **la même**, **les mêmes** (**+ que**) expriment la similitude, la ressemblance.
*Tu as **les mêmes** cheveux **que** ma sœur.*
*Nous faisons **la même** taille.*

• **Pareil(le)(s)** (**+ que**) expriment la similitude, la ressemblance.
*Ne faites pas **pareil que** lui !*
*Ces deux souris sont **pareilles**.*

5.3 LA CONDITION ET L'HYPOTHÈSE

Si + …	**Exemples**
Si + présent + présent/impératif	***Si** la grève **continue**, nous **risquons** de fermer l'usine.* ***Si** on te **demande** quelque chose, **ne réponds pas** !*
Si + présent + futur	***S'**il **fait** beau demain, nous **irons** à la plage.*
Si + imparfait + conditionnel	***Si** j'**avais** plus de temps, je **voyagerais** plus souvent.* (domaine du possible) ***Si** je **pouvais** être un chat, je **dormirais** toute la journée.* (domaine de l'impossible)
Si + plus-que-parfait + conditionnel passé	***Si** nous **avions** su, nous **serions** venus plus tôt.*

5.4 LE BUT, LA CAUSE ET LA CONSÉQUENCE

Le but	**La cause**	**La conséquence**
POUR QUE : *Il m'a traduit **pour que** je comprenne.* AFIN QUE : *Inscrivez-vous rapidement **afin que** nous sachions le nombre de participants.* DE PEUR DE, DE CRAINTE DE : *Il ne lui a pas dit la vérité **de peur de** la blesser.*	PARCE QUE : *Il mange **parce qu'**il a faim.* CAR : *Il mange **car** il a faim.* (langue plus soutenue) PUISQUE : ***Puisque** tu ne veux pas venir, je m'en vais.* COMME : ***Comme** vous parlez chinois, vous comprenez ce qu'il dit.*	DONC : *Elle a réussi son examen **donc** elle est contente.* ALORS : *Nous sommes fatigués **alors** nous allons nous coucher.* C'EST POURQUOI, C'EST LA RAISON POUR LAQUELLE, C'EST POUR CELA / ÇA QUE,

Le but	La cause	La conséquence
DE PEUR DE, DE CRAINTE QUE : *Je vais rentrer les plantes* ***de peur qu'****il ne gèle cette nuit.* EN VUE DE : *Visa court séjour en France* ***en vue de*** *se marier avec un ressortissant étranger.* DE SORTE QUE : *Nous allons mettre la table dans le coin* ***de sorte qu'****elle ne nous gène pas.*	VU QUE : ***Vu qu'****il pleut, je reste à la maison.* EN RAISON DE : *Il y a eu beaucoup d'accidents* ***en raison du*** *verglas.* COMPTE TENU DE : ***Compte tenu de*** *son travail, il n'a pas pu venir.* GRÂCE À : *Ils ont réussi* ***grâce à*** *leurs efforts.* À CAUSE DE : *Il est tombé* ***à cause de*** *moi.* EN EFFET : *Je ne prends plus l'avion.* ***En effet****, l'année dernière, j'ai eu un accident.* ÉTANT DONNE (QUE) : ***Étant donné qu'****il y a du verglas, restons à la maison.* POUR + **infinitif** : *Nous avons été arrêtés* ***pour*** *avoir grillé un stop.* POUR + **nom** : *Il a été licencié* ***pour*** *faute professionnelle.* FAUTE DE : ***Faute d'****argent, elle n'est pas partie en vacances cette année.* PAR SUITE DE, COMPTE TENU DE, SOUS PRÉTEXTE DE / QUE, PAR MANQUE DE : *Ils ne sont pas venus* ***sous prétexte qu'****il y avait trop de circulation.*	PAR CONSÉQUENT, EN CONSÉQUENCE... : *J'ai pris froid hier,* ***c'est pourquoi*** *je suis enrhumée aujourd'hui.* DE SORTE QUE : *Il marchait sur la pointe des pieds,* ***de sorte*** *que personne ne l'avait entendu venir.* AUSSI : *Elle s'est rendue compte de son impertinence ;* ***aussi****, elle m'a aussitôt demandé des excuses.* DU COUP : *Je viens de recevoir ma mutation ;* ***du coup*** *je dois me dépêcher à partir.* SI BIEN QUE : *Il criait très fort* ***si bien que*** *je suis parti.*

5.5 L'OPPOSITION ET LA CONCESSION

L'opposition

Opposition	Concession
ALORS QUE : Luigi est italien ***alors que*** *Pedro est espagnol.* *TANDIS QUE : Toi, tu es grand,* ***tandis que*** *moi, je suis petite.* *EN REVANCHE : Ta voiture est chère.* ***En revanche****, elle est très économique.* *PAR CONTRE (plutôt à l'oral) : Je ne suis pas d'accord avec sa politique sociale.* ***Par contre****, ses idées en matière d'économie sont plutôt bonnes.* *À L'OPPOSE (DE) : Voici un projet de loi* ***à l'opposé des*** *aspirations des femmes.* *À L'INVERSE (DE) : La rue Vaugirard est très longue.* ***À l'inverse****, la rue du Four est très courte.* *INVERSEMENT : La société mère ne répond pas des dettes de sa filiale et* ***inversement****.* *AU LIEU DE :* ***Au lieu de*** *jouer toute la matinée, tu aurais mieux fait de faire tes devoirs.* *À LA PLACE DE : Il est venu* ***à la place de*** *son père.* *CONTRAIREMENT À :* ***Contrairement à*** *son père, il est courageux et audacieux.* *AU CONTRAIRE : Le sport est-il incompatible avec l'asthme ?* ***Au contraire****.*	*MAIS : Mon chat est tout blanc* ***mais*** *il a une patte noire.* *BIEN QUE : Il a recommencé à fumer* ***bien que*** *le médecin le lui ait interdit.* *QUOIQUE :* ***Quoique*** *je dépense peu, mon salaire me permet difficilement de boucler les fins de mois.* *CEPENDANT : Dans la journée, la grisaille se lèvera peu à peu, laissant place à un soleil froid.* ***Cependant****, il pourrait rester quelques coins de ciel bien gris.* *POURTANT : Le nombre de travailleurs augmente et* ***pourtant*** *le chômage ne baisse pas.* *MÊME SI : Dans ce pays on considère la femme comme une mineure* ***même si*** *elle est adulte.* *MALGRÉ :* ***Malgré*** *la pluie, nous sommes sorties.* *SANS QUE : Il est parti* ***sans que*** *je puisse lui dire quoi que ce soit.* *QUAND MÊME : Un peu de soleil, c'est* ***quand même*** *bon pour la santé.* *AVOIR BEAU : Elle* ***a beau*** *pleurer, je ne céderai pas.*

Conjugaisons

ÊTRE

Présent	Impératif	Passé composé	Imparfait	Plus-que-parfait	Futur
Je suis		J'ai été	J'étais	J'avais été	Je serai
Tu es	Sois	Tu as été	Tu étais	Tu avais été	Tu seras
Il/Elle/On est		Il/Elle/On a été	Il/Elle/On était	Il/Elle/On avait été	Il/Elle/On sera
Nous sommes	Soyons	Nous avons été	Nous étions	Nous avions été	Nous serons
Vous êtes	Soyez	Vous avez été	Vous étiez	Vous aviez été	Vous serez
Ils/Elles sont		Ils/Elles ont été	Ils/Elles étaient	Ils/Elles avaient été	Ils/Elles seront

AVOIR

Présent	Impératif	Passé composé	Imparfait	Plus-que-parfait	Futur
J'ai		J'ai eu	J'avais	J'avais eu	J'aurai
Tu as	Aie	Tu as eu	Tu avais	Tu avais eu	Tu auras
Il/Elle/On a		Il/Elle/On a eu	Il/Elle/On avait	Il/Elle/On avait eu	Il/Elle/On aura
Nous avons	Ayons	Nous avons eu	Nous avions	Nous avions eu	Nous aurons
Vous avez	Ayez	Vous avez eu	Vous aviez	Vous aviez eu	Vous aurez
Ils/Elles ont		Ils/Elles ont eu	Ils/Elles avaient	Ils/Elles avaient eu	Ils/Elles auront

VERBES RÉGULIERS EN -ER : PARLER (aimer, regarder, écouter...)

Présent	Impératif	Passé composé	Imparfait	Plus-que-parfait	Futur
Je parle		J'ai parlé	Je parlais	J'avais parlé	Je parlerai
Tu parles	Parle	Tu as parlé	Tu parlais	Tu avais parlé	Tu parleras
Il/Elle/On parle		Il/Elle/On a parlé	Il/Elle/On parlait	Il/Elle/On avait parlé	Il/Elle/On parlera
Nous parlons	Parlons	Nous avons parlé	Nous parlions	Nous avions parlé	Nous parlerons
Vous parlez	Parlez	Vous avez parlé	Vous parliez	Vous aviez parlé	Vous parlerez
Ils/Elles parlent		Ils/Elles ont parlé	Ils/Elles parlaient	Ils/Elles avaient parlé	Ils/Elles parleront

ALLER

Présent	Impératif	Passé composé	Imparfait	Plus-que-parfait	Futur
Je vais		Je suis allé(e)	J'allais	J'étais allé(e)	J'irai
Tu vas	Va	Tu es allé(e)	Tu allais	Tu étais allé(e)	Tu iras
Il/Elle/On va		Il/Elle/On est allé(e)	Il/Elle/On allait	Il/Elle/On était allé(e)	Il/Elle/On ira
Nous allons	Allons	Nous sommes allé(e)s	Nous allions	Nous étions allé(e)s	Nous irons
Vous allez	Allez	Vous êtes allé(e)s	Vous alliez	Vous étiez allé(e)s	Vous irez
Ils/Elles vont		Ils/Elles sont allé(e)s	Ils/Elles allaient	Ils/Elles étaient allé(e)s	Ils/Elles iront

VERBES RÉGULIERS EN -IR : FINIR (choisir, obéir, réfléchir...)

Présent	Impératif	Passé composé	Imparfait	Plus-que-parfait	Futur
Je finis		J'ai fini	Je finissais	J'avais fini	Je finirai
Tu finis	Finis	Tu as fini	Tu finissais	Tu avais fini	Tu finiras
Il/Elle/On finit		Il/Elle/On a fini	Il/Elle/On finissait	Il/Elle/On avait fini	Il/Elle/On finira
Nous finissons	Finissons	Nous avons fini	Nous finissions	Nous avions fini	Nous finirons
Vous finissez	Finissez	Vous avez fini	Vous finissiez	Vous aviez fini	Vous finirez
Ils/Elles finissent		Ils/Elles ont fini	Ils/Elles finissaient	Ils/Elles avaient fini	Ils/Elles finiront

SORTIR (partir, dormir, mentir...)

Présent	Impératif	Passé composé	Imparfait	Plus-que-parfait	Futur
Je sors		Je suis sorti(e)	Je sortais	J'étais sorti(e)	Je sortirai
Tu sors	Sors	Tu es sorti(e)	Tu sortais	Tu étais sorti(e)	Tu sortiras
Il/Elle/On sort		Il/Elle/On est sorti(e)	Il/Elle/On sortait	Il/Elle/On était sorti(e)	Il/Elle/On sortira
Nous sortons	Sortons	Nous sommes sorti(e)s	Nous sortions	Nous étions sorti(e)s	Nous sortirons
Vous sortez	Sortez	Vous êtes sorti(e)s	Vous sortiez	Vous étiez sorti(e)s	Vous sortirez
Ils/Elles sortent		Ils/Elles sont sorti(e)s	Ils/Elles sortaient	Ils/Elles étaient sorti(e)s	Ils/Elles sortiront

VENIR (devenir, tenir...)

Présent	Impératif	Passé composé	Imparfait	Plus-que-parfait	Futur
Je viens		Je suis venu(e)	Je venais	J'étais venu(e)	Je viendrai
Tu viens	Viens	Tu es venu(e)	Tu venais	Tu étais venu(e)	Tu viendras
Il/Elle/On vient		Il/Elle/On est venu(e)	Il/Elle/On venait	Il/Elle/On était venu(e)	Il/Elle/On viendra
Nous venons	Venons	Nous sommes venu(e)s	Nous venions	Nous étions venu(e)s	Nous viendrons
Vous venez	Venez	Vous êtes venu(e)s	Vous veniez	Vous étiez venu(e)s	Vous viendrez
Ils/Elles viennent		Ils/Elles sont venu(e)s	Ils/Elles venaient	Ils/Elles étaient venu(e)s	Ils/Elles viendront

Futur antérieur	Conditionnel présent	Conditionnel passé	Subjonctif présent	Subjonctif passé	Participe présent
J'aurai été	Je serais	J'aurais été	Que je sois	Que j'aie été	Étant
Tu auras été	Tu serais	Tu aurais été	Que tu sois	Que tu aies été	
Il/Elle/On aura été	Il/Elle/On serait	Il/Elle/On aurait été	Qu'il/elle/on soit	Qu'il/elle/on ait été	
Nous aurons été	Nous serions	Nous aurions été	Que nous soyons	Que nous ayons été	
Vous aurez été	Vous seriez	Vous auriez été	Que vous soyez	Que vous ayez été	
Ils/Elles auront été	Ils/Elles seraient	Ils/Elles auraient été	Qu'ils/elles soient	Qu'ils/elles aient été	

Futur antérieur	Conditionnel présent	Conditionnel passé	Subjonctif présent	Subjonctif passé	Participe présent
J'aurai eu	J'aurais	J'aurais eu	Que j'aie	Que j'aie eu	Ayant
Tu auras eu	Tu aurais	Tu aurais eu	Que tu aies	Que tu aies eu	
Il/Elle/On aura eu	Il/Elle/On aurait	Il/Elle/On aurait eu	Qu'il/elle/on ait	Qu'il/elle/on ait eu	
Nous aurons eu	Nous aurions	Nous aurions eu	Que nous ayons	Que nous ayons eu	
Vous aurez eu	Vous auriez	Vous auriez eu	Que vous ayez	Que vous ayez eu	
Ils/Elles auront eu	Ils/Elles auraient	Ils/Elles auraient eu	Qu'ils/elles aient	Qu'ils aient eu	

Futur antérieur	Conditionnel présent	Conditionnel passé	Subjonctif présent	Subjonctif passé	Participe présent
J'aurai parlé	Je parlerais	J'aurais parlé	Que je parle	Que j'aie parlé	Parlant
Tu auras parlé	Tu parlerais	Tu aurais parlé	Que tu parles	Que tu aies parlé	
Il/Elle/On aura parlé	Il/Elle/On parlerait	Il/Elle/On aurait parlé	Qu'il/elle/on parle	Qu'il/elle/on ait parlé	
Nous aurons parlé	Nous parlerions	Nous aurions parlé	Que nous parlions	Que nous ayons parlé	
Vous aurez parlé	Vous parleriez	Vous auriez parlé	Que vous parliez	Que vous ayez parlé	
Ils/Elles auront parlé	Ils/Elles parleraient	Ils/Elles auraient parlé	Qu'ils/elles parlent	Qu'ils aient parlé	

Futur antérieur	Conditionnel	Conditionnel passé	Subjonctif présent	Subjonctif passé	Participe présent
Je serai allé(e)	J'irais	Je serais allé(e)	Que j'aille	Que je sois allé(e)	Allant
Tu seras allé(e)	Tu irais	Tu serais allé(e)	Que tu ailles	Que tu sois allé(e)	
Il/Elle/On sera allé(e)	Il/Elle/On irait	Il/Elle/On serait allé(e)	Qu'il/elle/on aille	Qu'il/elle/on soit allé(e)	
Nous serons allé(e)s	Nous irions	Nous serions allé(e)s	Que nous allions	Que nous soyons allé(e)s	
Vous serez allé(e)s	Vous iriez	Vous seriez allé(e)s	Que vous alliez	Que vous soyez allé(e)s	
Ils/Elles seront allé(e)s	Ils/Elles iraient	Ils/Elles seraient allé(e)s	Qu'ils/elles aillent	Qu'ils soient allé(e)s	

Futur antérieur	Conditionnel	Conditionnel passé	Subjonctif présent	Subjonctif passé	Participe présent
J'aurai fini	Je finirais	J'aurais fini	Que je finisse	Que j'aie fini	Finissant
Tu auras fini	Tu finirais	Tu aurais fini	Que tu finisses	Que tu aies fini	
Il/Elle/On aura fini	Il/Elle/On finirait	Il/Elle/On aurait fini	Qu'il/elle/on finisse	Qu'il/elle/on ait fini	
Nous aurons fini	Nous finirions	Nous aurions fini	Que nous finissions	Que nous ayons fini	
Vous aurez fini	Vous finiriez	Vous auriez fini	Que vous finissiez	Que vous ayez fini	
Ils/Elles auront fini	Ils/Elles finiraient	Ils/Elles auraient fini	Qu'ils/elles finissent	Qu'ils aient fini	

Futur antérieur	Conditionnel	Conditionnel passé	Subjonctif présent	Subjonctif passé	Participe présent
Je serai sorti(e)	Je sortirais	Je serais sorti(e)	Que je sorte	Que je sois sorti(e)	Sortant
Tu seras sorti(e)	Tu sortirais	Tu serais sorti(e)	Que tu sortes	Que tu sois sorti(e)	
Il/Elle/On sera sorti(e)	Il/Elle/On sortirait	Il/Elle/On serait sorti(e)	Qu'il/elle/on sorte	Qu'il/elle/on soit sorti(e)	
Nous serons sorti(e)s	Nous sortirions	Nous serions sorti(e)s	Que nous sortions	Que nous soyons sorti(e)s	
Vous serez sorti(e)s	Vous sortiriez	Vous seriez sorti(e)s	Que vous sortiez	Que vous soyez sorti(e)s	
Ils/Elles seront sorti(e)s	Ils/Elles sortiraient	Ils/Elles seraient sorti(e)s	Qu'ils/elles sortent	Qu'ils soient sorti(e)s	

Futur antérieur	Conditionnel	Conditionnel passé	Subjonctif présent	Subjonctif passé	Participe présent
Je serai venu(e)	Je viendrais	Je serais venu(e)	Que je vienne	Que je sois venu(e)	Venant
Tu seras venu(e)	Tu viendrais	Tu serais venu(e)	Que tu viennes	Que tu sois venu(e)	
Il/Elle/On sera venu(e)	Il/Elle/On viendrait	Il/Elle/On serait venu(e)	Qu'il/elle/on vienne	Qu'il/elle/on soit venu(e)	
Nous serons venu(e)s	Nous viendrions	Nous serions venu(e)s	Que nous venions	Que nous soyons venu(e)s	
Vous serez venu(e)s	Vous viendriez	Vous seriez venu(e)s	Que vous veniez	Que vous soyez venu(e)s	
Ils/Elles seront venu(e)s	Ils/Elles viendraient	Ils/Elles seraient venu(e)s	Qu'ils/elles viennent	Qu'ils soient venu(e)s	

DIRE

Présent	Impératif	Passé composé	Imparfait	Plus-que-parfait	Futur
Je dis Tu dis Il/Elle/On dit Nous disons Vous dites Ils/Elles disent	 Dis Disons Dites	J'ai dit Tu as dit Il/Elle/On a dit Nous avons dit Vous avez dit Ils/Elles ont dit	Je disais Tu disais Il/Elle/On disait Nous disions Vous disiez Ils/Elles disaient	J'avais dit Tu avais dit Il/Elle/On avait dit Nous avions dit Vous aviez dit Ils/Elles avaient dit	Je dirai Tu diras Il/Elle/On dira Nous dirons Vous direz Ils/Elles diront

ÉCRIRE

Présent	Impératif	Passé composé	Imparfait	Plus-que-parfait	Futur
J'écris Tu écris Il/Elle/On écrit Nous écrivons Vous écrivez Ils/Elles écrivent	 Écris Écrivons Écrivez	J'ai écrit Tu as écrit Il/Elle/On a écrit Nous avons écrit Vous avez écrit Ils/Elles ont écrit	J'écrivais Tu écrivais Il/Elle/On écrivait Nous écrivions Vous écriviez Ils/Elles écrivaient	J'avais écrit Tu avais écrit Il/Elle/On avait écrit Nous avions écrit Vous aviez écrit Ils/Elles avaient écrit	J'écrirai Tu écriras Il/Elle/On écrira Nous écrirons Vous écrirez Ils/Elles écriront

DEVOIR

Présent	Impératif	Passé composé	Imparfait	Plus-que-parfait	Futur
Je dois Tu dois Il/Elle/On doit Nous devons Vous devez Ils/Elles doivent	*n'existe pas*	J'ai dû Tu as dû Il/Elle/On a dû Nous avons dû Vous avez dû Ils/Elles ont dû	Je devais Tu devais Il/Elle/On devait Nous devions Vous deviez Ils/Elles devaient	J'avais dû Tu avais dû Il/Elle/On avait dû Nous avions dû Vous aviez dû Ils/Elles avaient dû	Je devrai Tu devras Il/Elle/On devra Nous devrons Vous devrez Ils/Elles devront

POUVOIR

Présent	Impératif	Passé composé	Imparfait	Plus-que-parfait	Futur
Je peux Tu peux Il/Elle/On peut Nous pouvons Vous pouvez Ils/Elles peuvent	*n'existe pas*	J'ai pu Tu as pu Il/Elle/On a pu Nous avons pu Vous avez pu Ils/Elles ont pu	Je pouvais Tu pouvais Il/Elle/On pouvait Nous pouvions Vous pouviez Ils/Elles pouvaient	J'avais pu Tu avais pu Il/Elle/On avait pu Nous avions pu Vous aviez pu Ils/Elles avaient pu	Je pourrai Tu pourras Il/Elle/On pourra Nous pourrons Vous pourrez Ils/Elles pourront

SAVOIR

Présent	Impératif	Passé composé	Imparfait	Plus-que-parfait	Futur
Je sais Tu sais Il/Elle/On sait Nous savons Vous savez Ils/Elles savent	 Sache Sachons Sachez	J'ai su Tu as su Il/Elle/On a su Nous avons su Vous avez su Ils/Elles ont su	Je savais Tu savais Il/Elle/On savait Nous savions Vous saviez Ils/Elles savaient	J'avais su Tu avais su Il/Elle/On avait su Nous avions su Vous aviez su Ils/Elles avaient su	Je saurai Tu sauras Il/Elle/On saura Nous saurons Vous saurez Ils/Elles sauront

VOIR

Présent	Impératif	Passé composé	Imparfait	Plus-que-parfait	Futur
Je vois Tu vois Il/Elle/On voit Nous voyons Vous voyez Ils/Elles voient	 Vois Voyons Voyez	J'ai vu Tu as vu Il/Elle/On a vu Nous avons vu Vous avez vu Ils/Elles ont vu	Je voyais Tu voyais Il/Elle/On voyait Nous voyions Vous voyiez Ils/Elles voyaient	J'avais vu Tu avais vu Il/Elle/On avait vu Nous avions vu Vous aviez vu Ils/Elles avaient vu	Je verrai Tu verras Il/Elle/On verra Nous verrons Vous verrez Ils/Elles verront

VOULOIR

Présent	Impératif	Passé composé	Imparfait	Plus-que-parfait	Futur
Je veux Tu veux Il/Elle/On veut Nous voulons Vous voulez Ils/Elles veulent	 Veux (Veuille) Voulons Voulez (Veuillez)	J'ai voulu Tu as voulu Il/Elle/On a voulu Nous avons voulu Vous avez voulu Ils/Elles ont voulu	Je voulais Tu voulais Il/Elle/On voulait Nous voulions Vous vouliez Ils/Elles voulaient	J'avais voulu Tu avais voulu Il/Elle/On avait voulu Nous avions voulu Vous aviez voulu Ils/Elles avaient voulu	Je voudrai Tu voudras Il/Elle/On voudra Nous voudrons Vous voudrez Ils/Elles voudront

Futur antérieur	Conditionnel	Conditionnel passé	Subjonctif présent	Subjonctif passé	Participe présent
J'aurai dit Tu auras dit Il/Elle/On aura dit Nous aurons dit Vous aurez dit Ils/Elles auront dit	Je dirais Tu dirais Il/Elle/On dirait Nous dirions Vous diriez Ils/Elles diraient	J'aurais dit Tu aurais dit Il/Elle/On aurait dit Nous aurions dit Vous auriez dit Ils/Elles auraient dit	Que je dise Que tu dises Qu'il/elle/on dise Que nous disions Que vous disiez Qu'ils/elles disent	Que j'aie dit Que tu aies dit Qu'il/elle/on ait dit Que nous ayons dit Que vous ayez dit Qu'ils aient dit	Disant

Futur antérieur	Conditionnel	Conditionnel passé	Subjonctif présent	Subjonctif passé	Participe présent
J'aurai écrit Tu auras écrit Il/Elle/On aura écrit Nous aurons écrit Vous aurez écrit Ils/Elles auront écrit	J'écrirais Tu écrirais Il/Elle/On écrirait Nous écririons Vous écririez Ils/Elles écriraient	J'aurais écrit Tu aurais écrit Il/Elle/On aurait écrit Nous aurions écrit Vous auriez écrit Ils/Elles auraient écrit	Que j'écrive Que tu écrives Qu'il/elle/on écrive Que nous écrivions Que vous écriviez Qu'ils/elles écrivent	Que j'aie écrit Que tu aies écrit Qu'il/elle/on ait écrit Que nous ayons écrit Que vous ayez écrit Qu'ils aient écrit	Écrivant

Futur antérieur	Conditionnel	Conditionnel passé	Subjonctif présent	Subjonctif passé	Participe présent
J'aurai dû Tu auras dû Il/Elle/On aura dû Nous aurons dû Vous aurez dû Ils/Elles auront dû	Je devrais Tu devrais Il/Elle/On devrait Nous devrions Vous devriez Ils/Elles devraient	J'aurais dû Tu aurais dû Il/Elle/On aurait dû Nous aurions dû Vous auriez dû Ils/Elles auraient dû	Que je doive Que tu doives Qu'il/elle/on doive Que nous devions Que vous deviez Qu'ils/elles doivent	Que j'aie dû Que tu aies dû Qu'il/elle/on ait dû Que nous ayons dû Que vous ayez dû Qu'ils aient dû	Devant

Futur antérieur	Conditionnel	Conditionnel passé	Subjonctif présent	Subjonctif passé	Participe présent
J'aurai pu Tu auras pu Il/Elle/On aura pu Nous aurons pu Vous aurez pu Ils/Elles auront pu	Je pourrais Tu pourrais Il/Elle/On pourrait Nous pourrions Vous pourriez Ils/Elles pourraient	J'aurais pu Tu aurais pu Il/Elle/On aurait pu Nous aurions pu Vous auriez pu Ils/Elles auraient pu	Que je puisse Que tu puisses Qu'il/elle/on puisse Que nous puissions Que vous puissiez Qu'ils/elles puissent	Que j'aie pu Que tu aies pu Qu'il/elle/on ait pu Que nous ayons pu Que vous ayez pu Qu'ils aient pu	Pouvant

Futur antérieur	Conditionnel	Conditionnel passé	Subjonctif présent	Subjonctif passé	Participe présent
J'aurai su Tu auras su Il/Elle/On aura su Nous aurons su Vous aurez su Ils/Elles auront su	Je saurais Tu saurais Il/Elle/On saurait Nous saurions Vous sauriez Ils/Elles sauraient	J'aurais su Tu aurais su Il/Elle/On aurait su Nous aurions su Vous auriez su Ils/Elles auraient su	Que je sache Que tu saches Qu'il/elle/on sache Que nous sachions Que vous sachiez Qu'ils/elles sachent	Que j'aie su Que tu aies su Qu'il/elle/on ait su Que nous ayons su Que vous ayez su Qu'ils aient su	Sachant

Futur antérieur	Conditionnel	Conditionnel passé	Subjonctif présent	Subjonctif passé	Participe présent
J'aurai vu Tu auras vu Il/Elle/On aura vu Nous aurons vu Vous aurez vu Ils/Elles auront vu	Je verrais Tu verrais Il/Elle/On verrait Nous verrions Vous verriez Ils/Elles verraient	J'aurais vu Tu aurais vu Il/Elle/On aurait vu Nous aurions vu Vous auriez vu Ils/Elles auraient vu	Que je voie Que tu voies Qu'il/elle/on voie Que nous voyions Que vous voyiez Qu'ils/elles voient	Que j'aie vu Que tu aies vu Qu'il/elle/on ait vu Que nous ayons vu Que vous ayez vu Qu'ils aient vu	Voyant

Futur antérieur	Conditionnel	Conditionnel passé	Subjonctif présent	Subjonctif passé	Participe présent
J'aurai voulu Tu auras voulu Il/Elle/On aura voulu Nous aurons voulu Vous aurez voulu Ils/Elles auront voulu	Je voudrais Tu voudrais Il/Elle/On voudrait Nous voudrions Vous voudriez Ils/Elles voudraient	J'aurais voulu Tu aurais voulu Il/Elle/On aurait voulu Nous aurions voulu Vous auriez voulu Ils/Elles auraient voulu	Que je veuille Que tu veuilles Qu'il/elle/on veuille Que nous voulions Que vous vouliez Qu'ils/elles veuillent	Que j'aie voulu Que tu aies voulu Qu'il/elle/on ait voulu Que nous ayons voulu Que vous ayez voulu Qu'ils aient voulu	Voulant

BOIRE

Présent	Impératif	Passé composé	Imparfait	Plus-que-parfait	Futur
Je bois Tu bois Il/Elle/On boit Nous buvons Vous buvez Ils/Elles boivent	 Bois Buvons Buvez	J'ai bu Tu as bu Il/Elle/On a bu Nous avons bu Vous avez bu Ils/Elles ont bu	Je buvais Tu buvais Il/Elle/On buvait Nous buvions Vous buviez Ils/Elles buvaient	J'avais bu Tu avais bu Il/Elle/On avait bu Nous avions bu Vous aviez bu Ils/Elles avaient bu	Je boirai Tu boiras Il/Elle/On boira Nous boirons Vous boirez Ils/Elles boiront

CROIRE

Présent	Impératif	Passé composé	Imparfait	Plus-que-parfait	Futur
Je crois Tu crois Il/Elle/On croit Nous croyons Vous croyez Ils/Elles croient	 Crois Croyons Croyez	J'ai cru Tu as cru Il/Elle/On a cru Nous avons cru Vous avez cru Ils/Elles ont cru	Je croyais Tu croyais Il/Elle/On croyait Nous croyions Vous croyiez Ils/Elles croyaient	J'avais cru Tu avais cru Il/Elle/On avait cru Nous avions cru Vous aviez cru Ils/Elles avaient cru	Je croirai Tu croiras Il/Elle/On croira Nous croirons Vous croirez Ils/Elles croiront

PRENDRE (apprendre, comprendre...)

Présent	Impératif	Passé composé	Imparfait	Plus-que-parfait	Futur
Je prends Tu prends Il/Elle/On prend Nous prenons Vous prenez Ils/Elles prennent	 Prends Prenons Prenez	J'ai pris Tu as pris Il/Elle/On a pris Nous avons pris Vous avez pris Ils/Elles ont pris	Je prenais Tu prenais Il/Elle/On prenait Nous prenions Vous preniez Ils/Elles prenaient	J'avais pris Tu avais pris Il/Elle/On avait pris Nous avions pris Vous aviez pris Ils/Elles avaient pris	Je prendrai Tu prendras Il/Elle/On prendra Nous prendrons Vous prendrez Ils/Elles prendront

CONNAÎTRE

Présent	Impératif	Passé composé	Imparfait	Plus-que-parfait	Futur
Je connais Tu connais Il/Elle/On connaît Nous connaissons Vous connaissez Ils/Elles connaissent	 Connais Connaissons Connaissez	J'ai connu Tu as connu Il/Elle/On a connu Nous avons connu Vous avez connu Ils/Elles ont connu	Je connaissais Tu connaissais Il/Elle/On connaissait Nous connaissions Vous connaissiez Ils/Elles connaissaient	J'avais connu Tu avais connu Il/Elle/On avait connu Nous avions connu Vous aviez connu Ils/Elles avaient connu	Je connaîtrai Tu connaîtras Il/Elle/On connaîtra Nous connaîtrons Vous connaîtrez Ils/Elles connaîtront

METTRE (permettre, promettre...)

Présent	Impératif	Passé composé	Imparfait	Plus-que-parfait	Futur
Je mets Tu mets Il/Elle/On met Nous mettons Vous mettez Ils/Elles mettent	 Mets Mettons Mettez	J'ai mis Tu as mis Il/Elle/On a mis Nous avons mis Vous avez mis Ils/Elles ont mis	Je mettais Tu mettais Il/Elle/On mettait Nous mettions Vous mettiez Ils/Elles mettaient	J'avais mis Tu avais mis Il/Elle/On avait mis Nous avions mis Vous aviez mis Ils/Elles avaient mis	Je mettrai Tu mettras Il/Elle/On mettra Nous mettrons Vous mettrez Ils/Elles mettront

FAIRE

Présent	Impératif	Passé composé	Imparfait	Plus-que-parfait	Futur
Je fais Tu fais Il/Elle/On fait Nous faisons Vous faites Ils/Elles font	 Fais Faisons Faites	J'ai fait Tu as fait Il/Elle/On a fait Nous avons fait Vous avez fait Ils/Elles ont fait	Je faisais Tu faisais Il/Elle/On faisait Nous faisions Vous faisiez Ils/Elles faisaient	J'avais fait Tu avais fait Il/Elle/On avait fait Nous avions fait Vous aviez fait Ils/Elles avaient fait	Je ferai Tu feras Il/Elle/On fera Nous ferons Vous ferez Ils/Elles feront

Verbe impersonnel : FALLOIR

Présent	Impératif	Passé composé	Imparfait	Plus-que-parfait	Futur
Il faut	*n'existe pas*	Il a fallu	Il fallait	Il avait fallu	Il faudra

Futur antérieur	Conditionnel	Conditionnel passé	Subjonctif présent	Subjonctif passé	Participe présent
J'aurai bu Tu auras bu Il/Elle/On aura bu Nous aurons bu Vous aurez bu Ils/Elles auront bu	Je boirais Tu boirais Il/Elle/On boirait Nous boirions Vous boiriez Ils/Elles boiraient	J'aurais bu Tu aurais bu Il/Elle/On aurait bu Nous aurions bu Vous auriez bu Ils/Elles auraient bu	Que je boive Que tu boives Qu'il/elle/on boive Que nous buvions Que vous buviez Qu'ils/elles boivent	Que j'aie bu Que tu aies bu Qu'il/elle/on ait bu Que nous ayons bu Que vous ayez bu Qu'ils aient bu	Buvant

Futur antérieur	Conditionnel	Conditionnel passé	Subjonctif présent	Subjonctif passé	Participe présent
J'aurai cru Tu auras cru Il/Elle/On aura cru Nous aurons cru Vous aurez cru Ils/Elles auront cru	Je croirais Tu croirais Il/Elle/On croirait Nous croirions Vous croiriez Ils/Elles croiraient	J'aurais cru Tu aurais cru Il/Elle/On aurait cru Nous aurions cru Vous auriez cru Ils/Elles auraient cru	Que je croie Que tu croies Qu'il/elle/on croie Que nous croyions Que vous croyiez Qu'ils/elles croient	Que j'aie cru Que tu aies cru Qu'il/elle/on ait cru Que nous ayons cru Que vous ayez cru Qu'ils aient cru	Croyant

Futur antérieur	Conditionnel	Conditionnel passé	Subjonctif présent	Subjonctif passé	Participe présent
J'aurai pris Tu auras pris Il/Elle/On aura pris Nous aurons pris Vous aurez pris Ils/Elles auront pris	Je prendrais Tu prendrais Il/Elle/On prendrait Nous prendrions Vous prendriez Ils/Elles prendraient	J'aurais pris Tu aurais pris Il/Elle/On aurait pris Nous aurions pris Vous auriez pris Ils/Elles auraient pris	Que je prenne Que tu prennes Qu'il/elle/on prenne Que nous prenions Que vous preniez Qu'ils/elles prennent	Que j'aie pris Que tu aies pris Qu'il/elle/on ait pris Que nous ayons pris Que vous ayez pris Qu'ils aient pris	Prenant

Futur antérieur	Conditionnel	Conditionnel passé	Subjonctif présent	Subjonctif passé	Participe présent
J'aurai connu Tu auras connu Il/Elle/On aura connu Nous aurons connu Vous aurez connu Ils/Elles auront connu	Je connaîtrais Tu connaîtrais Il/Elle/On connaîtrait Nous connaîtrions Vous connaîtriez Ils/Elles connaîtraient	J'aurais connu Tu aurais connu Il/Elle/On aurait connu Nous aurions connu Vous auriez connu Ils/Elles auraient connu	Que je connaisse Que tu connaisses Qu'il/elle/on connaisse Que nous connaissions Que vous connaissiez Qu'ils/elles connaissent	Que j'aie connu Que tu aies connu Qu'il/elle/on ait connu Que nous ayons connu Que vous ayez connu Qu'ils aient connu	Connaissant

Futur antérieur	Conditionnel	Conditionnel passé	Subjonctif présent	Subjonctif passé	Participe présent
J'aurai mis Tu auras mis Il/Elle/On aura mis Nous aurons mis Vous aurez mis Ils/Elles auront mis	Je mettrais Tu mettrais Il/Elle/On mettrait Nous mettrions Vous mettriez Ils/Elles mettraient	J'aurais mis Tu aurais mis Il/Elle/On aurait mis Nous aurions mis Vous auriez mis Ils/Elles auraient mis	Que je mette Que tu mettes Qu'il/elle/on mette Que nous mettions Que vous mettiez Qu'ils/elles mettent	Que j'aie mis Que tu aies mis Qu'il/elle/on ait mis Que nous ayons mis Que vous ayez mis Qu'ils aient mis	Mettant

Futur antérieur	Conditionnel	Conditionnel passé	Subjonctif présent	Subjonctif passé	Participe présent
J'aurai fait Tu auras fait Il/Elle/On aura fait Nous aurons fait Vous aurez fait Ils/Elles auront fait	Je ferais Tu ferais Il/Elle/On ferait Nous ferions Vous feriez Ils/Elles feraient	J'aurais fait Tu aurais fait Il/Elle/On aurait fait Nous aurions fait Vous auriez fait Ils/Elles auraient fait	Que je fasse Que tu fasses Qu'il/elle/on fasse Que nous fassions Que vous fassiez Qu'ils/elles fassent	Que j'aie fait Que tu aies fait Qu'il/elle/on ait fait Que nous ayons fait Que vous ayez fait Qu'ils aient fait	Faisant

Futur antérieur	Conditionnel	Conditionnel passé	Subjonctif présent	Subjonctif passé	Participe présent
Il aura fallu	Il faudrait	Il aurait fallu	Qu'il faille	Qu'il ait fallu	

Index

A

B·C

D

E

Index

F·G

H·I

J·L

M

N

O·P

Index

Corrigés

PAGES

UNITÉ 1 : LE GROUPE NOMINAL

1 Les adjectifs page 6

❶ **Au premier plan**, un orme au tronc couvert de mousse,
Dans la brume hochant sa tête **chauve** et **rousse** ;
Une mare d'eau **sale** où plongent les canards,
Assourdissant l'écho de leurs cris **nasillards** ;
Quelques **rares** buissons où pendent des fruits **aigres**,
Comme un pauvre la main, tendant leurs branches **maigres** ;
Une **vieille** maison, dont les murs mal **fardés**
Bâillent de toutes parts largement **lézardés**.
Au second, des moulins dressant leurs **longues** ailes,
Et découpant en noir leurs linéaments **frêles**
Comme un fil d'araignée à l'horizon **brumeux**,
Puis, **tout au fond** Paris, Paris **sombre** et **fumeux**,
où déjà, points **brillants** au front des maisons **ternes**,
Luisent comme des yeux des milliers de lanternes ;
Paris avec ses toits **déchiquetés**, ses tours
Qui ressemblent de loin à des cous de vautours,
Et ses clochers **aigus** à flèche **dentelée**,
Comme un peigne **mordant** la nue **échevelée**.

Théophile GAUTIER, « Point de vue », *Albertus*, 1832.

Dessin B.

❷ [...] Son caractère devient de plus en plus **inexplicable**, sa physionomie, quoique parfaitement **belle**, est d'une expression **embarrassante** ; il est **blond** comme sa mère [...] son front **blanc** comme la neige [...] qui est bien le front de la race **antique** des Lodbrog, scintille entre deux paupières **orangées** un œil aux **longs** cils **noirs**, un œil de jais **illuminé** des **fauves** ardeurs de la passion **italienne**, un regard **velouté**, **cruel** et **doucereux** [...].

Théophile GAUTIER, *Le Chevalier double*, 1840.

❸ [...] L'hiver au pays Rebeillard était toujours une saison **étincelante**. Chaque nuit la neige descendait **serrée** et **lourde**. Les villes, les villages, les fermes du Rebeillard dormaient **ensevelis** dans ces **épaisses** nuits **silencieuses**. De temps en temps toutes les poutres d'un village craquaient, on s'éveillait, les **épais** nuages battaient des ailes au ras de terre en froissant les forêts. Mais tous les matins arrivaient dans un **grand** ciel sans nuages, lavé par une **petite** brise **tranchante**. À peine sorti de l'horizon, le soleil **écrasé** par un azur **terrible** ruisselait de tous côtés sur la neige **gelée** ; le plus **maigre** buisson éclatait en cœur de flamme. Dans les forêts **métalliques** et **solides** le vent ne pouvait pas remuer un **seul** rameau ; il faisait seulement jaillir sur l'embrasement blanc des embruns d'étincelles. Des poussières **pleines** de lumière couraient sur le pays. [...]

Jean GIONO, *Le Chant du Monde*, Gallimard, 1933.

❹ M. Hippolyte Patard avait cette particularité d'être tantôt un **petit** vieillard **frais** et **rose**, **aimable** et **souriant**, **accueillant**, **bienveillant**, **charmant**, que tout le monde à l'Académie appelait « mon **bon** ami » excepté les domestiques bien entendu, bien qu'il fût plein de prévenances pour eux, leur demandant alors des nouvelles de leur santé ; et tantôt, M. Hippolyte Patard était un **petit** vieillard tout **sec**, **jaune** comme un citron, **nerveux**, **fâcheux**, **bilieux**. Ses meilleurs amis appelaient alors M. Hippolyte Patard : « Monsieur le secrétaire **perpétuel** », **gros** comme le bras, et les domestiques n'en menaient pas large.

Gaston LEROUX, *Le Fauteuil hanté*, 1909.

❺ Et les voilà embarqués dans une querelle interminable sur les femmes ; l'un prétendant qu'elles étaient bonnes, l'autre **méchantes** : et ils avaient tous deux raison ; l'un sottes, l'autre **pleines d'esprit** : et ils avaient tous deux raison ; l'un fausses, l'autre **vraies** : et ils avaient tous deux raison ; l'un avares, l'autre **libérales** : et ils avaient tous deux raison ; l'un belles, l'autre **laides** : et ils avaient tous deux raison ; l'un bavardes, l'autre **discrètes** ; l'un franches, l'autre **dissimulées** ; l'un ignorantes, l'autre **éclairées** ; l'un sages, l'autre **libertines** ; l'un folles, l'autre **sensées** ; l'un grandes, l'autre **petites** : et ils avaient tous deux raison.

Denis DIDEROT, *Jacques le fataliste et son maître*, 1773.

❻ **a.** vrai premier (ou premier vrai). **b.** splendide jeune. **c.** belles grosses. **d.** dernières grandes. **e.** autres curieuses. **f.** rare vieux. **g.** fabuleuses veilles. **h.** seule jolie.

❼ **a.** Un homme grand, un grand homme. **b.** un seul élève, un élève seul. **c.** un type sale, un sale type. **d.** une femme pauvre, une pauvre femme. **e.** un ministre jeune, un jeune ministre. **f.** un heureux gagnant, un gagnant heureux. **g.** un individu triste, un triste individu. **h.** un homme brave, un brave homme.

ÉVALUATION 1

❶ Au lieu de l'air **fétide** et **cadavéreux** que j'étais accoutumé à respirer en ces veilles **funèbres**, une **langoureuse** fumée d'essences **orientales**, je ne sais quelle **amoureuse** odeur de femme, nageait doucement dans l'air **attiédi**. Cette **pâle** lueur avait plutôt l'air d'un demi-jour **ménagé** pour la volupté que de la veilleuse au reflet **jaune** qui tremblote près des cadavres. Je songeais au **singulier** hasard qui m'avait fait retrouver Clarimonde au moment où je la perdais pour toujours, et un soupir de regret s'échappa de ma poitrine.

Théophile GAUTIER, « La Morte amoureuse », *Contes et récits fantastiques*, 1836.

❷ Le **vieil** homme était **maigre** et **sec,** avec des rides comme des coups de couteau sur la nuque. Les taches **brunes** de cet inoffensif cancer de la peau que cause la réverbération du soleil sur la mer des Tropiques marquaient ses joues ; elles couvraient presque entièrement les deux côtés de son visage ; ses mains portaient les entailles **profondes** que font les filins au bout desquels se débattent les **lourds** poissons. Mais aucune de ces entailles n'était **récente** : elles étaient **vieilles** comme les érosions d'un désert sans poissons. Tout en lui était **vieux**, sauf son regard, qui était **gai** et **brave**, et qui avait la couleur de la mer.

Ernest HEMINGWAY, *Le vieil Homme et la Mer* ;
Traduction Jean Dutourd, Gallimard, 1952.

❸ **a.** inventive ; soignée ; goûteuse (peu importe l'ordre de ces trois adjectifs) ; souriants ; cosy ; chaleureux (ou inversement) ; musical ; dominicaine. **b.** bonne ; chaleureux ; fine ; délicieuse (ou inversement) ; excellent. **c.** bon petit ; idéal ; raffinée ; bonne ; correct ; Parfait.

2 Les indéfinis page 12

❶ **a.** rien [...] d'. **b.** personne d'. **c.** quelque chose d'. **d.** personne de. **e.** quelque chose de. **f.** quelqu'un de. **g.** rien de. **h.** quelqu'un d'.

❷ **a.** Vous ne connaissez personne de célèbre [...] dans cette ville ? **b.** Elle a quelque chose de spécial à me dire sur cet artiste. **c.** Tu n'as rencontré personne d'original à la Biennale ? **d.** On n'a rien acheté d'exceptionnel dans cette galerie. **e.** J'ai quelque chose de nouveau à te montrer. **f.** Il n'y a rien de spirituel dans son œuvre. **g.** Mes amis n'ont parlé avec personne d'intéressant au vernissage.

❸ **a.** Telle. **b.** tels. **c.** tel, tel. **d.** telle. **e.** tels. **f.** tel. **g.** tel. **g.** tels.

❹ **a.** tels que. **b.** telle que. **c.** tels que. **d.** telles que. **e.** telle que. **f.** telles que. **g.** tel que. **h.** tel que.

❺ **a.** l'autre. **b.** d'autres. **c.** un autre. **d.** les autres. **e.** d'autre. **f.** L'autre. **g.** une autre, une autre. **h.** les autres.

❻ a8 ; b6 ; c5 ; d9 ; e1 (ou 2) ; f2 (ou 4) ; g3 ; h4 ; i7.

❼ **a.** On vit tous la même histoire. **b.** Toutes les mêmes. **c.** Boire dans le même rêve. **d.** Ce matin même. **e.** Requiem pour moi-même. **f.** Nés sous la même étoile. **g.** Faisons notre bonheur nous-mêmes. **h.** C'est toujours le même refrain.

❽ nul ; un certain ; aucun ; quiconque ; N'importe quel ; quelconque ; nulle part ; Certains ; différents.

❾ **a. tout** rouge. **b. toutes** rayées. **c. tout** en cuir. **d. toute** seule. **e. tout** simplement. **f. toutes** (ou **tout**) ouvertes. **g. tout** léger. **h. toutes** neuves.

❿ **a.** tous. **b.** toutes. **c.** tous. **d.** tous. **e.** tous. **f.** toutes. **g.** tous. **h.** toutes.

⓫ **a.** Vous avez pris tous les magazines ? – Oui, nous les avons tous pris. **b.** Il a apporté tous les journaux ? – Oui il les a tous apportés. **c.** Ils ont rendu tous les livres à la bibliothèque ? – Oui, ils les ont tous rendus. **d.** Elle a transporté toutes les brochures ? – Oui, elle les a toutes transportées. **e.** Elles ont déchiré tout le cahier ? – Oui, elles l'ont tout déchiré. **f.** Vous avez lu toute la presse ? – Oui je l'ai toute lue (ou nous l'avons toute lue) **g.** Il a étudié toute l'œuvre de Zola ? – Oui, il l'a toute étudiée. **h.** Tu as consulté toutes les archives ? – Oui, je les ai toutes consultées.

⓬ **a.** Oui, ils y sont tous. **b.** Oui, elles en ont toutes un. **c.** Oui, elles y logent toutes. **d.** Oui, elles le parlent toutes. **e.** Oui, ce sont tous des airbus. **f.** Oui, ils l'ont tous été. **g.** Oui, ils ont tous embarqué. **h.** Oui, elles en ont toutes.

⓭ **a.** Non, elle ne les a pas tous repassés, elle en a repassé seulement quelques-uns. **b.** Non, je ne les ai pas toutes lavées, j'en ai lavé seulement quelques-unes. **c.** Non, il ne les a pas toutes prises, il en a pris seulement quelques-unes. **d.** Non, je ne les ai pas toutes brossées, j'en ai brossé seulement quelques-unes. **e.** Non, je ne les ai pas tous commandés, j'en ai commandé seulement quelques-uns. **f.** Non, elle ne les a pas tous jetés, elle en a jeté seulement quelques-uns. **g.** Non, elles ne les ont pas toutes trouvées, elles en ont seulement trouvé quelques-unes. **h.** Non, il ne les a pas tous loués, il en a seulement loué quelques-uns.

ÉVALUATION 2

❶ [...] Or, le même mystère qui dérobe souvent aux yeux la cause des catastrophes, quand il s'agit de l'amour, entoure tout aussi fréquemment la soudaineté de **certaines** solutions heureuses. Solutions heureuses ou du moins qui paraissent l'être, car il n'y en a guère qui le soient réellement quand il s'agit d'un sentiment d'une telle sorte que **toute** satisfaction qu'on lui donne ne fait généralement que déplacer la douleur. Parfois pourtant une trêve est accordée et l'on a pendant **quelque** temps l'illusion d'être guéri. [p. 93]

[...] Je l'aimais et ne pouvais par conséquent la voir sans ce trouble, sans ce désir de **quelque chose** de plus qui ôte, auprès de l'être qu'on aime, la sensation d'aimer. [p. 126]

[...] Nous sommes **tous** obligés, pour rendre la réalité supportable, d'entretenir en nous quelques petites folies. [p. 200]

[...] La permanence et la durée ne sont promises à **rien**, pas même à la douleur. [p. 247]

[...] L'adolescence est le seul temps où l'on ait appris **quelque chose**. [p. 368]

[...] On ne reçoit pas la sagesse, il faut la découvrir soi-même après un trajet que **personne** ne peut faire pour nous, ne peut nous épargner, car elle est un point de vue sur les choses. [p. 526]
[...]. **Chaque** être est détruit quand nous cessons de le voir; puis son apparition suivante est une création nouvelle, différente de celle qui l'a immédiatement précédée, sinon de **toutes**. [p. 588]

Marcel PROUST, *À l'ombre des jeunes filles en fleurs* (extraits), Gallimard, 1919.

❷ **a. Chacun** pour soi et Dieu pour tous. **b. Rien** ne vaut son chez-soi. **c.** À **quelque chose** malheur est bon. **d.** La nuit, **tous les** chats sont gris. **e.** Amour fait beaucoup mais argent fait **tout**. **f. Toute** vérité n'est pas bonne à dire. **g. Tous les** goûts sont dans la nature. **h.** Il ne faut jurer de **rien**. **i.** À cœur vaillant, **rien** d'impossible. **j. Tout** est bien qui finit bien.

3 Les pronoms relatifs page 21

❶ **a.** L'homme **qui** a remplacé Yvette, la directrice commerciale, arrive de Bombay. **b.** Je voudrais rencontrer la nouvelle interprète **qui** parle huit langues. **c.** Gérard est un contremaître **qui** passe son temps à crier après son personnel. **d.** L'entreprise pharmaceutique **qui** m'emploie exporte dans le monde entier. **e.** Les contrats **qui** sont sur le bureau doivent être envoyés avant 17 h 00. **f.** Jacques est un (le) comptable **qui** vient d'être embauché. **g.** La machine **qui** est à l'entrée est une pointeuse. **h.** Une (La) société **qui** a licencié 250 employés est poursuivie en justice.

❷ **a.** Oui la moto **que** j'ai est neuve. **b.** Oui le vélo **qu'**elles ont trouvé était en bon état. **c.** Non, l'accident **qu'**il a eu n'était pas grave. **d.** Oui l'assurance **que** j'ai prise (ou nous avons prise) est tous risques. **e.** Non, les motards **que** j'ai croisés ne portaient pas de casque. **f.** Oui, le piéton **qu'**elle a renversé était son voisin. **g.** Oui, l'amende qu'ils ont payée était de 1 000 euros. **h.** Oui le camion **que** je conduis en Australie fait 50 mètres de long.

❸ **a.** Oui, c'est un restaurant **où** les desserts sont bons. **b.** Oui, c'est un pays **où** il y a beaucoup de végétariens. **c.** Oui, c'est une région **où** la gastronomie est réputée. **d.** Oui, c'est un café **où** l'on peut rencontrer des célébrités. **e.** Oui, c'est une pizzeria **où** l'on peut réserver une table. **f.** Oui, c'est un village **où** l'on peut trouver des spécialités locales. **g.** Oui, c'est une auberge **où** l'on mange bien. **h.** Oui, c'est une foire **où** tous les produits sont issus de l'agriculture biologique.

❹ **a.** Ils ont trouvé un éleveur **dont** les canards sont excellents. **b.** Cet hôtel a un nouveau chef pâtissier **dont** les gâteaux sont divins. **c.** Nous sommes allés dans le Périgord **dont** la spécialité est le foie gras. **d.** Tu m'avais parlé d'une auberge près de Dijon **dont** les escargots étaient excellents... **e.** Vous avez déjeuné au Relais Créole **dont** le patron est martiniquais ? **f.** Lorsque je travaillais à l'usine, mon épouse tenait une gargote **dont** nous étions propriétaires. **g.** Rue des Moines, vous trouverez une vieille taverne **dont** le sommelier s'appelle Martin. **h.** La Cornue est une très vieille brasserie **dont** on trouve la trace dès 1366.

❺ **a.** Il va te parler du nouveau projet **dont** il s'est occupé. **b.** Elles vont leur donner les informations **dont** ils ont besoin sur le nouveau MP4. **c.** Tu peux m'expliquer le mode d'emploi du site « Fac de droit virtuelle » **dont** nous avons discuté ? **d.** Je vais acheter à mon fils le nouvel ordinateur portatif **dont** il a envie. **e.** Clarisse est très contente de l'écran plat **dont** elle a fait l'acquisition. **f.** Nous avons un nouveau virus informatique **dont** nous sommes très inquiets. **g.** La réduction sur l'ensemble du matériel informatique **dont** vous avez profité est exceptionnelle. **h.** Arpanet est un réseau **dont** Internet est issu.

❻ d ; h ; b ; a ; f ; e ; g ; c.
On dit que la littérature française est finie. Après les existentialistes, le néant ! Ceux qui proclament cela n'ont sans doute pas lu Patrick Modiano. Ce romancier qui tire son matériau des turbulences de sa vie avant l'écriture dont la parole étranglée par la violence du souvenir lutte pour se maintenir en équilibre précaire sur le seuil du silence, porte haut, depuis près de quarante ans, le drapeau d'une littérature française qui ne cesse de se renouveler.
Sexagénaire aujourd'hui et auteur d'une trentaine de romans, Modiano vient de donner avec son dernier livre – intitulé sobrement Un *pedigree* – une nouvelle preuve de son talent de « susciteur » d'émotions et, surtout, d'« évocateur » hors pair d'univers troubles, à la fois énigmatiques et familiers. Ces mondes sont ceux du Paris sous l'occupation nazie et de l'après-guerre, en noir et blanc, peuplés de trafiquants en tout genre, d'hommes et de femmes louches et paumés. L'écrivain a connu de près ces êtres de l'ombre, et a exploré tout au long de son œuvre, quelque peu hantée, leurs secrets et leurs mystères. Il revient dans son nouvel ouvrage qui n'est pas un roman, mais un texte autobiographique où se déroule, au premier plan, la vie dévastée d'un jeune Parisien mal aimé de ses parents. Ballotté d'appartements vides et sinistres en internats où les lectures sont surveillées, le jeune homme ne se libérera de la pesanteur de son passé qu'en entrant dans la littérature à vingt-trois ans, lorsque son premier roman, *La Place de l'Étoile*, sera accepté par un éditeur. C'est de ce jour que date la vraie naissance de Patrick Modiano.

Thirthankar CHANDA, critique littéraire, Label France, n° 58.

7 [...] Ce roman **dont** le titre original est *The Skinner* (2002) a obtenu le prix *SF Reviews Best Book*. Il semble que ce soit son premier roman traduit en France, mais une de ses nouvelles, « Spatterjay », **qui** renvoie au même univers que L'Écorcheur, a été traduite dans *Bifrost 38*. [...]
Le roman mêle plusieurs trajectoires dans cet univers **où** la faune est dangereuse au possible, la flore imprévisible et **où** des armes impensables sont utilisées. [...] il s'agit d'un ou de plusieurs voyages en bateau **qui** convergent vers l'île **où** se recompose l'Écorcheur. Quant à ce dernier, il vise la destruction de l'ensemble des marins **qui** s'y rendent afin « d'effacer » toute trace de ses propres crimes...
Évidemment, on aura compris que je ne donne là qu'une vague idée de cet univers, de ces personnages et de leurs affrontements **qui** font de ce roman une sorte de chef-d'œuvre.

8 **a.** Dites-moi ce qui l'intéresse. **b.** Dites-moi ce qui lui plaît. **c.** Dites-moi ce qu'ils savent. **d.** Dites-moi ce qui ne va pas. **e.** Dites-moi ce que je peux faire pour vous. **f.** Dites-moi ce qui est arrivé. **g.** Dites-moi ce qui va se passer. **h.** Dites-moi ce qu'ils pensent de ça.

9 **a.** ce qu'. **b.** ce qui. **c.** Ce dont. **d.** ce que. **e.** ce qu'. **f.** ce à quoi. **g.** ce dont. **h.** ce à quoi.

10 **a.** celui qui. **b.** ceux qui. **c.** celle qui. **c.** celui qui. **e.** celles qui. **f.** celle qui. **g.** ceux qui. **h.** celui qui.

11 **a.** Non, il n'a pas choisi **celle qu'**il a vue hier, il en a choisi une autre. **b.** Non, je ne suis pas allé(e) [ou nous ne sommes pas allé(e)(s)] dans **celui que** tu nous avais montré (ou vous nous aviez montré), je suis allé(e) [ou nous sommes allé(e)(s)] dans un autre. **c.** Non, elle n'a pas acheté **celui qui** était en promotion mais elle en a acheté un autre. **d.** Non, ils n'ont pas commandé **ceux qu'**ils voulaient, ils en ont commandé d'autres. **e.** Non, je n'ai pas enregistré **celles qui** étaient sur le piano, j'en ai enregistré d'autres. **f.** Non, il n'a pas écouté **celui que** tu lui as offert (ou vous lui avez offert), il en a écouté un autre. **g.** Non, nous n'avons pas pris **ceux que** vous nous aviez conseillés, nous en avons pris d'autres. **h.** Non, elles ne leur ont pas offert **celle que** tu préfères (ou vous préférez), elles leur en ont offert une autre.

12 **a. Celui dont** vous m'avez parlé. **b. Celle que** votre assistant vient de distribuer. **c. Ceux que** Christian m'a mis de côté. **d. Celle où** nous sommes allés hier matin. **e. Celui qui** est édité par Gallimard. **f. Celle qui** permet de l'apprendre en 80 jours. **g. Celles dont** on a perdu les microfilms. **h. Celle où** l'on trouve des livres rares et anciens.

13 **a.** J'aime beaucoup la salle de concert en face de **laquelle** tu habites. **b.** La virtuosité avec **laquelle** le pianiste a joué était impressionnante. **c.** Ce sont des spectacles **auxquels** je préfère ne pas penser. **d.** L'opéra **auquel** nous avons assisté était magnifique. **e.** La maison de disques pour **laquelle** il joue a fait faillite. **f.** La personne grâce à **laquelle** vous avez eu un billet est ma voisine. **g.** Le chef d'orchestre sur **lequel** vous comptiez s'est désisté. **h.** L'homme en face **duquel** je suis assis est Riccardo Muti.

14 **a.** C'est exact, c'est le pays **dans lequel** il a pris le plus de clichés. **b.** C'est exact, c'est le photographe **grâce auquel** elle s'est lancée dans cette voie. **c.** C'est exact, c'est l'artiste **pour lequel** je me battrais jusqu'au bout. **d.** C'est exact, c'est la montagne **sur laquelle** il a pris ce lever de soleil. **e.** C'est exact, c'est la personne **à laquelle** j'ai dédié mon dernier livre. **f.** C'est exact, c'est une chose **contre laquelle** je me bats. **g.** C'est exact, c'est l'expo **dans laquelle** ils présentent leurs dernières œuvres. **h.** C'est exact, c'est la photo **à cause de laquelle** il a été mis en prison.

15 **a.** à laquelle. **b.** dans lequel. **c.** sur lesquelles. **d.** chez qui. **e.** pour lequel. **f.** avec laquelle. **g.** À quoi. **h.** dans lesquelles.

ÉVALUATION 3

1 [...] Figurez-vous [...] une tempête de montagnes **que** séparent des ravins étroits **où** roulent des torrents ; [...]. C'est là même **ce qui** frappe le plus [...] : l'indifférence héréditaire pour cette recherche des formes séduisantes **qu'**on appelle l'art.

L'Italie, **où** chaque palais [...] est un chef-d'œuvre lui-même, **où** le marbre, le bois, le bronze, le fer, les métaux et les pierres attestent le génie de l'homme, **où** les plus petits objets anciens **qui** traînent dans les vieilles maisons révèlent ce divin souci de la grâce, est pour nous tous la patrie sacrée **que** l'on aime [...]

On gagne, par des sentiers à mulets, ces hameaux accrochés au flanc des montagnes, **qui** dominent des abîmes tortueux **d'où** l'on entend monter, le soir, le bruit continu, la voix sourde et profonde du torrent. [...] et on serre, au matin, la main tendue de l'hôte **qui** vous a conduit jusqu'aux limites du village.

Guy de Maupassant, *Le Bonheur*, 1884.

2 **b.** où. **c.** qui. **d.** auxquels. **e.** dont. **f.** Ce qui. **g.** pour laquelle. **h.** où. **i.** ce qu'. **j.** desquels. **k.** Ce à quoi.

3 **a.** dont. **b.** sans lesquels. **c.** qu'. **d.** qui. **e.** auquel. **f.** dont. **g.** sur laquelle. **h.** pour lequel (ou dont). **i.** ce qui. **j.** avec lesquels.

4 Mon interlocuteur, au téléphone, m'avait dit que la maison était la seule du côté de la forêt, sur la route **qui** partait à gauche de l'hôtel Bellevue, « à trois quatre cents mètres ». Arrivé devant l'hôtel, ne voyant pas de route **qui** parte sur la gauche, j'avais pris **celle qui** partait à droite. [...]

Un homme poli aux traits moyen-orientaux vint m'ouvrir. [...] C'était sans doute l'ami égyptien, **dont** Monsieur Hégrault m'avait parlé, **qui** habitait ici en permanence et gardait la maison.
La pièce **dans laquelle** je pénétrai, assez haute de plafond, avec un curieux pilier torsadé au milieu, évoquait une salle de vente. Sur un côté un long banc d'église, en partie recouvert par des tapis, bloquait l'accès à des bow-windows **dont** les volets étaient fermés. Le long des murs se trouvaient un meuble de rangement [...] **sur lequel** était installée une chaîne stéréophonique [...]
De la cuisine venaient des voix d'hommes **que** je ne voyais pas, causant tranquillement. Mais j'entrevis un instant une femme, [...] l'un des mannequins **dont** m'avait parlé Monsieur Hégrault au téléphone certainement [...]

André CABANNES, « La Sylphide », Fontainebleau.

4 Les pronoms compléments page 34

❶ **a.** D. **b.** I. **c.** I. **d.** D. **e.** I. **f.** I. **g.** I. **h.** D.

❷ **a.** Oui, ils **m'**ont (ou **nous** ont) mis au courant. **b.** Oui, elle **m'**a expliqué la situation. **c.** Non, je ne **vous** ai pas appelé (ou **nous** ne vous avons pas appelé). **d.** Non, je ne **t'**ai pas répondu. **e.** Non, on ne **t'**a pas laissé de message. **f.** Oui, il **vous** a parlé. **g.** Oui, elles **m'**ont raconté l'histoire. **h.** Non, vous ne **nous** avez pas dit ce qui s'est passé (ou tu ne **nous** as pas dit ce qui s'est passé).

❸ **a.** Ils **les** ont choisi**es**. **b.** Vous ne **l'**avez pas fait? **c.** On **l'**a essayé**e**. **d.** Je ne **les** ai pas cassé**es**. **e.** Elle **l'**a porté. **f.** Tu **l'**as déchiré**e**. **g.** Il ne **les** a pas pris**es**. **h.** Elles **l'**ont acheté.

❹ **a.** les. **b.** l'. **c.** leur. **d.** lui. **e.** le. **f.** l'. **g.** lui. **h.** les.

❺ **a.** Chantez-leur une chanson! **b.** Ne la faisons pas rire! **c.** Dis-moi que tu m'aimes! **d.** Ne l'énervez pas! **e.** Prends-les sur tes genoux! **f.** Ne me chatouillez pas! **g.** Embrassons-le! (ou Embrassons-la!) **h.** Donne-lui de tes nouvelles!

❻ **a.** L'accusé aurait dû **y** penser. **b.** La police va **les** arrêter. **c.** Le voleur a voulu **me** prendre mon sac mais il n'a pas réussi. **d.** Elle a choisi de **leur** mentir mais cela a aggravé son cas. **e.** L'assassin ne pouvait pas **nous** voir là où nous étions. **f.** Le témoin a décidé de ne pas **en** parler. **g.** Tu peux compter sur Maître Barou, il saura **te** défendre. **h.** Le juge est venu **lui** parler de cette affaire.

❼ **a.** La plupart des États cherchent à **la** contrôler. **b.** Le caractère illégal du séjour des migrants clandestins, sans permis de séjour en règle, **leur** interdit donc de bénéficier des droits qui sont accordés aux habitants de leur pays de résidence. **c.** Les sociétés civiles s'**en** sont emparées à travers des associations, des institutions religieuses et des ONG. **d.** Jusqu'en 1992, les étrangers placés en zone d'attente étaient considérés comme n'étant pas entrés en France, et situés dans une « zone internationale » où la loi française n'était pas censée s'appliquer, ce qui permettait à l'administration de **les** maintenir sans limite de durée, sans règles ni contrôle. **e.** Le gouvernement britannique de Tony Blair envisage de modifier le statut des demandeurs d'asile en **leur** accordant un droit de séjour limité à cinq ans et non permanent. **f.** Comme chaque année, parmi les nombreux candidats à la carte verte aux États-Unis, 50 000 **l'**ont obtenue. **g.** Les Pieds-Noirs affirment que les Français **les** ont accueillis avec indifférence en 1962. **h.** La plupart des réfugiés **y** ont été accueillis et ont reçu de la nourriture et de l'eau.

❽ **a.** Oui, elle **l'**a présenté**e**. **b.** Oui, je **l'**ai (ou nous l'avons) enregistré. **c.** Non, ils n'**en** ont pas parlé. **d.** Non, il ne **les** a pas interviewé**s**. **e.** Oui, il faut **les** sortir. **f.** Non, je n'**y** avais pas (ou jamais) participé. **g.** Oui, il **en** a fait **un**. **h.** Non, je ne **les** ai pas reconnu**es**.

❾ [...] La fête des mères comme nous **la** connaissons à l'heure actuelle, a fait l'objet d'une loi qui date du 24 mai 1950. [...] Allez-vous **lui** offrir du parfum? Des fleurs? [...] Mais quel cadeau **lui** fera réellement plaisir? [...] pour cette prochaine fête des mères, nous allons tous **vous** solliciter, pour **nous** dire ce que vous comptez offrir pour la fête de votre maman chérie, vous pouvez faire part de vos idées et trouvailles, juste en **nous** mettant un message en dessous, certaines personnes sont douées pour trouver des idées de cadeau, elles donneront de ce fait de bonnes idées à d'autres qui **en** ont peut-être un peu moins. [...]

❿ Louée l'été à des familles bordelaises, on **la** fermait l'hiver pour éviter de **la** chauffer. L'amie de Sarah, qui **en** était propriétaire, n'**y** venait plus du tout: la mort de sa fille, les souvenirs qui s'**y** attachaient, **l'en** tenaient éloignée. [...] Sarah **la** découvrit d'abord avec curiosité, à la manière dont un touriste visite un site du temps passé. Mais, très vite, le sentiment d'une intimité croissante s'était imposé, **lui** donnant l'illusion d'**y** avoir déjà habité. [...] Quoique rien ne semblât correspondre à sa culture ni à sa personnalité, elle s'**en** laissait convaincre: la maison **l'**attendait comme après une longue absence.

Dominique BONA, *La Ville d'Hiver*, Grasset, 2005.

⓫ **a.** – Oui, il le lui a rendu. **b.** – Oui, ils lui en ont offert une. **c.** – Oui, elle me l'a donné. **d.** – Non, ils ne le lui ont pas payé. **e.** – Oui, il faut que tu l'y emmènes. **f.** – Oui, passe-le-moi! **g.** – Non, il ne lui en a pas mis. **h.** – Oui, nous les leur avons vendues.

⓬ **a.** Non, ils ne **la lui** avaient pas dite. **b.** Non, nous ne **le leur** avons pas révélé. **c.** Oui, tu **m'en** avais averti. **d.** Oui, je **te les** ferai connaître. **e.** Non, vous ne **nous l'**aviez pas montré. **f.** Oui, il **les lui** a exposées. **g.** Oui, nous **le leur** avions promis. **h.** Oui, elles **m'y** ont vu.

⓭ **a.** – Mais, je **t'en** ai prêté ! Non et je voudrais que tu **m'en** prêtes. **b.** – Mais, je **la leur** ai envoyée ! Non et je voudrais que vous **la leur** envoyiez. **c.** – Mais, je **t'y** ai inscrite ! Non et je voudrais que tu **m'y** inscrives. **d.** – Mais, nous **vous en** avons réservé une ! Non et je voudrais que vous **nous en** réserviez une. **e.** – Mais, je **lui en** ai offert ! Non et je voudrais que tu **lui en** offres. **f.** – Mais, nous **vous** (ou **te**) **les** avons données ! Non et je voudrais que vous **me les** donniez. **g.** – Mais, je **le lui** ai récité ! Non et je voudrais que tu **le lui** récites. **h.** – Mais, nous **le lui** avons dit ! Non et je voudrais que vous **le lui** disiez.

⓮ **a.** ne **me les** laisse pas ! **b.** qui **la leur** ai apportée. **c.** donne-**le-lui** ! (ou donnez-**le-lui** ! donnons-**le-lui** !). **d.** Elle **vous l'a** montré**e** ? **e.** je **le leur** ai proposé. **f.** ils **la lui** ont accordé**e**. **g.** Tu **nous l'**avais promis**e**. **h.** qui **l'y** a poussé**e**.

⓯ **a.** Ne **leur en** parle pas ! **b.** Présentez-**le-nous** ! **c.** Donne **m'en** un autre ! **d.** Ne **les lui** confions pas ! **e.** Envoyez-**le-moi** ! **f.** Ne **la leur** expédiez pas ! **g.** Annonce-**la-leur** ! **h.** Demandons-**le lui** !

ÉVALUATION 4

❶ – Je **vous** ramène un chien de compagnie, tiens, je **te l'**offre, maman et pour ma jolie sœur son rossignol, dit le garçon en **lui** tendant la cage. [...]
Maman, j'ai retrouvé ta bague au cœur de rubis.
Et, un peu hésitant, il ajouta en **lui** tendant le bijou qu'il avait été chercher dans le cœur du dragon :
– Je **te** présente ma fiancée, elle s'appelle Zhen Lane.
[...] Il y avait si longtemps que Zimzoua ne **l'**avait pas vu sourire. Et elle reprit en **lui** rendant la bague :
– Garde-**la**, tu **l'**offriras à ta femme le jour où tu te marieras, elle est si belle et a l'air si gentille !

CRDP des Pays de la Loire, http://crdp-nantes.fr

❷ MARCO : Je t'ai invitée dans ce restaurant car j'ai une grande nouvelle à **t'**annoncer. Muriel, je voudrais **t'**épouser. [...] Tu hésites ? Tu ne **m'**aimes pas ?
MURIEL : Si... non... enfin, il faut que tu **me** laisses réfléchir...
MARCO : Mais, du temps, tu **en** as eu depuis le temps qu'on vit ensemble.
MURIEL : Oui, mais là, c'est pas pareil. Je ne m'**y** attendais pas...
MARCO : Qu'est-ce qui se passe, Muriel ? Tout ce que tu as voulu, je **te l'**ai donné. Tu voulais une maison [...], tu **l'**as eue. Tous les voyages que tu as voulu faire, tu **les** as faits ? Les vêtements, les séances chez la coiffeuse et l'esthéticienne, tout cela tu **l'**as eu, non ? [...]

UNITÉ 2 : LE GROUPE VERBAL

1 Le passé composé, l'imparfait et le plus-que-parfait page 46

❶ **J'ai soutenu** son corps chancelant. J'**ai porté** dans mes bras ce corps souffrant et défaillant. J'**ai guidé** ses sorties, j'**ai surveillé** chacun de ses pas ; je l'**ai conduit** et **accompagné** partout où il **a voulu** ; je l'**ai aidé** toujours à rentrer, à monter, à descendre ; j'**ai écarté** de son unique pied l'embûche et l'obstacle. J'**ai préparé** son siège, son lit, sa table. Bouchée à bouchée, je lui **ai fait** prendre quelque nourriture. J'**ai mis** à ses lèvres les coupes de boisson, afin qu'il se désaltérât.

Isabelle RIMBAUD, *Mon frère*, Arthur Rimbaud.

❷ **a.** Combien de frères et sœurs a-t-il eus ? **b.** Où a-t-il fait plusieurs fugues ? **c.** À qui a-t-il envoyé sa fameuse Lettre du voyant ? **d.** Pourquoi Verlaine a-t-il tiré sur Rimbaud ? **e.** Qu'a-t-il composé à Roche ? **f.** Où a-t-il composé *Une Saison en enfer* ? **g.** Qu'a-t-il fait jusqu'en 1879 ? (ou Où a-t-il voyagé jusqu'en 1879 ?) **h.** Où a-t-il vécu à la fin de sa vie ? **i.** Quand est-il mort ? (ou Quel jour est-il mort ? À quelle date est-il mort ?)

❸ La chaleur **m'a réveillée** à 8 heures. Je **me suis recouchée**. Aurélie **s'est levée** une demi-heure plus tard. Moi aussi. Après le petit-déjeuner, les filles **ont fait** une dernière répétition encore en pyjama. Ensuite, nous **avons** (ou j'**ai**) **sorti** les tenues. J'**ai coiffé** Aurélie pour lui faire des tresses. À midi et demi, nous **avons déjeuné**. Les filles **ont offert** des cadeaux pour la fête des pères. Vers 13 h 30, les filles **se sont habillées**. À 14 h 00, nous **sommes allées** au Conservatoire pour une répétition. Les gens **ont commencé** à arriver. La salle **s'est remplie**. Les filles **ont dansé** pendant une heure. Les parents **se sont régalés**. Nous **sommes retournées** à la maison vers 16 h 00. Les filles **ont goûté** et **regardé** un DVD (*Les 101 Dalmatiens*). Enfin, elles **ont pris** un bain froid, un repas froid et **se sont endormies** à 21 h 00.

❹ **À Bicyclette**
Quand on **partait** de bon matin
Quand on **partait** sur les chemins
À bicyclette
Nous **étions** quelques bons copains
Y'**avait** Fernand y'**avait** Firmin
Y'**avait** Francis et Sébastien
Et puis Paulette
On **était** tous amoureux d'elle
On se **sentait** pousser des ailes
À bicyclette

Sur les petits chemins de terre
On a souvent vécu l'enfer
Pour ne pas mettre pied à terre
Devant Paulette
Faut dire qu'elle y **mettait** du cœur
C'**était** la fille du facteur
À bicyclette
Et depuis qu'elle **avait** huit ans
Elle avait fait en le suivant
Tous les chemins environnants
À bicyclette
Quand on **approchait** la rivière
On **déposait** dans la fougère
Nos bicyclettes
Puis on **se roulait** dans les champs
Faisant naître un bouquet changeant
De sauterelles, de papillons
Et de rainettes
Quand le soleil à l'horizon
Profilait sur tous les buissons
Nos silhouettes
On **revenait** fourbus contents
Le cœur un peu vague pourtant
De n'être pas seul un instant
Avec Paulette
Prendre furtivement sa main
Oublier un peu les copains
La bicyclette
On **se disait** c'est pour demain
J'oserai, j'oserai demain
Quand on ira sur les chemins
À bicyclette

À bicyclette
Auteur : Pierre Barouh – Compositeur : Francis Lai,
Éditions Saravah/Éditions 23.

❺ [...] Les autres jours, c'**était** Monoprix donc. Elles **mettaient** plus d'une heure à parcourir deux cents mètres, **goûtaient** la nouvelle Danette, **répondaient** à des sondages idiots, **essayaient** des rouges à lèvres ou d'affreux foulards en mousseline. Elles **traînaient**, **jacassaient**, **s'arrêtaient** en chemin, **commentaient** l'allure des grandes bourgeoises du VIIe et la gaîté des adolescentes. Leurs fous rires, leurs histoires abracadabrantes, les sonneries de leurs portables et leurs sacs à dos tout cliquetant de babioles. Elles **s'amusaient**, **soupiraient**, **se moquaient** et **se relevaient** précautionneusement. Elles **avaient** le temps, la vie devant elles... [...]

Anna Gavalda, *Ensemble, c'est tout*, Le Dilettante, 2004.

❻ [...] Au fil de l'été, Anna avait encore embelli. Le soleil **accentuait** ses caractéristiques méridionales et sa peau **prenait** les couleurs et les reflets de châtaignier vernis. Nous **nous voyions** de plus en plus souvent et il n'**était** pas rare que je l'accompagne faire des courses, tandis que Grégoire **s'adonnait** à quelque activité sportive. J'**aimais** ces séances de trekking consumériste. J'**aimais** marcher avec elle et la regarder acheter n'importe quoi. Sa façon d'essayer des chaussures **plaisait** et aussi la manière de payer, de toujours refuser le ticket de caisse. Et puis il **fallait** que les choses aillent vite, qu'on ne perde pas de temps, même si l'on **avait** rien d'autre à faire. Parfois, on **prenait** un verre à la terrasse d'un café et je **regardais** les muscles de ses bras s'arrondir au soleil [...].

Jean-Paul Dubois, *Une Vie française*,
© Éditions de l'Olivier – Le Seuil, 2004 coll. Points, 2005.

❼ Mercredi 8 décembre. [...] Il **était** à peine six heures et demie. Virginie et nos deux enfants **dormaient** encore.
Les autres jours de la semaine, je ne **pouvais** pas partir aussi tôt. Pendant que Virginie **emmenait** notre deuxième fille Clara à l'école maternelle, je **devais** accompagner Marie qui **allait** à l'école primaire. L'école n'**ouvrait** ses portes qu'à huit heures et demie. Alors qu'elle **faisait** durer bisous et câlins, j'**essayais** de ne pas montrer que j'**étais** pressé de partir. Je **courais** ensuite à grandes enjambées jusqu'à la station de RER pour avoir une chance d'attraper celui de 8 h 39 qui me **déposait** trois minutes plus tard à Val-de-Fontenay. Au mieux, à neuf heures j'**étais** assis à mon bureau, mon ordinateur allumé et je **commençais** à travailler sans perdre un instant et sans même pouvoir m'accorder une pause au cours de la matinée pour boire un café.

Denis Castel, *Ras-le-bol*, Le Jardin des Livres, 2005.

❽ [...] **Nous nous sommes rencontrés** en 1778. Il **était** alors démoralisé par la mort de sa mère et son échec en France, il **cherchait** une chambre à louer à Salzbourg, et **est devenu** pensionnaire de ma mère. **Il est d'abord tombé** amoureux de ma sœur, Aloysia dont la voix et la beauté **étaient** exceptionnelles. Mais **lorsqu'elle l'a éconduit** il me remarqua enfin. **Nous nous sommes mariés** en 1782 et **nous avons vécu** neuf ans de grand amour. C'est au début de notre idylle qu'**il a écrit** « L'Enlèvement au sérail », et pour moi qu'il composa « La Messe en ut mineur ». **Il voulait** montrer à sa famille que je n'étais pas une bonne à rien et que **j'avais** une belle voix. **Il était** admiré dans toute l'Europe, mais notre vie **était** difficile car **nous dépensions** beaucoup d'argent. **J'étais** souvent enceinte, **nous étions** obligés de sortir beaucoup pour obtenir des commandes, **je souffrais** d'ulcères variqueux qui **me contraignaient** à faire de nombreuses cures. Quand Wolfgang **est mort** d'une insuffisance rénale en 1791, **il était** célèbre mais très endetté. Et comme **il n'était pas** noble, il fut enterré dans une fosse commune. [...]

Isabelle Duquesnoy, *Les Confessions de Constanze Mozart*,
Plon, 2005.

❾ [...] Il y **avait** plusieurs sortes de bombes. Les plus grosses **servaient** à détruire les grands immeubles ou des pâtés de maisons et **faisaient** de grands trous, tandis que les bombes incendiaires, qui **étaient** plus petites, **allumaient** des incendies. Nous **avons formé** des groupes dirigés par une personne, appelée préposé à la défense passive ; chaque groupe **patrouillait** à tour de rôle afin de détecter les incendies ou de voir si quelqu'un **avait** besoin d'aide. Nous **portions** un casque métallique. Une nuit, un petit incendie **s'est allumé** dans le haut d'une maison et nous **avons fait** la chaîne pour faire passer des seaux par l'escalier; tout le monde **riait** et **plaisantait** et **s'est retrouvé** très mouillé, mais nous **avons éteint** le feu. [...]

Histoire de la Seconde Guerre mondiale, Journal de Grand-mère Crane. droits réservés

❿ **a.** Quel âge aviez-vous lorsqu'ils se sont quittés. **b.** Qui est parti le premier? (ou Lequel est parti le premier?) **c.** Quel âge avait votre mère lorsqu'elle est partie? **d.** Comment votre père vivait-il cette séparation? **d.** Avec qui étiez-vous pendant la semaine? **f.** Que faisait-elle? (ou Quel(le) était son travail (sa profession)?) **g.** Quand (En quelle année) avez-vous vu vos parents l'un à côté de l'autre pour la première fois? **h.** Où étaient-ils?

⓫ Au moment où il **avait quitté** la ville, l'horizon **s'était obscurci**. Il **avait évité** les voies rapides et les autoroutes, et **avait roulé** longtemps sur des départementales peu surveillées en direction des grands espaces vides de la Lozère. Puis il **avait poussé** le véhicule dans un ravin et **avait grimpé** à travers un bois assombri par les premiers flocons tourbillonnants. Parvenu sur les hauteurs qui étaient déjà toutes blanches, il **avait découvert** un paysage de landes et de petits massifs forestiers où aucune personne de bon sens – il rangeait dans cette catégorie les gendarmes qui **avaient dû** lancer le plan Épervier – n'imaginerait qu'un homme en fuite se risquerait sans connaître la région.
C'est ce qu'il **avait fait** pourtant. La tempête **avait englouti** les traces de son passage et rendu très improbable la rencontre de promeneurs. Sans témoins et sans poursuivants, il **avait progressé** jusqu'à la tombée de la nuit, puis **s'était abrité** sous un rocher en surplomb et **avait dormi** dans son duvet neuf. À plusieurs reprises, trompé par un aboiement ou un bruit de pas entendu en rêve, il **s'était réveillé** en sursaut et **avait été** long à se rendormir.
L'aube l'**avait rassuré**, une aube triste, sans soleil, aussi vitreuse que le hublot d'entrepont d'un de ces cargos en bout de course, qu'on devrait appeler des bagnes flottants, sur lesquels il **avait trimé** et **avait laissé** filer sa jeunesse.

Jean-Pierre MILOVANOFF, *Le Pays des vivants*, Grasset, 2005.

⓬ [...] Interpellé en septembre 2003, David Hotyat, mécanicien de 33 ans et voisin de la famille Flactif, **avait** dans un premier temps **reconnu** avoir tué, seul, les cinq victimes, par jalousie. Il **avait conduit** lui-même les gendarmes à l'endroit où il **avait brûlé** les corps et **avait expliqué** comment il **avait agi**. Hotyat était en conflit depuis plusieurs mois avec cette famille, qui lui louait un logement mais l'**avait contraint** à déménager à plusieurs reprises. Dans ses aveux, il **avait expliqué** avoir d'abord éliminé les trois enfants qui étaient seuls à la maison, puis avoir tué par arme à feu Graziella Ortolano avant de s'attaquer à Xavier Flactif à son retour à la maison. Il **avait dit** avoir ensuite envoyé le pistolet à son frère Mickaël, qui résidait dans le nord de la France, pour s'en débarrasser.

Radio France, 12/06/2006. droits réservés

⓭ L'orage **était descendu** vers la Saône, **reparti** ailleurs faire peur à d'autres gens. La pluie **avait cessé**. Le bac à sable **gardait** une croûte humide, le banc cassé **luisait** du réverbère orange, les acacias **ne bruissaient** plus de rien. Juste, les herbes froides **trempaient** ses mollets nus, ses cheveux **mouillaient** son cou, un vent léger **frisait** son visage et la terre **collait** à ses semelles en petites choses sales.
La pluie **avait cessé**. Le soir **s'en était allé** avec. Sa lumière silencieuse **avait suivi** l'orage pour faire place aux nuages de nuit.

Sorj CHALANDON, *Le petit Bonzi*, Grasset, 2005.

⓮ C'était le 25 septembre 2004. Les voitures **s'étaient rangées** dans les chemins bordés de haies. Puis l'on **avait gravi** un sentier sinueux qui **longeait** un bouquet d'arbres. Flanquée d'un cimetière de campagne, la chapelle de Heurtevent **se tenait** en haut d'un monticule aux lignes douces. Depuis ce promontoire s'élevant au-dessus des champs, le regard **embrassait** les vallonnements du pays d'Auge. L'air **était** tiède, encore chargé des touffeurs de l'été. Comme le ciel **s'était couvert**, les plus prudents des invités **avaient tiré** des parapluies du coffre de leurs voitures. Des silhouettes en tailleurs et chapeaux, couleurs parme, pastel, rose shocking, **s'appuyaient** au bras de messieurs en costumes sombres.

Marc LAMBRON, *Une Saison sur la terre*, Grasset, 2006.

⓯ Il **était venu** au rendez-vous. Place Saint-Sulpice ce 18 août. [...] Il **était arrivé** après elle. En boitant. C'est cela que tout de suite elle **avait remarqué**. Un homme droit. Un homme fort. Dans une chemise bleue un pantalon blanc.
Qui **boitait**.
Et ne **pouvait** le cacher.
Ils **ne s'étaient pas revus** depuis cinq ans. C'est ce qu'elle **croyait**. Mais lui, lui rappela. Toutes les fois où

ils **s'étaient croisés**. Où ils **s'étaient parlé**. Des rencontres brèves. Des soirées. Amis communs et brouhahas discrets. Elle **n'avait rien retenu**. De lui. Elle **pensait** qu'il **mentait**. Qu'il **inventait** ces rencontres. Pour jouer. La faire sourire d'une coïncidence ou d'un hasard. Alors il lui dit. Exactement. Les lieux. Les noms des hôtes. Les paroles qu'ils **avaient échangées**. Mais cela aussi elle l'**avait oublié**. Alors il lui dit. La couleur de ses robes. La couleur de ses robes **était** juste. Et la forme du col. La ceinture de soie mauve. Les perles incrustées. Tout **était** juste.

Véronique Olmi, *La Pluie ne change rien au désir*, Grasset, 2005.

⑯ Quand j'**ai eu** douze ans, mes parents **ont décidé** d'aller en Angleterre. Mon frère et moi **étions** très contents car nous n'**étions** encore jamais allés hors de France, mais mes parents **connaissaient** déjà Londres. Nous **avons pris** l'avion et pendant le voyage, mon frère **a été** malade. À Londres, nos parents nous **ont demandé** ce que nous **voulions** voir. Ma sœur **avait** envie de visiter la Tour de Londres dont elle **avait vu** des photos à l'école. Moi, je **préférais** aller voir le palais de la Reine.

⑰ Une jeune fille âgée de 17 ans **a été condamnée** à 10 ans de prison [...]. Elle **avait tué** ses parents avec du cyanure mélangée à de la soupe. Début juillet, la jeune fille **s'était fait réprimander** par ses parents parce qu'elle **avait échoué** au baccalauréat. Elle **s'était réfugiée** chez une amie. Mais ses parents l'**avaient retrouvée** le jour même. Le 20 juillet, la jeune fille **a acheté** du cyanure, qu'elle **a mélangé** à de la soupe [...] Après avoir recouvert les corps, la jeune fille **s'est enfuie**. Elle **a été arrêtée** peu après. Le tribunal **a tenu compte** du fait que l'accusée **avait** moins de 18 ans. Elle aurait probablement été condamnée à perpétuité si elle **avait été** majeure.

⑱ La jeune femme qui **avait** épousé un inconnu en direct à la télévision américaine [...] **a déclaré** hier qu'elle **avait commis** « une erreur de jugement ».
« J'**ai commis** une erreur de jugement [...] J'**ai été** naïve » **a**-t-elle **dit** lors de son premier entretien [...] « Je ne veux pas être la femme d'un millionnaire, je veux juste qu'on me rende ma vie », **a**-t-elle **ajouté** sur la chaîne ABC.
Vingt-trois millions d'Américains **avaient suivi** en direct [...] cette nouvelle émission dans laquelle cinquante candidates **rivalisaient** pour convaincre ce multimillionnaire célibataire, [...] de les épouser.
« Je suis chrétienne », **a déclaré** Darva Conger. [...] Elle **a expliqué** qu'en se rendant à Las Vegas pour participer à cette émission, elle **avait voulu** juste s'amuser un peu et **ne s'attendait pas** à être choisie. La jeune blonde **a raconté** ensuite comment elle **avait été** choquée lorsque Rick Rockwell l'**avait embrassée** sur la bouche, lorsqu'il l'**avait choisie** à la fin de l'émission. « S'il m'**avait respectée**, il m'aurait embrassée sur la joue », **a**-t-elle **dit**, en ajoutant qu'elle **avait été** « gênée », « terrifiée »

AFP, janv. 2000.

ÉVALUATION 5

❶ [...] Ce chat, je l'**avais trouvé**, il y a des années de cela, enfermé dans le coffre à voiles. Je ne sais comment il y **était entré**, mais il **était** clair qu'il **voulait** en sortir. Quand je l'**ai libéré**, j'**étais** sûr qu'il **allait** bondir dans le cockpit et de là, sauter sur le plat bord, prendre son élan, et s'élancer sur le quai. Pas du tout ! Il **avait** l'air vexé de s'être laissé prendre dans une situation aussi embarrassante, et **n'avait pas bougé**. Il **s'était assis** sur son arrière-train, toujours sur les voiles, et, me regardant du coin de l'œil, **avait commencé** à se lécher les pattes, la droite d'abord, puis la gauche. [...]

Nouvelle « Le chat », 27/04/2005.

❷ [...] ? Vous savez, mon père **était** journaliste. Nous **avions passé** un accord très simple, à une époque où l'avion **coûtait** cher. Il **m'avait dit** : « Moi, je te paie tous les billets d'avion que tu veux. Mais je ne te donnerai pas UN centime d'argent de poche. » Donc, mes étés, je les **passais** aux usines Peugeot à Levallois. **Je bossais** un mois, et ensuite **je partais** un mois en voyage. Mais **je partais** seul. Et **j'ai petit à petit abandonné** le voyage seul, parce que c'est extrêmement impressionnant, mais un peu rude quand même lorsqu'on n'est pas un solitaire. [...]

Texte extrait de www.routard.com © 2007 Cyberterre.

❸ « Mes parents **se sont rencontrés** à New York, en discothèque. Les couples mixtes [...] c'**était** très rare. On **a grandi** dans un milieu blanc mais mon frère et moi **nous sentions** différents. Les Blancs nous **voyaient** noirs mais pas les Noirs. Les gens **étaient** très xénophobes. Ils **disaient** par exemple, que mon frère et moi **avions été adoptés** puisque notre mère **était** blanche. [...] En tout cas, c'**était** génial à la maison. Mon père **collectionnait** les disques de reggae. On **écoutait** [...] j'**ai fini** par m'intéresser au jazz rock. Alors à 18 ans, j'**ai formé** un groupe qui **s'appelait** Bunnet. On **a failli** signer [...]. Ça **a échoué**, alors j'**ai passé** un diplôme de droit à Boston. J'**étais** vexé ! Surtout que j'**avais dit** à tout le monde à la fac qu'ils ne me reverraient plus parce que j'**allais** faire de la musique ! »

2 Le futur antérieur page 61

❶

futur antérieur	Infinitif
Vous aurez préparé	Préparer
Vous aurez fini	Finir
Les enfants se seront douchés	Se doucher
Ils auront dîné	Dîner
Ils se seront couchés	Se coucher
Il aura fait	Faire
Il sera rentré	Rentrer
Il aura lu	Lire

❷ **a.** aurons tous grandi. **b.** aurez vieilli. **c.** aura mûri. **d.** sera devenu. **d.** auront vécu. **f.** aura oublié. **g.** auras pris. **h.** seront entrés.

❸ **a.** Quand elle sera devenue présidente elle connaîtra la célébrité. **b.** Quand nous aurons obtenu gain de cause, nous serons satisfaits. **c.** Quand vous aurez reçu votre permis de séjour, vous aurez le droit de rester dans le pays. **d.** Quand elles auront gagné suffisamment de points, elles recevront un cadeau. **e.** Quand on aura assez économisé, on partira en voyage. **f.** Quand je serai parvenu à écrire un roman, je réaliserai mon rêve. **g.** Quand ils auront fait fortune, ils s'achèteront un palais. **h.** Quand il se sera imposé sur le marché intérieur, il pourra exporter.

❹ Au cours des 75 années qui vont de 1950 à 2025, la population mondiale de personnes âgées (c'est-à-dire à partir de 60 ans) **sera passée** de 200 millions à 1, 2 milliard et de 8 à 14 % de la population totale du monde.
Durant la même période, le nombre de vieillards (c'est-à-dire à partir de 80 ans) **sera passé** de 13 à 137 millions. Bref, entre 1950 et 2025, la population mondiale **aura** approximativement **triplé**, le nombre des personnes âgées **aura sextuplé** et celui des vieillards **aura décuplé**. [...]
L'année 2001 marquera le couronnement du siècle au cours duquel les pays développés **auront traversé** un processus de vieillissement et, en même temps, le point de départ des décennies durant lesquelles les pays en développement sont promis à connaître un vieillissement d'une rapidité sans précédent.

Département de l'information, ONU, septembre 1994.

❺ **a.** aura couché, prendra. **b.** prêterai, l'aurai lu. **c.** pourront, auront fini. **d.** seront partis, viendrons. **d.** aurez dîné, ferez. **f.** sera arrivé, sera. **g.** s'endormira, se sera couché. **h.** t'appellerons, aurons eu.

❻ **a.** Dès que vous aurez adhéré, vous serez couvert pour toutes les pannes dont l'origine intervient après votre adhésion. **b.** Dès que tu auras terminé et validé ta commande, un message t'informera que ton paiement a été accepté. **c.** Dès que nous aurons effectué notre choix, la librairie virtuelle « Numilog » prendra notre commande. **d.** Dès que vous aurez reçu votre demande d'ouverture de compte, le responsable de clientèle vous adressera par courrier les conditions particulières du compte courant. **e.** Dès que je serai installé, je serai opérationnel. **f.** Dès que vous serez inscrit(e)(s), nous offrirons 500 points soit 500 visites gratuites pour votre ou vos site(s). **g.** Dès qu'il aura signé sa première mission nous lui ouvrirons un compte professionnel qui lui permettra une gestion sur mesure de ses honoraires. **h.** Dès que j'aurai réservé mon séjour, je prendrai connaissance des conditions générales de la compagnie.

❼ a4 ; b6 ; c7 ; d1 ; e9 ; f8 ; g5 ; h2 ; i3.

❽ **a.** Un voleur sera venu pendant notre absence. **b.** Elle aura eu un coup de foudre pour elle. **c.** Il aura été bombardé. **d.** Ils auront déménagé en province. **e.** Ils auront voulu se protéger des cambrioleurs. **f.** Il aura souhaité faire des économies d'énergie. **g.** Ils auront acheté une deuxième voiture. **h.** Elle aura eu (ou fait) un gros héritage.

ÉVALUATION 6

❶ **a.** Ils seront partis d'ici demain. **b.** Elle aura terminé avant ce soir. **c.** Nous aurons déménagé à la fin du mois. **d.** On sera resté deux mois en tout. **e.** Il aura fallu deux ans au total. **f.** Vous aurez attendu combien de temps ? **g.** Le spectacle aura duré trois heures. **h.** Elles auront mis cinq semaines pour faire le trajet. **i.** Son chien aura vécu peu de temps. **j.** Tu auras tenu longtemps.

❷ [...] Et c'est tout ce que tu leur **auras laissé**, ce récit qu'ils ne pourront plus récuser. Ils seront dits. Ce jour-là, tu **seras morte**, mais tous leurs gestes **auront été prévus**, et lorsqu'ils chercheront à ne pas faire ce que tu leur **auras prédit**, lorsqu'ils voudront te faire mentir, ils tomberont dans les ornières que tu leur **auras tracées**. Ils s'apercevront alors qu'ils n'ont aucune liberté et qu'ils n'agissent jamais qu'en fonction de toi. Ils feront semblant de ne pas prendre au sérieux ces portraits meurtris que tu **auras tracés** d'eux, mais ils ne pourront faire qu'ils ne s'y retrouvent inéluctablement prisonniers. [...]

Anne Godard, *L'Inconsolable*,
Les Éditions de Minuit, 2006.

3 Le conditionnel page 67

❶ Cette vie est un hôpital où chaque malade est possédé du désir de changer de lit. Celui-ci **voudrait** souffrir en face du poêle, et celui-là croit qu'il **guérirait** à côté de la fenêtre.
Il me semble que je **serais** toujours bien là où je ne suis pas [...]

« Dis-moi, mon âme, pauvre âme refroidie, que **penserais**-tu d'habiter Lisbonne ? Il doit y faire chaud et tu t'y **ragaillardirais** comme un lézard. [...]
Que **penserais**-tu de Rotterdam, toi qui aimes les forêts de mâts, et les navires amarrés au pied des maisons ? »
Mon âme reste muette.
« Batavia te **sourirait** peut-être davantage ? Nous y **trouverions** d'ailleurs l'esprit de l'Europe marié à la beauté tropicale. »
Pas un mot. - Mon âme **serait**-elle morte ?

Charles BAUDELAIRE, « N'importe où hors du monde », *Petits Poèmes en prose*, 1862.

❷ [...] C'est là qu'ils **s'arrêteraient** pour vivre : ils **habiteraient** une maison basse, à toit plat, ombragée d'un palmier, au fond d'un golfe, au bord de la mer. Ils **se promèneraient** en gondole, ils **se balanceraient** en hamac ; et leur existence **serait** facile et large comme leurs vêtements de soie, toute chaude et étoilée comme les nuits douces qu'ils **contempleraient**.

Gustave FLAUBERT, *Madame Bovary*, 1857.

❸ L'exercice et la vie active nous **feraient** un nouvel estomac et de nouveaux goûts. Tous nos repas **seraient** des festins, où l'abondance **plairait** plus que la délicatesse. [...] Le service **n'aurait** pas plus d'ordre que d'élégance ; la salle à manger **serait** partout, [...] une longue procession de gais convives **porterait** en chantant l'apprêt du festin ; on **aurait** le gazon pour table et pour chaise ; les bords de la fontaine **serviraient** de buffet, et le dessert **pendrait** aux arbres. [...] De cette familiarité cordiale et modérée **naîtrait** [...] Nous **serions** nos valets pour être nos maîtres, chacun **serait** servi par tous ; le temps **passerait** sans le compter, le repas **serait** le repos, et **durerait** autant que l'ardeur du jour. S'il **passait** près de nous quelque paysan retournant au travail, ses outils sur l'épaule, je lui **réjouirais** le cœur par quelques bons propos, par quelques coups de bon vin qui lui **feraient** porter plus gaiement sa misère ; et moi j'**aurais** aussi le plaisir de me sentir émouvoir [...]

Jean-Jacques ROUSSEAU, *Lettre à Mme Dupin de Francueil*.

❹ **Si j'avais un marteau**

Si j'avais un marteau
Je **cognerais** le jour
Je **cognerais** la nuit
J'y **mettrais** tout mon cœur
Je **bâtirais** une ferme
Une grange et une barrière
Et j'y **mettrais** mon père
Ma mère, mes frères et mes sœurs
Oh oh, ce **serait** le bonheur

Si j'avais une cloche
Je **sonnerais** le jour
Je **sonnerais** la nuit
J'y **mettrais** tout mon cœur,
Pour le travail à l'aube
Et le soir pour la soupe
J'**appellerais** mon père
Ma mère, mes frères et mes sœurs
Oh oh, ce **serait** le bonheur

Si j'avais un marteau.
Adaptation française de « If I Had a Hammer », Paroles originales & musique de : Lee Hayes & Pete Seeger, Paroles françaises de : Liliane Konyn, © Ludlow Music Inc.

❺ [...] D'ici à 2050, la population **devrait** passer de 61 millions à 70 millions dont près du tiers **devrait** avoir au moins 60 ans contre un cinquième aujourd'hui.
[...] Selon le scénario le plus vraisemblable, l'Insee indique ainsi que l'indicateur de fécondité **se maintiendrait** à 1, 9 enfant par femme, soit un taux un peu plus haut que celui projeté en 2001, qui était de 1, 8.
[...] « La croissance (de la population) **serait** ininterrompue jusqu'en 2050, mais de moins en moins soutenue », avance le rapport. Un ralentissement directement lié à l'augmentation du nombre de décès, conséquence directe du vieillissement. On **compterait** alors 773 000 décès en 2049 contre 531 000 en 2005. C'est notamment à partir de 2030 que la France **pourrait** connaître une accélération du nombre de morts avec l'arrivée aux grands âges des générations nombreuses du baby boom. 2045 **marquerait** une étape essentielle dans l'histoire de la démographie française.
Vieillissement inéluctable.
L'Insee estime en effet que c'est aux alentours de cette période que le solde naturel **devrait** devenir négatif, le nombre de décès excédant le nombre de naissances. L'apport de l'immigration **serait** essentiel car lui seul **permettrait** une croissance de la population.

70 Millions d'habitants en France en 2050 d'Angelique NEGRONI, *Le Figaro*, samedi 8 et dimanche 9 juillet 2006.

❻ **a.** Si vous n'étiez pas comédien, que feriez-vous ? **b.** Si vous pouviez effacer quelque chose de votre passé, ce serait quoi ? **c.** Si vous pouviez changer une chose de votre physique, ce serait quoi ? **d.** Qui ne pourrait-on pas vous soupçonner d'admirer ? **e.** Si vous aviez un don de voyance, vous prédiriez quoi ? **f.** Si vous étiez deux petites souris, où et qui iriez-vous espionner ? **g.** Si vous deviez ajouter un jour férié au calendrier, vous choisiriez quel jour ? **h.** De qui ne pourrait-on pas vous soupçonner de vous moquer ?

❼ **Un univers fermé**

Une possible inversion du Big Bang : le Big Crunch. **Il se pourrait** aussi que la matière dispersée dans l'espace se trouve en plus grande quantité que celle qui a été mesurée actuellement. Si cette quantité manquante augmentait la densité de matière de telle sorte qu'elle ait alors une valeur supérieure à la densité critique, alors l'univers tout entier **amorcerait**

une contraction après son expansion actuelle. L'espace **rétrécirait** de plus en plus, la température **augmenterait** jusqu'à un point où la matière **fusionnerait** de nouveau. L'espace **aboutirait** à la fin à une bulle chaude, celle d'où provient l'univers au début. Ceci est l'hypothèse du Big Crunch, la symétrie parfaite du Big Bang.
Cette matière manquante **se trouverait** soit sous forme d'étoiles qui, ayant été trop petites pour activer des réactions thermonucléaires en leur noyau, ne **pourraient** pas briller suffisamment et **seraient** donc non visibles. [...] Cette matière encore indétectée **pourrait** aussi se trouver sous forme d'énergie qui **occuperait** en ce moment même l'espace tout entier, mais aussi de matière exotique, une nouvelle matière dont on ne **connaîtrait** encore rien sur sa composition, ni sur sa quantité. [...]

Extrait de : http://www.chambonjf.fr/TPE_Phil

❽ **a. Voudriez**-vous ouvrir la valise ? **b.** Quand et où **souhaiteriez**-vous partir ? **c. Accepteriez**-vous de garder mon bagage quelques minutes ? **d.** Quel prix maximum **seriez**-vous prête à payer pour un voyage de rêve à l'étranger ? **e.** Est-ce qu'une chambre avec douche vous **conviendrait** ? **f.** Vous **verriez** (**Verriez**-vous) un inconvénient à ce que mon mari retire mon passeport ? **g.** Cela t'**ennuierait** de réserver les billets d'avion ? **h. Auriez**-vous connaissance d'une plage où l'on a pied particulièrement loin ?

❾ **b.** Vous serait-il possible, serait. **c.** J'aimerais, m'aiderait. **d.** nous pourrions. **e.** te serait-il possible, me permettrait, comprendrais

❿ Sauriez(-vous) ; pourriez(-vous) ; pourraient ; saurais gré (ou serais reconnaissant) ; serait ; Auriez (-vous) ; pourrais ; serais reconnaissant (ou saurais gré).

⓫ **a. Ça te dirait** d'aller sur les Champs-Élysées ce soir ? **b. Ça vous ferait** plaisir de vous promener au jardin du Luxembourg cet après-midi ? **c. Vous aimeriez** voir une pièce à la Comédie française ? **d.** Que **penserais-tu** d'un week-end à Paris ? **e. Seriez-vous** disposé à sortir faire un tour au bord du canal Saint-Martin ? **f. Voudrais-tu** visiter les passages couverts ? **g. Serais-tu** intéressé(e) par une croisière sur la Seine ? **h. Souhaiteriez-vous** suivre une visite conférence dans le Marais ?

⓬ [...] – Je **garderais** [...] Je leur **nommerais** [...]. J'**ajouterais** à ces appointements cinq pour cent sur les bénéfices qu'ils **pourraient** faire [...]. Je ne **donnerais** pas à chaque théâtre telle ou telle subvention [...] je **ferais** un fonds commun où chacun **puiserait** selon ses besoins. [...] Il y **aurait** des années où, j'en réponds, la subvention **demeurerait** intacte. [...] Je **constituerais** des pensions [...] Du surplus, je **créerais** un fonds de réserve [...] il me **resterait** deux cent mille francs par an de bénéfices. Je vous ai dit, monsieur le ministre, à quoi j'**emploierais** ces bénéfices annuels, qui **doubleraient**, quand mes dettes de la rue de Richelieu **seraient** liquidées. Maintenant, je **ferais** une économie énorme [...]

Alexandre Dumas, *Le Comte de Monte Cristo*, 1854.

⓭ On charge les hommes [...] on leur fait entendre qu'ils ne **sauraient** être heureux sans que leur santé, leur honneur, leur fortune et celle de leurs amis soient en bon état, et qu'une seule chose qui manque les **rendrait** malheureux. [...] Que **pourrait**-on faire de mieux pour les rendre malheureux ? Comment ! Ce qu'on **pourrait** faire ? Il ne **faudrait** que leur ôter tous ces soins ; car alors ils **se verraient**, ils **penseraient** à ce qu'ils sont, d'où ils viennent, où ils vont [...]

Blaise Pascal, *Les Pensées*, 1670.

⓮ **a.** Moi à ta place j'**irais** en cours aujourd'hui. **b.** Moi à ta place je n'**abandonnerais** pas mes études pour chercher du travail. **c.** Moi à ta place je **continuerais** à étudier l'anglais. **d.** Moi à ta place je ferais du droit. **e.** Moi à ta place je **prendrais** des cours particuliers. **f.** Moi à ta place je **passerais** le concours d'entrée à Science Po. **g.** Moi à ta place je ne **changerais** pas d'école. **g.** Moi à ta place je **viendrais** à l'école aujourd'hui.

⓯

Conditionnel passé	Infinitif
serait-elle devenue	Devenir
l'aurait épousée	Épouser
Elle aurait eu	Avoir
Elle aurait découragé	Décourager
Ils l'auraient sans doute quittée	Quitter
elle en aurait retrouvé	Retrouver
elle aurait continué	Continuer
Ça n'aurait pas été	Être
Ç'aurait été mieux ?	Être
elle aurait voulu	Vouloir
elle aurait choisie	Choisir

⓰ J'**aurais pu** écrire les choses ainsi. Tu **aurais été** là et nous **aurions habité** deux maisons très semblables, mitoyennes, nos intérieurs eussent été dissemblables, tes murs à toi **auraient été** plus sombres, à peine, de la seule différence qu'il y a entre le sapin clair, non peint, non verni, et le blanc mat. Ta maison te ressemble tout comme la mienne m'**aurait ressemblé**. Nous **aurions connu** un égal bonheur à en faire le tour, à se rendre visite, aussi, de nos visites **seraient nées** des conversations paisibles. À la fin des visites, nous **nous serions quittés**, aimablement, dans l'attente de la prochaine visite. À cela nul n'**aurait trouvé** à redire, ni même **se seraient trouvés** de bêtes badauds pour moquer nos rites-phrase alambiquée telle qu'elle fût prononcée, sur le ton d'un serment, dans le rêve.

Chacun **se serait** sans doute **appliqué** à rester étranger à nos plaisanteries tout en enviant la complicité qui les **aurait vus** naître.

Portsmouth, novembre 1995.

Philippe de Jonckheere, *Solo* (Toussaint), 1995.

17 **a.** Nous **aurions** vraiment **aimé** voyager avec vous. **b.** Cela m'**aurait plu** d'aller en Chine. **c.** Éléonore **aurait** réellement **souhaité** vous accompagner à New York. **d.** Annick et Jean-Pierre **auraient été enchantés** de faire cette croisière. **e.** J'**aurais été ravie** de passer une semaine à l'Île Maurice. **f.** Nous **aurions eu** envie de rester plus longtemps sur cette île. **g.** Orelbys **aurait adoré** retourner à Cuba. **h.** Mes enfants **auraient préféré** partir en Italie.

18 **a.** Si nous avions su nous **aurions acheté** plus de chemises. **b.** Si Pierrette et Annie avaient su elles **se seraient habillées** en noir ou en gris. **c.** Si on avait su on **aurait pris** un manteau. **d.** Si Patrick avait su il **aurait emporté** un maillot de bain. **e.** Si tu avais su tu **te serais** couvert. **f.** Si Corinne avait su elle **aurait donné** ses vêtements à la Croix-Rouge. **g.** Si Jean et Paulette avaient su ils **auraient offert** une montre à Étienne. **h.** Si vous aviez su vous **auriez choisi** le pull en cachemire.

19 **a.** Elle **aurait dû** vous téléphoner! **b.** Vous **auriez pu** faire attention! **c.** Ils **auraient pu** s'excuser! **d.** Tu **aurais pu** étudier plus! **e.** Elles **auraient dû prévenir** de leur arrivée! **f.** Il **aurait dû** leur en parler! **g.** Vous **auriez pu** ne pas dépenser tout l'argent! **h.** Tu **aurais pu** venir!

20 Quand j'ai repéré le fiacre, j'**aurais dû** faire aussitôt demi-tour et marcher dans la direction opposée. Alors j'**aurais eu** tout loisir de prendre un autre fiacre, ou, mieux encore, je **me serais rendu** au Northumberland Hotel et j'**aurais attendu** là. Une fois que notre inconnu **aurait suivi** Baskerville jusqu'à son hôtel, nous **aurions pu** alors jouer son jeu à ses dépens, et nous **aurions su** où il allait ensuite.

Sir Conan Doyle, *Le Chien de Baskerville*, éd. Robert Laffont, 1995.

21 **a.** Un loup **aurait attaqué** des génisses dans le département de l'Isère. **b.** Plus de cent vaches folles **auraient été consommées** en France cette année. **c.** Les chiens de l'Hospice du Grand-St-Bernard **auraient sauvé** plus de 2000 personnes en 300 ans. **d.** Un singe **aurait transmis** le virus du SIDA à l'homme. **e.** Des dauphins **auraient secouru** des pêcheurs en difficulté près de Sumatra. **f.** Un cacatoès à huppe jaune **aurait vécu** 103 ans. **g.** Sur mille tigres, seuls trois **auraient attaqué** des hommes. **h.** En Australie, un chat **aurait parcouru** 2 400 kilomètres pour retrouver la maison de ses maîtres.

22 [...] Le suspect, dont le permis de conduire avait été suspendu, **aurait conduit** une voiture volée en état d'ébriété. L'homme **aurait avoué** également avoir emporté le corps mais n'a pas indiqué l'endroit où il l'**aurait caché** [...]

Selon une source proche de l'enquête, le corps de la fillette **aurait été déplacé** plusieurs fois après l'accident de voiture dont elle **aurait été** victime. [...] Le corps de la fillette **aurait été jeté** dans un point d'eau, puis **enterré** dans la forêt avant d'être une nouvelle fois déplacé dans un lieu indéterminé.

Extrait de : http://alsace.france3.fr/dossiers/3251898-fr.php

23 [...], le 8 novembre dernier, il se retrouve convoqué au Commissariat : il **aurait menacé** directement une conseillère municipale et celle-ci **aurait déposé** plainte pour harcèlement.
L'entretien avec le brigadier **se serait mal passé**. Le justiciable affirme avoir été passé à tabac « par cinq ou six policiers » devant son père [...] Il **aurait été hospitalisé** d'office, puis transféré au Centre psychiatrique de Montbert [...] d'où il **se serait échappé** le lendemain alors qu'un médecin [...] lui avait annoncé sa probable libération [...]. Les parents de l'homme traqué décident alors d'envoyer un courrier au maire de la ville, [...] dans lequel ils font état des violences qu'**aurait subies** leur fils. [...]

Un citoyen trop motivé pour se remettre au travail,
de Jean-Michel Pinon
http://ww.agitateur.org/article.php3?id_article697

ÉVALUATION 7

1 [...] d'ailleurs la clientèle **augmenterait** [...] Ah! Qu'elle **serait** jolie, plus tard, à quinze ans, quand, ressemblant à sa mère, elle **porterait** comme elle, dans l'été, de grands chapeaux de paille! On les **prendrait** de loin pour les deux sœurs. [...] elle lui **broderait** des pantoufles ; elle **s'occuperait** du ménage ; elle **emplirait** toute la maison de sa gentillesse et de sa gaieté. Enfin, ils **songeraient** à son établissement : on lui **trouverait** quelque brave garçon ayant un état solide ; il la **rendrait** heureuse ; cela **durerait** toujours.

Gustave Flaubert, *Madame Bovary*, 1857.

2 a5 ; b3 ; c1 ; d8 ; e6 ; f11 ; g4 ; h10 ; i2 ; j7 ; k9.

3 Et elle **aurait vécu** [...] Elle **n'aurait rien su** du néant des choses... [...] je la **verrais** là près de moi, et j'**entendrais** sa voix... Et mes yeux **n'auraient pas pleuré** comme ils pleureront des jours et des nuits encore... Je **n'aurais pas eu** ce désespoir [...]

Pierre Loti, *Les Désenchantées*, 1906.

4 **Matière seule :** l'énergie contenue dans la matière seule **représenterait** (représenter) 100 % (et non 30 %) de la quantité totale d'énergie dans l'Univers.
Big Crunch : notre Univers **serait** fermé, l'énergie totale étant supérieure à la densité critique, et il **finirait** par s'effondrer sur lui-même en un Big Crunch, l'inverse du Big Bang.
Univers bulles : notre Univers **pourrait** être une bulle parmi une infinité d'autres bulles. L'ensemble de ces univers distincts aux lois différentes **formerait** l'Univers global, le « Multiunivers ».

Pré Big Bang : hypothèse selon laquelle notre Univers **serait né** d'un univers primordial beaucoup plus froid et vide.
Matière sombre chaude : la matière sombre de l'Univers **pourrait** être composée en majorité de particules « chaudes » ayant une vitesse supérieure à 10 000 km/s, les grandes structures initiales **auraient été** morcelées par la suite.
Si la densité de matière qui est contenue dans l'univers équivaut à peu près la densité critique, c'est-à-dire dix atomes d'hydrogène par mètre cube, la force de gravitation agissant sur l'univers tout entier **s'équilibrerait** alors avec la force qui agit entre la matière, l'énergie du vide, par laquelle la matière tend à se repousser mutuellement. Ces deux forces, en se compensant, **donneraient** alors une géométrie particulière, où l'univers **serait** considéré comme plat à grande échelle.

Extrait de : http://www.chambonjf.fr/TPE_Phil

4 Le subjonctif page 88

❶ **a.** nous comprenions (mieux). **b.** sachent. **c.** puisses. **d.** faites. **e.** conjuguions. **f.** soit. **g.** sont. **h.** prenne.

❷

Énoncés au subjonctif présent	Ce qu'ils expriment
que vous n'**alliez** pas prendre les choses de travers	– le but
– que mes propres enfants me **trahissent** et **deviennent** mes ennemis	– la surprise
– nous craignons que nos sentiments ne **soient** pas d'accord avec votre choix.	– la crainte
– j'ai peur qu'il n'y **ait** pas avec elle tout le bien qu'on pourrait prétendre.	– la peur
– pourvu que j'y **trouve** quelque bien.	– la condition
– je veux que vous vous **mariiez**.	– la volonté, l'ordre
– veux-tu qu'entre nous deux nous le **fassions** juge de cette affaire ?	– la demande

❸ […] Car il faut que la véritable Religion **connaisse** à fond notre nature, c'est-à-dire qu'elle **connaisse** tout ce qu'elle a de grand, et tout ce qu'elle a de misérable, et la raison de l'un et de l'autre. Il faut encore qu'elle nous **rende** raison des étonnantes contrariétés qui s'y rencontrent. […] il faut que la vraie Religion nous **enseigne** à […] il faut que la Religion qui instruit de ces devoirs nous **instruise** aussi de cette impuissance, et qu'elle nous en **apprenne** les remèdes.
Il faut rendre l'homme heureux qu'elle lui **montre** qu'il y a un Dieu, […]. Il faut qu'elle nous **apprenne** que nous sommes plein de ténèbres […]. Il faut qu'elle nous **rende** raison […]. Il faut qu'elle nous en **enseigne** les remèdes, et les moyens d'obtenir ces remèdes. Qu'on **examine** sur cela toutes les Religions, et qu'on **voie** s'il y en a une autre que la Chrétienne qui y **satisfasse**…

Blaise Pascal, *Les Pensées*, 1671.

❹ **a.** Il faut que vous vous **reposiez** maintenant ! **b.** Il faut qu'elle **prenne** ses médicaments ! **c.** Il faut qu'ils **se mettent** au yoga ! **d.** Il faut que nous **mangions** moins ! **e.** Il faut qu'il **arrête** de fumer ! **f.** Il faut que je **réussisse** à prendre quelques jours de vacances ! **g.** Il faut qu'ils **se détendent** ! **h.** Il faut qu'on **fasse** une cure de thalasso !

❺ **a.** nous conformions. **b.** apportes. **c.** soient. **d.** fasse. **e.** suive. **f.** ait. **g.** sachent. **h.** évoquions.

❻ Lorenzo
– […] Veux-tu donc que je **m'empoisonne**, ou que je **saute** dans l'Arno ? Veux-tu donc que je **sois** un spectre, et qu'en frappant sur ce squelette… […] il n'en **sorte** aucun son ? […] veux-tu donc que je **rompe** le seul fil […] Crois-tu donc que je n'**aie** plus d'orgueil, […] et veux-tu que je **laisse** mourir en silence l'énigme de ma vie ?
[…] il faut que le monde **sache** un peu qui je suis, et qui il est. […]

Alfred de Musset, *Lorenzaccio*, acte III, scène 3, 1834.

❼ **a.** de rouler. **b.** de conduire. **c.** acheter. **d.** à ce que nous rentrions. **e.** de prendre. **f.** de stationner. **g.** que nous nous garions. **h.** d'aller.

❽ Thomas. – D'abord il faudrait que tu en **parles** à tes voisins. […] Ensuite ce serait bien que vous **personnalisiez** vos tracts. Il est indispensable que vous **teniez** la fête dans les parties communes de l'immeuble […]
Il est important aussi que vous **pensiez** au matériel : tréteaux, sièges… Pour les boissons, il serait intelligent que tu **prévoies** des boissons avec et sans alcool. Le mieux serait que chacun **apporte** sa contribution pour le buffet. Il ne faut pas que vous **oubliiez** les enfants ! Et le jour de la fête […] il serait bon que tu **fasses** le premier pas […] ce serait bien que tu **songes** à la décoration et à la musique […]

❾ Lorsque vous quittez le pays, il est primordial que **vous déclariez** les objets de valeur que vous apportez avec vous à l'étranger […]
À l'étranger, il importe d'être deux fois plus prudent qu'au Canada. […] Il est donc primordial que vous

preniez des précautions pour ne pas attirer trop l'attention sur votre personne. [...]
D'autre part, il est possible que vous **soyez** vous-même à l'origine d'un problème. [...]
En somme, il est primordial que vous **éliminiez** la pensée magique que rien ne vous arrivera à l'étranger. Il se peut qu'il vous **arrive** une mésaventure à l'étranger, mais il vous est aussi possible de prendre certaines mesures pour diminuer les risques qu'elle **se produise** [...]
La plupart des voyages se déroulent sans accroc et vous en reviendrez avec de merveilleux souvenirs. Il est toutefois possible qu'un problème imprévu **surgisse** lorsque vous serez à l'étranger. [...]
Il est également possible que des frais **soient** exigés pour la prestation de certains services consulaires.
Si vous restez plus de trois mois à l'étranger, il est conseillé, mais non obligatoire, de vous inscrire à la mission canadienne la plus proche. Cette démarche a l'avantage, dans certains pays, de faire en sorte que l'on **puisse** vous rejoindre rapidement en cas d'urgence. [...]

Extrait de :
http://www.bi.ulaval.ca/etudiantUL/etape05/etape05.html

10 2. Il est préférable que vous **preniez** le temps de vous attabler et de bien mastiquer. 3. Il serait bien que vous **appreniez** à choisir vos aliments et éviter les produits transformés. 4. Il vaudrait mieux que vous vous **méfiiez** des aliments gras et des plats en sauce. 5. Il est recommandé que vous **diversifiiez** au maximum vos repas. 6. Il serait souhaitable que vous **mangiez** au moins deux à trois portions de légumes colorés par jour. 7. Il est indiqué que vous **consommiez** au moins deux fruits frais. 8. Il est important que vous ne vous **priviez** pas de pain et de féculents. 9. Il est conseillé que vous **absorbiez** un produit laitier allégé par repas. 10. Il faudrait que vous **buviez** 1 litre 1/2 d'eau par jour.

11 **a.** Je voudrais que **tu reviennes** (revenir)
Je voudrais que tu **parviennes**
À te souvenir de Vienne
Où je t'avais connue [...]
Je voudrais que tu **retiennes**
Ma tête au creux de la tienne
Rien d'autre qui me **soutienne**
En ce monde inconnu [...]

Je voudrais que tu **reviennes**
Il faut que tu te **souviennes**
Ou dis-moi ce que **deviennent**
Nos amours éperdues [...]

François Aragon

12 **a.** Je préfère (ou je préférerais) que Blaise **soit** mon témoin. **b.** Nous aimerions que vous vous **mariiez** à l'église. **c.** Ils désirent (ou ils désireraient) que je **trouve** une épouse rapidement. **d.** Elles apprécient (ou elles apprécieraient) que nous **assistions** à la cérémonie. **e.** Je souhaite (ou je souhaiterais) qu'ils **établissent** une liste de mariage dans ce magasin. **f.** Ça nous plairait que Sabine **fasse** des photos de la noce. **g.** Cela lui ferait plaisir que nous **approuvions** cette union. **h.** Ça serait bien que vous **organisiez** la célébration de mariage dans son intégralité.

13 ait ; fasse ; ait ; puisse ; jouisse ; dépasse ; soient ; aie.

14 Je cherche un homme **qui puisse comprendre mes sentiments profonds**, qui **aime les bonnes choses de la vie** et qui **soit sincère** ; quelqu'un qui **sache écouter les autres et leur venir en aide quand ils en ont besoin**. Mon souhait serait une personne à qui je **fasse entièrement confiance** et auprès de qui je **me sente bien**, un être avec lequel je **rie et je m'amuse**.

15 **a.** Elle est ravie que tu l'invites à déjeuner. **b.** Ils aimeraient beaucoup qu'on leur envoie un carton d'invitation. **c.** C'est amusant qu'ils aillent au restaurant à vélo. **d.** J'étais heureux qu'elle nous dise de venir dîner. **e.** Ça m'a fait rire qu'il ne sache pas que Céline était également invitée. **f.** Ils se sont félicités que leur fils reçoive une invitation à la Garden-party de l'Élysée. **g.** Il adorait qu'on le supplie de venir à toutes les soirées. **h.** Nous avons apprécié que vous nous conviiez à votre fête.

16 **a.** Ça nous a étonnés que le Premier ministre démissionne. **b.** Elle a été stupéfaite que le maire ne réponde pas. **c.** Il est incroyable que la classe politique ne réagisse pas. **d.** Ils sont stupéfaits que les policiers se mettent en grève. **e.** Il est inattendu que les socialistes soient d'accord (ou passent un accord) avec l'opposition. **f.** Cela nous surprend que cette discussion reprenne à l'Assemblée. **g.** Nous sommes abasourdis que ce député poursuive une carrière politique après sa condamnation. **h.** Il est inimaginable que cette loi soit adoptée au Parlement.

17 **a.** Ça m'énerve que tu **fasses** toujours ta déclaration au dernier moment. **b.** Frédéric était furieux que le fisc lui **envoie** un avis de redressement. **c.** Il est insupportable que nos impôts **soient** gaspillés de cette façon. **d.** Cécile est très en colère que le maire **veuille** augmenter la taxe foncière. **e.** Cela agace les contribuables qu'on les **prenne** pour des vaches à lait. **f.** Il est inadmissible qu'une baisse d'impôts profite aux plus riches. **g.** Il est intolérable que l'on **doive** payer une redevance pour pouvoir regarder la télé. **h.** Je n'admets pas que vous m'**accusiez** de fraude fiscale.

18 **a.** aient. **b.** restiez. **c.** fasse. **d.** faille. **e.** soient. **f.** connaisse. **g.** te battes. **h.** doive.

19 **a.** Cela m'ennuie que vous me **dérangiez** toutes les cinq minutes. **b.** Ça me chagrine qu'on ne **puisse** rien faire pour elle. **c.** Ça m'embête que nous **partions** sans eux. **d.** Cela me désole qu'il **pleuve** continuellement.

e. Ça m'agace qu'elle **fasse** tout comme moi. **f.** Cela me déçoit que vous vous **moquiez** de moi en public. **g.** Cela me rend furieux que la RATP **soit** en grève. **h.** Ça me met en colère qu'il ne **finisse** jamais son assiette.

20 **a.** veuillent. **b.** ont. **c.** devons. **d.** soit. **e.** puissent. **f.** vont. **g.** mettent. **h.** fasse.

21 **a.** Je ne suis pas sûr qu'il **pleuve**. **b.** Je ne suis pas convaincue qu'il y **ait** de la neige ce soir. **c.** Je n'ai pas l'impression que l'hiver **vienne** en avance cette année. **d.** Je ne suis pas certaine que la tempête **détruise** toutes les récoltes. **e.** Je ne pense pas que l'eau douce **disparaisse** bientôt de la surface du globe. **f.** Je ne trouve pas que le désert **s'étende** dans ce pays. **g.** Je ne suis pas persuadé que le vent du nord **rafraîchisse** l'atmosphère. **h.** Je n'affirme pas que l'homme **puisse** contrôler d'ici peu les climats.

22 **a.** Considérez-vous que cette mesure **soit** une réponse adaptée ? **b.** Avez-vous l'impression que ce traitement **puisse** l'aider à arrêter de fumer. **c.** Estimez-vous que nous **avertissions** suffisamment les fumeurs des risques qu'ils encourent ? **d.** Trouvez-vous qu'on **vende** trop facilement des cigarettes aux mineurs ? **e.** Êtes-vous d'avis qu'il **faille** encore augmenter le prix du paquet de cigarettes ? **f.** Croyez-vous qu'on **mette** trop l'accent sur le tabac mais pas assez sur l'alcool ou la drogue ? **g.** L'interdiction de fumer dans les lieux publics. Estimez-vous qu'il **s'agisse** d'une loi utile ? **h.** Pensez-vous que tout cela **aille** à l'encontre des libertés individuelles ?

23 a4. b9 ; c8 ; d6 ; e2 ; f1 ; g7 ; h5 ; i3.

24 **a.** ait suivi. **b.** aie entendue. **c.** soient entrées. **d.** aies avertis. **e.** ait remporté. **f.** n'ayez pas eu. **g.** soyons allés. **h.** se soient lancés.

25 **a.** On n'est pas sûr que l'homme de Cro-Magnon et l'homme de Neandertal se soient rencontrés. **b.** Il n'est pas certain que les Néandertaliens aient disparu en raison de changements climatiques. **c.** Je ne suis pas convaincu que Dieu ait créé l'homme puis la femme. **d.** Il est peu probable que nous soyons venus d'une autre planète. **e.** Il se peut que vous ayez eu des ancêtres africains. **f.** Il est impossible que le tyrannosaure ait pu attraper ou maintenir une proie avec ses bras. **g.** Il y a peu de chances qu'il ait pu visiter les grottes de Lascaux. **h.** Il est peu vraisemblable qu'elles aient fait des études de paléontologie.

26 **a.** Il y a peu de chance que nous nous **soyons rencontrés**. **b.** Elle est heureuse que tu **aies pu** assister à la cérémonie. **c.** Nous regrettons que tu **sois parti(e)**. **d.** Je trouve inadmissible qu'ils nous **aient quitté(e)s** sans nous dire au revoir. **e.** Je veux que vous **soyez rentré(e)(s)** avant 23 h 00. **f.** Ce n'est pas sûr qu'elles **soient sorties**. **g.** Pourvu qu'elle ne **soit** pas **allée** jusque chez lui ! **h.** Ça m'étonne qu'il n'**ait** pas **pu** la revoir avant son départ.

27 **a.** soient parties. **b.** démolisse. **c.** y ait. **d.** allions. **e.** ait obtenu. **f.** puissions. **g.** continue. **h.** te plaise.

ÉVALUATION 8

1 [...] L'ARF demande que ce document introductif **prenne** en compte la contribution majeure des différentes collectivités territoriales au financement de la politique d'aménagement du territoire [...]

– [...] Elle souhaite notamment que le CRSN **fasse** toute sa place aux propositions liées à une politique de massif lorsque celle-ci est portée par les Régions concernées. [...]

– L'ARF réaffirme que la dimension urbaine de la politique de cohésion **doit** être traitée au sein des programmes régionaux [...]

– L'ARF exige dès lors que **soit** clairement posé le principe de la programmation régionale [...]

– [...] L'ARF exige que les Régions [...] **participent** pleinement [...] et demandent que [...] les programmes opérationnels **soient** régionaux. Par ailleurs, l'ARF demande que le FSE **soutienne** les efforts des Régions en matière de formation, d'économie et d'emploi au travers des politiques qu'elles **mettent** en œuvre et qui contribuent concrètement à lutter contre les disparités régionales.

– L'ARF estime que l'intervention des fonds structurels en matière de gestion des risques **doit** d'abord se concentrer sur les risques naturels et que la prévention / réparation des risques industriels **relève** en premier lieu de l'application du principe « pollueur / payeur ». [...]

http://www.arf.asso.fr/index.php/bibliotheque/rapports/politique_europeenne_de_cohesion_l_arf_demande_des_clarifications_a_l_etat

2 **a.** Il est / serait prudent que vous ne soyez pas vous-même trop critique à l'égard des aliments et que vous ne soyez pas obsédé(e) par les calories. **b.** Il est / serait nécessaire que vous l'appuyiez et que vous l'aidiez à choisir ce qu'il mange, mais que vous ne le jugiez pas sévèrement. **c.** Il est / serait préférable que vous insistiez sur l'importance du petit-déjeuner... **d.** Il est / serait judicieux que vous garnissiez le garde-manger... **e.** Il est conseillé que vous limitiez l'achat... **f.** Il serait utile que vous trouviez des substituts... **g.** Il est recommandé que vous limitiez le temps... **h.** Il est indispensable que vous prévoyiez un temps d'arrêt pour les repas et les collations et que vous ne permettiez pas à l'enfant de manger devant la télé. **i.** Il serait bon que vous l'encouragiez à faire de l'activité physique chaque jour et que vous planifiiez des activités... **j.** Il est important que vous le récompensiez par des sorties...

5 Le participe présent et le gérondif p. 109

❶ **1. déployant / déployer. 2.** se coupant / se couper. **3.** ravalant / ravaler. **4.** devant / devoir. **5.** stimulant / stimuler. **6.** scrutant / scruter. **7.** développant / développer. **8.** vivant / vivre. **9.** devant / devoir. **10.** anticipant / anticiper. **11.** surveillant / surveiller. **12.** nourrissant / nourrir. **13.** attendant / attendre. **14.** paniquant / paniquer. **15.** cueillant / cueillir. **16.** goûtant / goûter. **17.** se réconfortant / se réconforter. **18.** attendant / attendre. **19.** développant / développer.

❷ **a.** mettant. **b.** travaillant. **c.** finissant. **d.** écrivant. **e.** allant. **f.** jetant. **g.** commençant. **h.** changeant.

❸ 54 Le Maharadjah **offrant** une chasse au tigre à un Européen roux.
98 La femme de l'agence immobilière **visitant** l'appartement vide.
103 Le gérant de l'immeuble **songeant** à arrondir ses fins de mois.
136 L'Anglaise au pair **lisant** enfin la missive de son boy-friend.
137 Le libraire d'occasion **trouvant** trois lettres de Victor Hugo.
139 La belle Polonaise **revenant** de Tunisie avec son petit enfant.
142 Le professeur de français **corrigeant** des devoirs de vacances.
145 Le militaire **reconnaissant** son ancien professeur de physique.
156 Le jeune Mozart **jouant** devant Louis Seize & Marie-Antoinette.

Georges Perec, *La Vie mode d'emploi*,
© Hachette, 1978.

❹ L'image d'un téléviseur est une succession de balayages horizontaux, de gauche à droite, **partant** du haut, et **finissant** en bas de l'écran.
[...] la série est une succession d'histoires indépendantes **ayant** pour seul lien la présence d'un ou plusieurs personnages récurrents.
[...]
Le doublage son est une technique **consistant** à substituer aux voix des comédiens d'une œuvre audiovisuelle, les voix de comédiens **s'exprimant** dans une autre langue, ceci afin de diffuser cette œuvre dans des pays **ne parlant pas** la langue dans laquelle l'œuvre a été tournée.
[...] Dans le contexte de la vision artificielle, le traitement d'image se place après les étapes d'acquisition et de numérisation, **assurant** les transformations d'images et la partie de calcul **permettant** d'aller vers une interprétation des images traitées.

Extraits de : http://fr.wikipedia.org

❺ **a.** Nous recherchons un ingénieur généraliste **ayant** de bonnes connaissances en mécanique, électrique, électronique... **b.** Nous recherchons des jeunes diplômé(e)s **pouvant** travailler en français et en anglais. **c.** Nous recherchons une secrétaire **maîtrisant** parfaitement les outils informatiques. **d.** Nous recherchons une personne bilingue **possédant** une formation universitaire en informatique. **e.** Nous recherchons des rédacteurs **sachant** correctement rédiger des dossiers, des articles... **f.** Nous recherchons une comédienne **désirant** intégrer une équipe de comédiens professionnels. **g.** Nous recherchons des vendeurs **voulant** travailler à temps partiel. **h.** Nous recherchons un cuisinier **connaissant** la cuisine gastronomique pour travailler un mois en Guadeloupe.

❻ **a. Aimant** le fromage, tu vas adorer ces bouchées au bleu. **b. Connaissant** bien la cuisine italienne, elle doit savoir préparer le risotto. **c. Faisant** attention à leur ligne, ils ne mangeront probablement pas de gâteau. **d. Suivant** un régime sans sel, je trouve tout très fade. **e. Pensant** que tu ne viendrais pas, nous avons déjà dîné. **f. Trouvant** la paella excellente, il en a repris trois fois. **g. Sachant** que vous n'aimez pas la cuisine épicée, je n'ai pas mis de piment. **h. Croyant** bien faire, elles donnaient du jus d'orange aux tout-petits.

❼ **a.** Il a pris froid **en sortant** sans son manteau. **b.** Elle s'est brûlée **en préparant** du café. **c.** Nous avons eu la diarrhée **en buvant** de l'eau non filtrée. **d.** J'ai eu un accident **en conduisant** trop vite. **e.** Nous sommes tombés malades **en mangeant** du poisson. **f.** Vous vous êtes fait mal au dos **en** vous **baissant**. **g.** Tu t'es coupée **en épluchant** des légumes. **h.** Ils se sont cassé la jambe **en faisant** du ski.

❽ **a.** Non moi, je ne peux pas prendre mon petit-déjeuner **en lisant** le journal (ou [...] je ne peux pas lire en prenant [...]). **b.** Non moi, je ne peux pas téléphoner **en conduisant** (ou [...] je ne peux pas conduire en téléphonant). **c.** Non moi, je ne peux pas boire **en faisant** du vélo (ou [...] je ne peux pas faire du vélo en buvant). **d.** Non moi, je ne peux pas parler **en mangeant** (ou [...] je ne peux pas manger en parlant). **e.** Non moi, je ne peux pas écrire **en regardant** la télévision (ou [...] je ne peux pas regarder la télévision en écrivant). **f.** Non moi, je ne peux pas fumer **en jouant** du piano (ou [...] je ne peux jouer du piano en fumant). **g.** Non moi, je ne peux pas sourire **en courant** (ou [...] je ne peux pas courir en souriant). **h.** Non moi, je ne peux pas chanter **en nageant** le dos crawlé (ou [...] je ne peux pas nager [...] en chantant).

❾ Elle fut simple, ne **pouvant** être parée, mais malheureuse comme une déclassée ; car les femmes n'ont point de caste ni de race, leur beauté, leur grâce et leur charme leur **servant** de naissance et de famille.
[...] Elle souffrait sans cesse, **se sentant** née pour toutes les délicatesses et tous les luxes. [...] Elle songeait aux grands salons vêtus de soie ancienne,

aux meubles fins **portant** des bibelots inestimables [...] Quand elle s'asseyait, pour dîner [...] en face de son mari qui découvrait la soupière **en déclarant** d'un air enchanté : « Ah ! le bon pot-au-feu ! je ne sais rien de meilleur que cela », elle songeait aux dîners fins, aux argenteries reluisantes, aux tapisseries **peuplant** les murailles de personnages anciens et d'oiseaux étranges [...] tout **en mangeant** la chair rose d'une truite ou des ailes de gélinotte. [...] Elle avait une amie riche, une camarade de couvent qu'elle ne voulait plus aller voir, tant elle souffrait **en revenant**. [...]

Guy de Maupassant, *La Parure*, 1884.

⓾ « [...] Penché en avant devant la vitrine, les mains autour des yeux, je regardais à l'intérieur du grand magasin Standa qui n'avait pas encore ouvert ses portes, **tâchant** d'attirer l'attention d'une vendeuse **en donnant** de petits coups de poing sur le carreau. Dès que l'une d'elles, finalement, me prêta attention, je lui fis coucou respectueusement et, lui **désignant** ma montre, l'interrogeai du regard pour savoir à quelle heure ouvrait le magasin. Après quelques échanges de signes infructueux, elle se rapprocha de moi **en traînant** les pieds et, **ouvrant** bien grand les deux mains, me fit voir neuf doigts. Puis, **avançant** plus près encore, la poitrine et le ventre collés contre la vitre qui nous séparait à peine, la bouche pratiquement posée contre la mienne, elle articula lascivement : *alle nove*, **en faisant** naître entre nous un nuage de buée. Je regardais ma montre, il était huit heures et demie. Je m'éloignai, fis un tour dans le quartier. Finalement, je trouvais des balles de tennis ailleurs. »

Jean-Philippe Toussaint, *La Salle de bain*, Les Éditions de Minuit, 1985.

⓫ Rassemblant ; en étudiant, comprenant, étant, en découvrant, arrivant, affirmant, répondant, recherchant.

ÉVALUATION 9

❶ **a.** Étant, préparant. **b.** Étant, touchant. **c.** Faisant, concernant, sachant. **d.** provenant, sachant, connaissant.

❷ J'allais lentement par un des vallons montants, **regardant** à travers les feuillages les fruits brillants restés aux branches. [...] Je m'assis à la turque, les jambes croisées, et je restai **rêvassant** devant ce trou [...]
– Je vous demande pardon, **en** vous **voyant** ainsi absorbé devant ce réservoir, j'ai cru que vous pensiez au drame affreux qui s'est passé là. [...] Le plus petit [...] pleurait nerveusement **en répétant** : [...]. Et l'autre, **haletant** répétait : [...]. L'aîné, **défaillant**, reprit : [...]. Le grand, enfin, **se sentant** perdu, murmura encore : [...] Alors il s'élança dans la montagne, **tombant** dans les pierres, bouleversé [...] je ne voyais que deux pauvres enfants, l'un couché au bord d'un trou plein d'eau noire, l'autre **plongeant** jusqu'au cou, liés par les mains, **pleurant** face à face, éperdus ; [...]

Guy de Maupassant, *Contes divers* ; En voyage, 1882.

UNITÉ 3 : LES MOTS INVARIABLES

Les prépositions page 120

❶ **a.** au Sénégal, en Côte d'Ivoire. **b.** en Australie, en Afrique. **c.** au Cambodge, au Laos, en Thaïlande. **d.** au Pakistan, en Iran. **e.** Aux Antilles, en Martinique. **f.** à Cuba, en Guadeloupe. **g.** aux Fidji, à Tahiti. **h.** en Ukraine, en Biélorussie.

❷ en Tchéquie ; en Autriche ; en Italie ; à Lisbonne ; au Portugal ; aux Pays-Bas ;
à Brest ; en Bretagne ; dans les Pays de la Loire ; à Bordeaux ; en Aquitaine ; à Bayonne ; dans le Pays-Basque ; à Toulouse ; dans les Pyrénées ; à Montpellier ; dans le Languedoc-Roussillon ; à Marseille ; en Provence ; à Paris ; à Lyon ; à Dijon ; en Bourgogne.

❸ **a.** d'Afrique, de Côte d'Ivoire. **b.** à Madagascar, à la Réunion. **c.** du Texas, de l'Illinois. **d.** dans les Pyrénées, dans le (ou au) Cirque de Gavarnie. **e.** au Puy, en Haute-Loire. **f.** aux Philippines, du Venezuela. **g.** des Pays-Bas, à La Haye. **h.** dans le Puy-de-Dôme, dans l'Hérault.

❹ **a.** entre. **b.** au-dessous de. **c.** dans. **d.** loin de. **e.** au milieu de. **f.** au bord de. **g.** en face du. **h.** en dehors du.

❺ Lorsqu'elle s'assoit **au pied du** noyer, elle ne sait pas qu'elle sera enlevée.
Le dimanche après-midi, la mère dit toujours qu'elle n'a pas le temps pour une promenade **le long de** rivière. **De l'autre côté du** chemin de terre qui longe la maison et le pré bossu, si on marche **à travers** les noyers, on arrive **à** la Dronne. **Depuis*** la fenêtre des chambres, à l'étage, on la voit. [...]
Elle est née avec la rivière, en bas. Dès le premier jour, **depuis**** la chambre où la plus vieille du village l'a mise au monde, elle a regardé la rivière **entre** ses bras de vieille femme douce qui ordonne aux plus jeunes, après le travail de la douleur. [...]
Comme si elle voyait l'éclat de la rivière **entre** les noyers, la petite pousse un cri. La mère s'inquiète, tend ses bras **vers** la fenêtre et sa fille.

Extrait de « Mes Algéries en France », Carnet de voyages de Leïle Sebbar, éditions Bleu autour, 2004.

* ou « de ». ** ou « de ».

❻ a1, 4, 6, 7, 8 ; b7, 9 ; c7 ; d4, 5, 7 ; e3, 4, 8 ; f3, 8 ; g1, 3 ; h2 ; i1, 6.

❼ **a.** en. **b.** dans les. **c.** dans l'. **d.** dans le. **e.** dans les. **f.** en. **g.** dans. **h.** en.

❽ **a.** de. **b.** à. **c.** à. **d.** de. **e.** à. **f.** de. **g.** de. **h.** de.

❾ **a.** de. **b.** en. **c.** d'. **d.** à. **e.** d'. **f.** à. **g.** de. **h.** à.

❿ **a.** à. **b.** de. **c.** à. **d.** de. **e.** de. **f.** à. **g.** à. **h.** de.

⓫ a4 ; b8 ; c9 ; d7 ; e6 ; f1 ou 2 ; g3 ; h1 ; i5.

⓬ **a.** dans la, en. **b.** en, dans la. **c.** dans l', en. **d.** en, dans le. **e.** en, dans la. **f.** dans la, en. **g.** en, dans l'. **h.** en, dans le.

⓭ dans la ; dans les ; dans le (ou au) ; en ; en ; dans l' ; en ; en.

⓮ **a.** par. **b.** par, pour. **c.** pour. **d.** pour. **e.** par. **f.** par. **g.** pour. **h.** pour.

⓯ **a.** par. **b.** pour. **c.** pour. **d.** par. **e.** par. **f.** pour. **g.** par. **h.** pour.

⓰ **a.** le but. **b.** la manière. **c.** la cause. **d.** le but. **e.** la manière. **f.** la cause. **g.** la manière. **h.** la manière.

⓱ a4 ; b6 ; c1 ; d7 ; e8 ; f9 ; g2 ; h5 ; i3.

⓲ **a.** en. **b.** à. **c.** dans. **d.** d'. **e.** pour. **f.** de. **g.** à. **h.** par. **i.** sous. **j.** sur.

ÉVALUATION 10

❶ Tokyo, 5 h 30 du matin. En sortant **du** métro à la station Tsukiji, des morceaux **de** glace et **d'**algues jonchent çà et là les marches **de la** sortie. [...]
Environ 2 500 tonnes et plus de 450 variétés **de** poissons et fruits **de** mer transitent quotidiennement par ce gigantesque centre **de** distribution. [...]
Les hommes qui y travaillent sont sans cesse sur des charbons ardents, du fait des délais **de** livraison serrés, du produit en tant que tel extrêmement périssable et des fortes sommes **d'**argent en jeu. [...]
Les quelques dix mille marchands présents sur le site vendent exclusivement aux enchères, menées par des commissaires délégués **du** ministère de l'Agriculture et de la Pêche.

❷ le long des ; contre ; Dans, au-dessus du ; jusqu'à ; vers ; à ; sous ; sur ; dans.

❸ [...] La ville est abritée **par** l'angle creux des deux montagnes. Un vallon les sépare qui va **vers** Gênes. **Sur** ces deux côtes, d'innombrables petits chemins **entre** deux murs de pierres [...] vont et viennent, étroits, pierreux, **en** ravins et **en** escaliers [...] **À travers** les feuillages brûlés des vignes grimpées **dans** les arbres, on aperçoit [...] des bois de sapins **sur** les pentes, et les grands sommets de granit gris. **Devant** les maisons, [...]. **Dans** tout ce pays [...]

Guy de MAUPASSANT, *La Vie errante*, 1890.

❹ **a.** par. **b.** sur. **c.** sous (ou depuis). **d.** par, depuis. **e.** à travers (ou dans). **f.** entre, autour du, autour de. **g.** sans.

2 Les adverbes page 130

❶ **a.** L. **b.** N. **c.** M. **d.** A. **e.** D. **f.** N (ou T). **g.** Q. **h.** M.

❷ **Souvent**, Ludivine repense aux critères qui prévalaient quand elle avait vingt ans. Certes, on parlait **déjà** de chirurgie esthétique, de cures d'amaigrissement, de régimes miracles. Mais la liposuccion, la gastroplastie n'étaient pas **encore** des opérations si courantes. [...] **Aujourd'hui**, toutes sont passées par le bistouri. [...] Dans nos sociétés modernes et occidentales, la cellulite n'existe tout simplement **plus** [...] **dorénavant**, toutes les femmes se font opérer pour se la faire enlever. C'est devenu tellement commun ! Tellement facile ! [...]
Ludivine regarde sa montre : il est l'heure d'aller au supermarché. **Hier**, elle a constaté que les réserves d'eau et de piles étaient épuisées. [...] Le monde n'est **plus** ce qu'il était. À tout moment, une bombe nucléaire peut exploser [...] Tous les soirs, un spot du gouvernement rappelle les préparatifs indispensables à une guerre totale [...] avoir **toujours** des provisions d'eau potable, de boîtes de conserve, de médicaments, de piles et de vêtements chauds pour au moins un mois.

Aline BOCHATON, « La Faim du monde », 21/11/2004.

❸ **a.** ailleurs. **b.** ici. **c.** dehors. **d.** loin. **e.** à côté. **f.** devant, derrière. **g.** quelque part. **h.** partout.

❹ **a.** Mon frère joue **mal** au tennis. **b.** Ils travaillent **seuls**. **c.** Ce professeur parle **fort**. **d.** Les enfants jouent **silencieusement** (**calmement**) dans la cour. **e.** Elle m'a répondu **méchamment**. **f.** Maintenant, nous entendons **mieux**. **g.** Cet avion vole très **bas**. **h.** Alors ils ont entendu une voix qui chantait **gaiement** (**joyeusement**).

❺ **a.** tellement. **b.** environ. **c.** peu. **d.** combien. **e.** aussi. **f.** plus. **g.** tellement. **h.** assez.

❻ **a.** vraiment. **b.** nécessairement. **c.** incessamment. **d.** seulement. **e.** tellement. **f.** facilement. **g.** Malheureusement. **h.** irrésistiblement.

❼ Une telle opinion est aujourd'hui, comme je n'ai pas cessé de le relever, **largement** répandue. [...]. Je pense qu'elle est **simplement** à mettre au compte d'une paresse chronique [...]
Et, quand je dis qu'une relation **librement** forgée n'est pas **inéluctablement** condamnée à l'échec, je laisse **clairement** entendre qu'elle le serait d'autant moins que les contractants demeureraient unis [...] et pourraient ainsi résister à l'impossibilité, inhérente à la condition même de leurs parents, de respec-

ter **scrupuleusement** leur autonomie et leurs choix de vie. À l'heure où l'institution du mariage est elle-même désertée et où chacun des contractants [...] ne cesse pas d'être défini **symboliquement** comme l'enfant de ses parents, ce type d'accident ne peut qu'augmenter, et les ombres parasites de la scène sont assurées d'avoir de beaux jours devant elles.

Aldo Naouri, *Adultères*, Coll. Psychologie, éd. Odile Jacob, 2006.

❽ **a.** Après. **b.** tard. **c.** bien. **d.** près. **e.** est partout. **f.** encore. **g.** Demain. **h.** moins.

❾ Et **pourtant** la mère n'avait consulté aucun technicien pour savoir si la construction des barrages serait efficace. Elle le croyait. Elle en était sûre. Elle agissait **toujours** ainsi, obéissant à des évidences et à une logique dont elle ne laissait rien partager à personne. Le fait que les paysans aient cru ce qu'elle leur disait l'affermit **encore** dans la certitude qu'elle avait trouvé **exactement** ce qu'il fallait faire pour changer la vie de la plaine. Des centaines d'hectares de rizières seraient soustraits aux marées. Tous seraient riches, ou presque. Les enfants ne mourraient **plus**. On aurait des médecins. On construirait une longue route qui longerait les barrages et desservirait les terres libérées.
Une fois les rondins achetés il se passa trois mois pendant lesquels il fallut attendre que la mer fût **complètement** retirée, et la terre **assez** sèche pour commencer les travaux de terrassement.

Marguerite Duras, *Un Barrage contre le Pacifique*, Gallimard, 1950.

ÉVALUATION 11

❶ **Évidemment**, d'un pays, d'un territoire à l'autre, la culture ne se vit **jamais** au même rythme ni **tout à fait** de la même façon. Cela va de soi. Mais **partout**, j'ai pu le constater **encore** une fois à Nantes, malgré les différences et **contrairement** à ce que pourrait nous laisser croire la dernière campagne électorale fédérale, la culture est un point sensible, névralgique. Touchez-y le **moindrement** et les esprits s'échauffent. Aussi bien **alors** regarder les choses **en face** et poser **clairement** les questions qu'on ne peut de toute façon éviter. C'est **précisément** ce qu'on a fait aux deuxièmes Biennales internationales du spectacle. [...]

Extrait d'un article de Michel Bélair, *Le Devoir*, édition du mardi 24 janvier 2006.

❷ Il n'y avait **point** de vagues. Quelques petits flots **seulement** moutonnaient de place en place ; mais **soudain**, **au loin**, devant nous, je vis l'eau **toute** blanche, blanche comme si on étendait un drap **par-dessus**. Cela venait, se rapprochait, accourait, et lorsque cette ligne cotonneuse ne fut **plus** qu'à quelques centaines de mètres de nous, toute la voilure du yacht reçut **brusquement** une grande secousse du vent [...] Nous **aussi**, couchés sur le côté, le bordage noyé dans le flot clapoteux qui montait sur le pont, les haubans tendus, la mâture craquant, nous partîmes d'une course affolée, gagnés par un vertige, par une furie de vitesse. Et c'est **vraiment** une ivresse unique, **inimaginablement** exaltante, de tenir [...] la longue barre de fer qui conduit à travers les rafales cette bête emportée et inerte, docile et sans vie, faite de toile et de bois.

Guy de Maupassant, *La Vie errante*, 1890.

❸ **– La radio et la télévision ont-elles concurrencé la lecture, notamment auprès des jeunes ?**
M.T. – Non, pas du tout. Au contraire ! La radio et la télé ouvrent l'esprit, vous obligent à vous intéresser à des choses dont on n'aurait **jamais** entendu parler. Ça vous oblige **donc** à aller **encore** plus **loin**, à vous renseigner **davantage**. Et il ne faudrait **quand même** pas oublier que la télévision a été à l'origine de la création de journaux : *Télérama*, *Télé 7 jours*, etc. Qu'est-ce que ça prouve, me demanderez-vous ? Tout **simplement** que les téléspectateurs veulent lire, avoir une information sur les sujets abordés par la télévision. **Et puis**, il y a les émissions littéraires ! Bernard Pivot a joué un rôle considérable dans l'éveil à la lecture en France. Il a fait **beaucoup** lire. Il a fait **beaucoup** pour l'intelligence et la culture des gens.

Propos recueillis par François Busnel, *Lire*, juillet/août 2006.

UNITÉ 4 : LA PHRASE

1 La phrase interrogative page 138

❶ **a.** A-t-elle son permis ? **b.** Avez-vous déjà eu un accident ? **c.** A-t-il passé son permis moto ? **d.** Ont-ils rempli un constat amiable ? **e.** Savais-tu (ou Saviez-vous) qu'il y avait un radar ? **f.** Avez-vous acheté une nouvelle voiture ? **g.** Ont-elles pu contester l'amende ? **h.** Aviez-vous garé votre voiture ici ?

❷ a5 ; b9 ; c6 ; d2 (ou d1) ; e1 (ou e2) ; f8 ; g7 ; h3 (ou h2) ; i4.

❸ **a. Où** avez-vous pris les billets ? **b. Comment** ont-elles payé les billets ? **c. Combien** as-tu (ou avez-vous) payé les billets ? **d. Qui** doit acheter les billets ? **e. Quelles** places préférez-vous ? **f. Pourquoi** n'avez-vous pas pris de places ? **g. Quel** genre (ou sorte) de places reste-t-il ? **h. Combien** de temps dure la pièce ?

❹ **a.** lesquels. **b.** lequel. **c.** laquelle. **d.** laquelle. **e.** lesquelles. **f.** lesquels. **g.** lequel. **h.** lesquelles.

❺ **a.** Grâce à qui. **b.** Contre qui. **c.** Pour qui. **d.** Devant qui (Chez qui). **e.** En qui. **f.** Sur qui. **g.** De qui. **h.** Chez qui.

❻ **a.** à quelle. **b.** par quel. **c.** dans quel. **d.** À quelle. **e.** sous quel. **f.** Dans quelle. **g.** Jusqu'à quel. **h.** Vers quels.

❼ **a.** À quelle. **b.** Quel. **c.** Quels. **d.** Avec quelle. **e.** Par quels. **f.** Pour quelles. **g.** Dans quel. **h.** Sur quels.

❽ **a.** À. **b.** Avec. **c.** De. **d.** Par. **e.** Sur. **f.** Dans. **g.** Contre (Avec). **h.** Vers.

❾ **a.** Qui (ou Qui est-ce qui). **b.** Que. **c.** Qu'est-ce qu'. **d.** Qui est-ce que. **e.** Qu'. **f.** Qui. **g.** Qu'est-ce qui. **h.** Qu'est-ce qu'.

❿ **a.** Combien de journées d'informations ont été organisées ? **b.** Par qui ont été organisées ces journées d'information ? **c.** Quand ont-été organisées ces journées d'information ? **d.** Pourquoi ont été organisées ces journées d'information ? **e.** Qu'est-ce qu'il y avait au programme de ces journées d'information ?

ÉVALUATION 12

❶ **a.** Qui. **b.** Comment. **c.** À quelle. **d.** Pour quelle. **e.** Quelle. **f.** Avec qui. **g.** En quoi. **h.** Après quelle. **i.** Laquelle. **j.** Jusqu'où.

❷ **a.** Comment. **b.** À quelle. **c.** Combien de temps. **d.** que ; **e.** Quelles. **f.** Pourquoi. **g.** Quand. **h.** Qu'est-ce qu'. **i.** Quel. **j.** D'où.

2 La phrase négative page 144

❶ **a.** La population de ce village **n'**a **ni** accès à l'eau **ni** à l'assainissement. **b.** Un habitant de la planète sur cinq **n'**a **toujours pas** accès à l'eau potable. **c.** Il **ne** fait **guère** de doute qu'à l'avenir, la rareté de l'eau sera un problème dans certaines régions. **d.** Non seulement l'eau **n'**est **pas** plus abondante aujourd'hui qu'à la formation de notre Terre mais elle **ne** s'est pratiquement **pas** renouvelée depuis. **e.** On **ne** trouve **jamais** l'eau à l'état pur dans la nature. **f.** Réchauffement climatique : **ne rien** faire coûterait 6800 milliards de dollars. **g.** Puisque l'eau est indispensable à la vie, et que **nul ne** peut s'en passer, alors **personne ne** doit pouvoir être privé d'eau.

❷ **Nulles** mains que les miennes **ne** l'ont soigné, **ne** l'ont touché, **ne** l'ont habillé, **ne** l'ont aidé à souffrir. **Jamais** mère **n'**a pu ressentir une plus vive sollicitude envers son enfant malade... [...] J'essayais de calmer son chagrin ; mais je **ne** le pouvais, sachant bien moi-même que **jamais** plus la vie **ne** lui sourirait [...] Je **ne** savais quoi lui répondre. [...]

Isabelle Rimbaud, *Mon frère Arthur Rimbaud*, Roche, 1892.

❸ L'onde **n'a plus** le murmure
Dont elle enchantait les bois ;
Sous des rameaux sans verdure
Les oiseaux **n'ont plus** de voix ; [...]
L'aube **n'a plus** de zéphyr
Sous ses nuages dorés ; [...]
La mer solitaire et vide
n'est plus qu'un désert aride [...]
La vague orageuse et lourde
n'a qu'murmure plaintif.
La brebis sur les collines
ne trouve plus le gazon ; [...]
La flûte aux accords champêtres
ne réjouit plus les hêtres
Des airs de joie ou d'amour. [...]

Alphonse de Lamartine, *Harmonies poétiques et religieuses*, « Pensées des morts », 1830.

❹ *Ici commence le dialogue suivant, auquel vous allez bien reconnaître que je* **ne change rien, pas même** *ce qui pourrait offenser la grammaire.* [...]
Rachel. — [...] Tu **ne manges pas**, Sarah ?
Sarah. — Non ; je **ne mange pas** avec des couverts d'étain.
Rachel. — Oh ! C'est donc depuis que j'ai acheté une douzaine de couverts d'argent avec mes économies que tu **ne peux plus** toucher à de l'étain ? [...]
Montrant sa fourchette — Je **ne chasserai jamais** ces vieux couverts-là de notre maison. [...]
Rachel, *s'adressant à moi.* — Figurez-vous que lorsque je jouais au théâtre Molière je **n'avais que** deux paires de bas et que tous les matins...
Ici Sarah se met à baragouiner de l'allemand pour empêcher sa sœur de continuer.
Sarah, *continuant.* — Pas d'allemand ici ! Il **n'y a point** de honte. Je **n'avais donc que** deux paires de bas [...]

Alfred de Musset, *Un Souper chez Mademoiselle Rachel*, 1839.

❺ a/8 ; b/5 ; c/9 ; d/1 ; e/2 ; f/7 ; g/6 ; h/3 ; i/4.

❻ [...] où l'on voit, la nuit, des choses qui **ne sont pas**, où l'on entend des bruits que l'on **ne connaît point**, où l'on tremble **sans savoir** pourquoi, comme en traversant un cimetière [...] celui où l'on **n'a point** de tombeau.

[...] quand il **n'y a pas** de lune, la rivière est illimitée. Un marin **n'éprouve point** la même chose pour la mer. [...] la rivière est silencieuse et perfide. Elle **ne gronde pas**, elle coule toujours **sans bruit** [...].

Guy de Maupassant, *Sur l'eau*, 1891.

ÉVALUATION 13

❶ **a.** Il **n'**y avait **personne** que je connaissais dans le groupe. **b.** Il **ne** reste **plus** beaucoup de châteaux forts. **c.** Il **ne** nous a **rien** expliqué pendant la visite. **d.** On **ne** découvre **pas souvent** (ou **jamais rien**) d'intéressant avec ce guide. **e.** Je **n'**ai **jamais** rêvé d'aller au Pôle Nord. **f.** On **n'**a vu **ni** Notre-Dame **ni** la Sainte-Chapelle (ou On **n'**a **pas** vu Notre-Dame **ni** la...). **g.** L'avion **n'**est **pas** parti à l'heure. **h. Aucun** touriste **n'**est le bienvenu dans ce village. **i.** Il **ne** veut partir **nulle part** en vacances. **j.** Je **ne** voyagerai **plus jamais** avec toi.

❷ J'aurai bientôt vingt ans, et très vite **plus jamais** vingt ans. **Ni plus jamais*** une enfance.

[...] Je suis possédé par Papa. C'est mon démon, mon dieu vivant, **un chien qui ne vit plus** sans moi. Moi je suis son enfant, ce qui me dispense d'autres qualités. Je suis son amour, sa plus noble vertu. Papa cite le poète indien Rabindranath Tagore : « Je ne l'aime pas parce qu'il est bon, mais parce qu'il est mon petit enfant ». Peu importe à Papa que **je ne sois bon à rien**, puisque la vie **ne nous veut rien de bon**. Papa dénigre tout, bousille tout, et renvoie dos à dos la vie, cette criminelle assassinée, et son complice, l'humanité ; **rien ne trouve grâce** à ses yeux, et je reste à ce jour la seule grâce qui lui ait été accordée. **Je ne vaux rien**, aux yeux du monde, mais Papa crève les yeux du monde parce que je suis son bien le plus précieux, à lui. Je suis son trésor de pirate. Je suis son amour exclusif. [...]

Au pôle Nord cet été, j'ai vu un mammouth dans la glace. On l'appelle le mammouth Jarkov. Il est là depuis vingt mille ans et me demande ce que je vais faire dans la vie. Comme il ne comprend pas les langues vivantes, je cite Sénèque : « La partie de la vie que nous vivons est courte. **Tout le reste n'est pas de la vie**, c'est du temps ». **Je n'ai rien vécu, je n'ai pas entamé** ma partie de vie, je vais sur mes vingt ans.

Tu ne vas nulle part sans moi, dit Papa. On rentre. [...]

Hervé PRUDON, *Ours et fils*, Grasset et Fasquelle, 2004.

*Ou Et plus jamais.

❸ Tu es restée assise sur le lit, pieds ballants, tu **ne** sais **pas** combien ainsi, immobile, **sans rien** voir, sans penser **à rien**...

Tu voudrais que quelqu'un vienne, mais **personne ne** vient, **personne ne** t'a entendue, **personne ne** sait. Depuis toujours tu es dans le monde désert et **jamais personne ne** t'a dit ce que tu étais en train de vivre... La littérature **ne** t'intéresse **pas**, elle **n'**a **plus rien** à t'apporter, la réalité la dépasse de trop loin. Les essais t'ennuient, tu **ne** sais **pas** pourquoi, tu les trouves illisibles. Tu **ne** te sens attirée **que** par des témoignages...

Anne GODARD, *L'Inconsolable*, Éditions de Minuit, 2006.

3 La nominalisation page 151

❶ **a.** une vision, une vue. **b.** un essai, un essayage. **c.** une fin, une finition. **d.** un détachement, un détachage. **e.** une estime, une estimation. **f.** une glissade, un glissement. **g.** un élan, un élancement. **h.** un appel, une appellation.

❷ Comme toutes les activités humaines dans les sociétés occidentales, le **jardinage** n'échappe pas à une certaine **marchandisation** et toute une activité économique s'est développée autour de cette pratique. À l'origine assurée par les graineteries, la commercialisation des **plants** et graines est de plus en plus assurée par des **jardineries** qui l'accompagnent d'une **offre** d'accessoires et de **produits** de **traitement** divers et qui font partie maintenant du paysage des zones commerciales des grandes villes. Pépiniéristes et **entreprises** d'**entretien** d'espaces verts complètent l'offre de services accessibles au particulier.

Extrait de : http://fr.wikipedia.org/wiki/Jardinage

❸ **b.** ralentissement. **c.** remise. **d.** Accusations. **e.** Ouverture. **f.** Signature. **g.** Noyades. **h.** Étude. **i.** parution.

❹ **a. Extinction** des dinosaures sans déclin préalable de leur diversité. **b. Invasion** de milliers de sauterelles de la région de Cancun. **c. Disparition** du Dodo (oiseau) en 1681. **d. Reprise** de la chasse commerciale à la baleine en Islande. **e. Réintroduction** d'ours dans les Pyrénées. **f. Signature** d'une pétition contre un centre d'élevage. **g. Fermeture** d'un laboratoire pratiquant des expériences sur les animaux. **h. Protestation** de militants pour les droits des animaux contre un styliste utilisant de la fourrure.

❺ **a. L'expulsion** de deux étrangers a choqué la population. **b. Le vieillissement** de la population est devenu un sujet de préoccupation. **c. L'industrialisation** de l'agriculture depuis plus d'un siècle remet en question l'équilibre entre l'homme, la nature et les traditions. **d. Une agression** d'un conducteur de bus et des passagers s'est produite en région parisienne. **e. L'abattage** d'arbres dans un square a provoqué la colère des riverains. **f. La projection** du film *Le Peuple migrateur* sera suivi d'un débat avec le réalisateur. **g. Le triomphe** de Lionel Lemonchois dans la *Route du Rhum* est dû à sa ténacité. **h. La promesse** du gouvernement de baisser les impôts ne pourra être tenue.

❻ **a. Blocage** des prix et des salaires le 13 mai 1982. **b. Manifestation** des étudiants contre la loi Savary sur l'enseignement supérieur le 24 mai 1983. **c. Démission** du gouvernement Mauroy le 17 juillet 1984. **d. Instauration** du scrutin proportionnel pour les élections législatives le 26 juin 1985. **e. Nomination** de Jacques Chirac au poste de Premier ministre le 22 mars 1986. **f. Condamnation** du gouvernement français à verser 50 millions de francs de dommages et intérêts à Greenpeace pour l'attentat contre le Rainbow-Warrior le 2 octobre 1987. **g. Réélection** de François Mitterrand à la présidence de la République le 8 mai 1988. **h. Inauguration** de la pyramide du Louvre le 29 mars 1989.

❼ Jacques Monod est né en 1910 à Paris. À l'âge de dix-huit ans, il s'inscrit (ou il s'est inscrit) en licence de sciences naturelles en 1928. En 1934 il participe (ou il a participé) à une expédition scientifique au Groenland. Il soutient (ou Il a soutenu) une thèse sur la croissance des cultures bactériennes en 1941. Après la guerre, il intègre (ou il a intégré) l'Institut Pasteur et obtient (ou a obtenu) avec François Jacob et André Lwoff du prix Nobel de physiologie et de médecine. Il est nommé aux conseils scientifiques et d'administration de l'Institut Pasteur en 1965 et 1967 puis est affecté au poste de directeur de l'Institut Pasteur en 1971. Il meurt (ou Il est mort) en 1976 à Cannes.

❽ **a.** la folie. **b.** la curiosité. **c.** le courage. **d.** la clarté. **e.** la noirceur. **f.** la longueur. **g.** l'étroitesse. **h.** la minutie.

❾ **a.** liberté. **b.** vérité. **c.** fragilité. **d.** Nouveauté, originalité, modernité. **e.** modestie. **f.** souci, soucis. **g.** injustice, injustice. **h.** gloire.

❿ **a.** Grâce à son **intelligence**, Pascal a réussi à grimper les échelons. **b.** La **mégalomanie** de notre directeur nous mène tout droit à la faillite. **c.** La **jeunesse** de la candidate a joué en sa défaveur. **d.** La **sévérité** du chef de service déplaisait aux employés. **e.** La **ténacité** du vendeur a été payante. **f.** Notre **inexpérience** nous a coulés. **g.** La **rigueur** d'un chef d'entreprise est une nécessité pour réussir. **h.** La **complexité** des relations entre le client et le fournisseur porte sur de nombreux aspects.

⓫ **a.** Marie attend **une revalorisation** de son statut. **b.** Les employés redoutent **une délocalisation** de l'entreprise. **c.** L'association Culture-Foot-Solidaire exige **le retrait** d'une publicité de la marque PUMA. **d.** Les syndicats regrettent **la rupture** des négociations. **e.** La Présidente du Conseil régional souhaite **le maintien** de l'activité de cette entreprise sur le site de Poitiers. **f.** Les ouvriers ont proposé **la poursuite** de la grève jusqu'à mercredi. **g.** De nombreux actionnaires veulent **le départ** du directeur. **h.** La direction regrette **l'échec** du dialogue social.

⓬ **a. Malgré sa rareté**, l'eau est souvent mal employée. **b. Malgré la très forte densité de sa population**, 65 % du territoire japonais sont toujours occupés par des forêts. **c. Malgré le développement du recyclage**, il faut trouver une solution pour les autres déchets. **d. Malgré l'abondance des pluies** cet hiver, nous souffrons de la sécheresse. **e. Malgré un fréquent désherbage**, les mauvaises herbes envahissent la pelouse. **f. Malgré l'augmentation de la production** alimentaire, 840 millions de personnes souffrent de malnutrition ou sous alimentation. **g. Malgré l'épuisement de la faune marine**, la pêche industrielle continue à être pratiquée. **h. Malgré la prévention de la population du risque d'inondation**, beaucoup de personnes se sont retrouvées coincées dans leur voiture.

ÉVALUATION 14

❶ **a. Mise en place d'**une politique véritablement mondiale de lutte contre l'effet de serre. **b. Restriction de** l'usage du charbon. **c. Recyclage** systématique **des** déchets d'équipement. **d. Suppression des** subventions publiques entraînant la dégradation de l'environnement. **e. Transfert d'**une partie de la fiscalité portant sur le travail sur la fiscalité écologique sans augmenter le niveau général des prélèvements obligatoires. **f. Conception de** produits industriels pour qu'ils durent, soient réparés ou recyclés. **g. Lutte** contre l'étalement urbain. **h. Création de** tarifs en matière d'eau, d'électricité et de ramassage des déchets incitant les ménages à adopter des comportements vertueux. **i. Engagement d'**une politique de prévention, en particulier en ce qui concerne l'alimentation, l'emploi des pesticides et la dissémi-nation des OGM. **j. Réduction de** l'utilisation de pesticides.

❷ **a.** la brièveté. **b.** la méchanceté. **c.** ponctualité. **d.** vivacité. **e.** L'humilité. **f.** la franchise. **g.** l'exactitude. **h.** l'impertinence. **i.** désinvolture. **j.** maladresse.

4. La forme passive page 160

❶ ouvert ; avait été créé par ; représentée par ; avaient été plantées ; vont être étudiés ; a été créé ; ont été introduits ; ont été introduites ; seront plantées.

❷ Montigny-lès-Metz

Ville de Moselle (France) dans laquelle deux garçons **seront retrouvés** assassinés à coups de pierre le 28 septembre 1986.
Patrick Dils, âgé de 16 ans au moment des faits, **sera condamné*** pour ce double meurtre. Son innocence ne **sera reconnue** que le 24 avril 2002, après qu'il aura passé quinze années en prison.

Jacques Mesrine s'évade en compagnie de François Besse. [...]
Ayant maîtrisé leurs gardiens et revêtu leurs uniformes, Besse et Mesrine ont entraîné avec eux un troisième détenu, qui **sera abattu** sur les murs de l'enceinte de la prison.

Patrick Henry **sera condamné**** à la perpétuité en 1977 pour l'assassinat à Troyes du petit Philippe Bertrand, âgé de 7 ans et qui **avait été enlevé** le 30 janvier 1976.

Bien qu'il n'ait échappé que de justesse à la peine de mort à l'époque (grâce à ses avocats Robert Bocquillon et Robert Badinter), Patrick Henry **fut libéré** le 15 mai 2001, conformément à la décision **rendue** le 26 avril 2001 [...] Mais il n'aura pas profité longtemps de sa liberté, puisqu'il **sera arrêté** avec dix kilos de haschisch en Espagne, le 6 octobre 2002.

Extraits de :
http://www.affairescriminelles.com/lexiques_m.php
* Ou a été condamné, sera arrêté. ** Ou a été condamné.

❸ Éric Abbott, un plaisancier britannique dépourvu de toute qualification maritime, **a été sauvé** une douzaine de fois en un an par les gardes-côtes. Il a dû à nouveau **être secouru** dans la nuit de jeudi à vendredi, ont annoncé les sauveteurs.

Alors qu'il **avait déjà été secouru** la veille, le marin d'eau douce âgé de 56 ans, qui s'obstine à n'utiliser que des cartes routières pour s'orienter, s'était échoué jeudi sur la côte nord du Pays de Galles.

Il avait fait le désespoir de ses sauveteurs en reprenant vite la mer. Et pour la troisième fois en deux jours, ceux-ci **ont été sollicités** pour lui porter assistance. [...]

Un porte-parole des gardes-côtes a déclaré après ce nouvel incident que M. Abbott **avait été emmené** « le plus loin possible à l'intérieur des terres » pour subir « une sévère remontrance ».

Le coût des nombreuses opérations de sauvetage de M. Abbott cette année **est estimé** par l'instruction royale de sauvetage en mer à 60 000 livres. [...]

AFP, 12 août 2000.

❹ • [...] Aucun des seize enfants du centre aéré présents au moment du sinistre, vers midi, **n'a été exposé.**

• Hier, peu avant 17 heures, une épaisse fumée **a été observée** sortant de la chambre – heureusement inoccupée – d'un des résidents.

• Lundi soir, vers 21 h 30, un violent incendie a ravagé l'établissement situé sente de l'École. L'intérieur des lieux **a été entièrement détruit** par les flammes.

• Élèves et personnels de l'école **ont été évacués**, soit près de 340 personnes, pendant la durée de l'intervention.

• Hier, cet établissement privé qui compte 309 élèves de maternelle, primaire et collège, **a été endommagé**, par un incendie.

• L'école maternelle Jean-de-La-Fontaine, qui fait également office de halte-garderie pendant les vacances scolaires, **a été entièrement dévastée** mardi dernier, en début d'après-midi.

• C'est à 16 h 26 que les pompiers **ont été appelés** pour un feu à l'école Camus, rue Robert Schumann.

• La gérante d'un hôtel **a été placée** en garde à vue pour « blessure involontaire par manquement délibéré à une obligation de sécurité et de prudence ».

❺ Il était chargé ; Son permis lui a été retiré par la police et sa voiture a été immobilisée ; Le conducteur doit être convoqué par le tribunal de police ; Le délit de grande vitesse n'a pas pu être retenu ; que quelqu'un a déjà été condamné pour ; Un autre automobiliste a été arrêté ; Il doit être convoqué par...

❻ **a.** Après 12 ans d'incarcération, on libérera P. P. Geoffroy sous conditions le 15 février 1981. **b.** Quatre terroristes présumés ont été arrêtés par la police britannique à Birmingham. **c.** Plusieurs auteurs de sites web accusent Daniel Schneidermann de plagiat. **d.** Les juges chargés de l'instruction ont entendu la ministre de la Défense.**e.** Le directeur d'école peut effectuer une perquisition dans le casier d'un élève. **f.** Un membre de l'ONU aurait été enlevé en Irak ce matin. **g.** On ne retrouvera jamais le butin du casse de Nice. **h.** Le journaliste a déclaré qu'il avait été interrogé pendant six heures.

❼ **a.** écrit. **b.** édité. **c.** vendu (ou imprimé, édité). **d.** imprimé. **e.** traduit. **f.** distribué. **g.** reconnu. **h.** retrouvé.

❽ **a.** s'écrit. **b.** s'apprend. **c.** se divise. **d.** se parle. **d.** se chante. **f.** se prononcent. **g.** se lient. **h.** se dit.

❾ **a.** se sont laissé photographier. **b.** s'est vu retirer son permis. **c.** s'est fait renverser. **d.** s'est laissé convaincre. **e.** se sont vu prescrire. **f.** se sont fait escroquer. **g.** s'est fait battre. **h.** s'est vu confier.

ÉVALUATION 15

❶ axes routiers

[...] La route d'accès à la Soufrière **a été interdite** en raison d'un affaissement de la chaussée et d'importants éboulements. La route qui relie Grande-Anse et Petite-Anse **a été affectée**. La route du Sud **a été fermée** en raison de forts éboulements. [...]

Eau potable

En ce qui concerne le réseau d'eau potable, de nombreuses réparations **ont été effectuées.** [...] La commune de Pointe-Noire **a été privée** d'eau potable. À Bouillante, le captage en rivière **a été arraché.** [...] La distribution d'eau potable **a été touchée** par des ruptures de canalisation, notamment dans le sud de Basse-Terre et à La Côte-sous-le-vent. [...]

En Dominique

[...] À Portsmouth les dégâts **ont été concentrés** sur deux rues parallèles dans la ville, quinze maisons et trois églises **ont été touchées**. L'église catholique, construite en 1850 s'est effondrée sans faire de victime, la vieille église anglicane **a été détruite** également.

Extraits de :
http://www.azurseisme.com/GuadeloupeSeisme.htm

❷ Ruches. On en dénombre plus d'un million en France. L'apiculture **est pratiquée** par de nombreux amateurs et petits producteurs. [...]
Production. En 2004, de 20 000 à 30 000 t **ont été produites** en France. Mais 12 000 t de miel de Chine, de Hongrie, d'Allemagne et des pays d'Amérique latine **ont été importées**. 50 % de la production **est commercialisée** dans les marchés ou par vente directe.
[...] Selon France-Miel, l'unique coopérative nationale, qui commercialise environ 15 % de la production, « 2006 est une petite année parmi les petites années ». La production **commercialisée** par l'entreprise devrait atteindre 1 300 tonnes, contre 1 400 tonnes **écoulées** chaque année depuis cinq ans. Et 1 800 tonnes auparavant.
Le regain **attendu** par les apiculteurs depuis la suspension de l'usage des pesticides Gaucho et Régent, **accusés** de décimer les abeilles, n'est donc pas au rendez-vous. L'usage du Gaucho **est suspendu** depuis 1999 sur le tournesol et depuis 2004 sur le maïs, et celui du Régent depuis 2004 sur toutes les cultures.
Les mortalités d'abeilles **observées** pendant les deux derniers hivers confirment la persistance de difficultés. Des mortalités « importantes », soit jusqu'à 70 % des populations perdues localement, **ont été signalées** à la fin de l'hiver à Michel Béraud, président du Syndicat des producteurs de miel de France (SPMF). [...]

Extrait d'un article de Gaëlle Dupont,
Le Monde, le 30/08/ 2006.

5 Le discours indirect et la concordance des temps

page 169

❶ [...] Selon le fabricant, elle est capable de [...] <u>réclamer que l'on s'occupe d'elle</u>, elle peut même demander qu'on lui achète un jouet ! Elle garde en mémoire les habitudes d'une personne : à quelle heure elle se lève, à quelle heure elle se couche. Une fois programmée, elle peut <u>rappeler à son propriétaire qu'il est temps d'aller se coucher</u>, ou <u>lui dire que c'est une belle journée de printemps</u> (son horloge interne lui indique la date) ou encore <u>de ne pas trop se fatiguer s'il se fait tard</u>...

© Senioractu.com 2005.

❷ Elle dit qu'elle s'appelle Valérie Sevran, qu'elle a 48 ans, qu'elle est mariée et qu'elle a deux enfants. Elle dit qu'elle travaille dans une boulangerie et que son mari est diététicien. Elle dit qu'ils aiment beaucoup voyager, sortir au cinéma et faire de la randonnée. Elle dit que leur fils vient d'entrer à l'université de lettres et que leur fille est en dernière année de lycée. Elle dit qu'ils leur procurent beaucoup de joie.

❸ **a.** Elle prétend qu'elle m'a (ou **nous a** ou **vous a**) déjà répondu. **b.** Ils affirment qu'ils leur ont fait une remise de 10 %. **c.** Il reconnaît qu'on le lui avait expliqué en réunion. **d.** Elle certifie que le client ne les a (ou ne **nous a**) toujours pas payé. **e.** Il assure que la commande ne lui est pas encore parvenue. **f.** Il constate qu'on ne l'a pas informé du changement de programme. **g.** Elles confirment qu'on ne leur a (ou ne **nous a**) pas donné de consignes claires. **h.** Ils soutiennent qu'ils me (ou **nous** ou **vous**) l'ont vendue avec une garantie d'un an.

❹ **a.** On voudrait savoir si la pollution est à l'heure actuelle le plus grave problème sur la planète. **b.** Je me demande quand les guerres cesseront définitivement. **c.** Il ne sait pas comment on peut retrouver un travail lorsqu'on est un chômeur de longue durée. **d.** Pouvez-vous me dire pourquoi la faim dans le monde n'a (-t-elle) toujours pas été éradiquée ? **e.** Savez-vous ce que les candidats proposent pour lutter contre la montée de la violence ? **f.** Beaucoup de gens se demandent où nous irons si la Terre ne devient plus vivable. **g.** Je vous demande quelles mesures vous prendrez pour faire face à la crise économique actuelle. **h.** On se demande qui pourrait empêcher une guerre nucléaire d'éclater.

❺ **a.** Elle a dit qu'il fallait refuser ces discriminations qui, dans le monde du travail, frappent les femmes. **b.** Elle a dit qu'elle croyait, elle, possible et nécessaire d'aider les familles qui ont des difficultés à exercer leur métier de parents. **c.** Elle a dit que le co-développement devait respecter le potentiel de ces régions et associer directement les populations concernées, en s'appuyant en particulier sur les femmes. **d.** Elle a dit qu'en Afrique, elles assuraient 98 % du travail de la terre mais bénéficiaient seulement de 5 % des aides. **e.** Elle a dit que l'allongement de la durée des cotisations pénalisait très fortement les femmes. **f.** Elle a dit qu'en Poitou-Charentes, elle se battait pour que les filles ne restent pas cantonnées aux formations traditionnellement féminines [...]. **g.** Elle a dit qu'on finançait des formations qualifiantes et des reconversions pour des femmes qui choisissaient un « métier d'homme ». **h.** Elle a dit que 50 % des demandes de prêts bancaires pour créer une activité étaient présentées par des femmes mais seulement 28 % aboutissaient.

❻ [...] elle m'a demandé si je travaillais bien à l'école, si j'étais bien sage, ce que j'aimerais faire quand je serais plus grand, et si je voulais goûter les bonbons qu'elle avait dans son sac. Je lui ai répondu que je travaillais pas mal, que j'étais assez sage, que je voulais devenir aviateur et que si elle avait des bonbons, moi, j'en voulais bien.

Extrait de « Mémé », in *Histoires inédites du Petit Nicolas*, volume 2, de René GOSCINNY et Jean-Jacques SEMPÉ, © IMAV éditions, 2006.

❼ Alors le Renard est arrivé. Il a dit bonjour. Le petit Prince **a dit bonjour** aussi, il s'est retourné vers lui mais il ne l'a pas vu. Il a dit **qu'il était là, sous le pommier**. Il lui a demandé **qui il était** et il a répondu **qu'il était un renard**. Il lui a proposé **de jouer avec lui car il était très triste**. Il lui a répondu **qu'il ne pouvait pas car il n'était pas apprivoisé**. Il a dit alors **qu'il s'excusait**. Il a ensuite réfléchi et il a demandé **ce que signifiait « apprivoisé »**.

Antoine de SAINT-EXUPÉRY, *Le Petit Prince*, 1943.

❽ Ils ont dit [...] qu'ils doubleraient les heures de sport, qu'un internat-réussite serait ouvert dans chaque ville, que les enseignants auraient une entière liberté pédagogique, que des études dirigées seraient mises en place dans tous les établissements, qu'ils supprimeraient la carte scolaire, qu'ils créeraient une université de métiers, qu'un compte-épargne de formation individuelle verrait le jour et qu'ils généraliseraient le CV anonyme.

Le Monde, le 14 décembre 2006.

❾ **Il m'a demandé : a. où** j'ai dormi. **b. si** j'ai entendu quelque chose. **c. ce que** j'ai fait avant 23 heures **d. comment** j'étais rentrée chez moi. **e. pourquoi** je n'avais pas téléphoné tout de suite à la police. **f. si** d'autres personnes étaient sorties quand les cris ont éclaté. **g. qui** avait ouvert la porte de l'appartement de Monsieur Boyer. **h. quand** j'avais rencontré Monsieur Boyer la première fois.

❿ Alors moi, je me suis mis à pleurer et j'ai dit que c'était pas juste à la fin, que je **voulais voir le film**, et papa a dit :
– Bon, bon, bon, ne pleure plus, on va le filmer, ce sale égoïste.
Et papa a filmé M. Blédurt, qui gardait toujours la tête tournée du même côté, avec le même petit sourire.
Eh bien ! Le film on ne l'a même pas vu. M. Blédurt a dit à papa que **la caméra avait un défaut** et que **la prise de vues était ratée**. Mais plus tard, j'ai entendu Mme Blédurt dire à maman qu'**elle avait vu le film**, qu'**il était très rigolo** et que M. Blédurt n'était pas content du tout parce qu'**il s'était trouvé trop gros**.

Extrait de « On tourne », *Histoires inédites du Petit Nicolas*, volume 2, de René Goscinny & Jean-Jacques Sempé © IMAV éditions, 2006.

⓫ **Il m'a demandé : a. : si** l'on fêtait le 250e anniversaire de la naissance de Mozart. **b. combien** de fois Amélie Mauresmo avait été finaliste dans un tournoi du grand chelem. **c. à quel** président les socialistes français avaient rendu hommage le huit janvier. **d. vers quel** pays se dirigeait le porte-avions Clémenceau. **e. ce qui** avait transformé la vie politique palestinienne. **f. à propos de quoi** la Russie avait augmenté ses pressions sur l'Ukraine. **g. qui** avait gagné la course auto du 28e rallye Paris-Dakar. **h. combien** de temps avait duré le voyage de la capsule de la mission Stardust.

⓬ J'ai annoncé la nouvelle à Virginie. Elle a blêmi et m'a demandé ce que nous allions devenir et comment nous ferions pour vivre si je me retrouvais au chômage. J'ai tenté de la rassurer. D'abord, ce n'était qu'un entretien préalable. Ensuite, d'un mal, il peut toujours sortir un bien. Si je devais être licencié, ce serait peut-être l'occasion de prendre un nouveau départ, par exemple en créant une entreprise. Et puis, j'avais une clause de mobilité dans mon contrat de travail. S'ils voulaient me faire partir, ils finiraient bien par y arriver. Ils pouvaient très bien me proposer une mutation dans une de nos usines dans le Jura ou en Auvergne. Un refus de ma part serait donc un cas de rupture de mon contrat de travail. Il valait donc mieux un départ bien négocié, plutôt qu'un pourrissement de la situation qui finirait inévitablement par jouer en ma défaveur. Une seule chose était sûre : nos projets d'acquisition de logement tombaient à l'eau. Aucune banque n'accepterait d'accorder un crédit à un salarié en passe d'être licencié et de toute façon, il était plus prudent de rester locataire.

Denis CASTEL, *Ras-le-bol*, Le jardin des Livres, 2005.

⓭ **a.** L'avocat **a promis** à la chambre de première instance qu'il apporterait la preuve que l'accusé est coupable des dix chefs d'accusation retenus contre lui. **b.** Le président du Tribunal **a déclaré** à la Cour que monsieur Gautier et sa femme étaient acquittés de l'accusation. **c.** Le témoin **a juré** au juge qu'il dirait toute la vérité. **d.** Le secrétaire général du Syndicat Général de Police **a nié** que la criminalité avait chuté dans notre pays. **e.** L'accusé **a répété** au policier qu'il n'était pas coupable. **f.** La victime **a raconté** à l'inspecteur qu'il était rentré à pied, qu'il avait dîné, regardé la télévision et qu'il s'était couché vers 23 heures. **g.** L'enfant **s'est plaint** au juge que deux garçons l'avaient frappé puis qu'ils lui avaient demandé de leur donner de l'argent. **h.** Le complice **a révélé** au commissaire que le butin se trouvait dans une consigne à la gare de l'Est.

ÉVALUATION 16

❶ Papa m'a expliqué qu'on avait loué une salle rien que pour nous et qu'**il fallait que je sois sage**, que **je ne me dispute pas avec mes cousins**, et maman m'a dit **de ne pas trop manger, pour ne pas être trop malade**. Tonton Eugène, qui a un gros nez rouge et qui était dans l'auto avec nous, a dit qu'on **me laisse tranquille**, que **ce n'était pas tous les jours qu'il y avait un mariage dans la famille**, et papa lui a répondu que **lui il pouvait parler**, et **qu'est-ce qu'il attendait pour se marier**? Et tonton Eugène a répondu qu'**il ne se marierait qu'avec maman**, et maman a rigolé et elle a dit que tonton Eugène **ne changerait jamais**, et papa a dit que **c'était dommage**!

Extrait de « Le mariage de Martine », *Histoires inédites du Petit Nicolas*, volume 2, de René Goscinny & Jean-Jacques Sempé © IMAV éditions, 2006.

❷ [...]

Elle me dit **qu'il y avait un nommé Chanton qui faisait une coupe dans un vallon plus haut** mais elle croit **qu'il a fini**. Il y a quelques jours qu'elle ne l'a pas vu. De toute façon, elle ne sait pas **s'il avait besoin d'aide**. À part ça, **elle ne voit rien**.
[...]
Je demande **si, d'ici, en continuant, on va quelque part**. Elle me répond d'un ton qui signifie précisément, le monde, c'est autre part qu'ici. D'après elle, **il suffit de partir pour rencontrer le pays de cocagne**. C'est une opinion comme une autre.
Son café est bon.
Je regarde l'heure à sa pendule. Il est dix heures, mais elle me dit **qu'elle retarde**. [...] Je lui demande **ce qu'on fait ici le dimanche**. Elle me dit **qu'on danse et qu'on joue aux boules**. Je trouve que c'est bien comme programme. Je le lui dis. Elle en convient. Elle ajoute **qu'il y a mieux** mais que c'est plus cher. Je lui fais remarquer **que toute la question est là**.
Sur ces bonnes paroles, je refous le camp dans le soleil.

Jean Giono, *Les Grands Chemins*, Gallimard, 1951.

UNITÉ 5 : EXPRIMEZ

1 La comparaison page 180

❶ **Dix jours, pas plus**

« [...] En clair, on part moins en juillet et août. [...] Dix jours, pas plus, contre trois semaines, il y a deux ans. Car avec les 35 heures, expliquait-elle, je pars plus souvent, plus loin donc moins longtemps.
« Nous avons raccourci les vacances d'été. [...]. »
« [...] les clients consomment beaucoup moins. [...] ça se fait de moins en moins... »

Réorientation des budgets
« Ils ne consomment pas forcément moins, mais différemment », [...] les séjours plus courts doivent être vendus clefs en mains.
« [...] En prenant plus de courts séjours et plus de vacances avec les 35 heures, on a appris à mieux gérer un budget. [...] » la promenade à cheval ou le parc d'attractions privilégié par rapport à de la consommation alimentaire

Vacances plus intenses
[...] « Nous allons beaucoup moins au restaurant, mais par contre les enfants prennent des cours de tennis. Je peux participer aux mêmes activités que mes enfants maintenant, et c'est très bien. »
Une logique de consommation plus intense paradoxalement alors que les gens ont plus de temps. Ils sont plus avares qu'avant [...] la tendance devrait encore s'accentuer avec des séjours toujours plus courts, plus thématiques, répartis sur toute l'année.

Aline Thibal, RTL.

❷ **a.** Le Château Margaux est **plus vieux que** le Château Angelus. **b.** Les Coteaux du Layon est (ou coûte) **moins cher que** les Sauternes. **c.** Les tonneaux en bois de châtaignier libèrent **plus de tannins que** les tonneaux en chêne. **d.** Le Bourgogne est **plus fruité que** le Bordeaux. **e.** Quelques vins méconnus sont **aussi bons que** des crus très prisés. **f.** Dans ma cave j'ai **autant de** bouteilles de vin blanc **que de** bouteilles de vin rouge. **g.** Le champagne est **plus sensible** à la lumière **que** les autres vins. **h.** Les Italiens boivent **moins de vin** par an **que** les Français.

❸ **a.** Les salariés français du secteur privé **abattent plus de** travail en une heure **que** la plupart des travailleurs des autres pays. **b.** Les bénéficiaires des 35 heures se réjouissent d'**avoir plus de** temps pour leur famille et leurs loisirs. **c.** Avec les 35 heures, les travailleurs **déplorent un travail plus** stressant. **d.** Grâce aux 35 heures, la même charge de travail **est accomplie en moins de** temps par les employés. **e.** La plupart des employés préfèrent travailler plus, pour **gagner plus d'**argent. **f.** Avec les 35 heures, les Français **produisent toujours autant qu'**en 39 heures. **g.** Les 35 heures **n'ont pas permis autant** de créations d'emplois **qu'**annoncé. **h.** Dans les années 1950, la réduction du temps de travail **a été aussi** importante **qu'**à la fin des années 1990.

❹ **a.** meilleurs. **b.** moins bonnes (pires). **c.** moins bien. **d.** mieux. **e.** moins mauvais (meilleurs). **f.** meilleur. **g.** moins bon. **h.** moins bons (pires).

❺ **a.** aussi... que. **b.** autant que. **c.** aussi... que. **d.** autant de... **e.** aussi... que. **f.** autant que. **g.** aussi... que. **h.** autant... qu'.

6 Famille, copains ou voisins... on s'invite aujourd'hui **de plus en plus souvent**, à toute heure de la journée et pour des repas **moins formels**. [...] Les Français, désormais, se prennent au mot et affichent table ouverte **plus souvent** qu'à leur tour. Le CREDOC est formel / vous et moi, les cadres comme les agriculteurs, les retraités comme les étudiants, **reçoivent de plus en plus**. Ces quatre dernières années, **pas moins de** 2 millions de Français ont augmenté la fréquence de leurs invitations. [...]
Concurrents du sempiternel dîner « grand-messe », le goûter comme le *brunch* attirent une nuée de potes – en leur promettant des matins **plus sereins**. [...] « Les 25-45 ans n'ont pas connu les privations de la guerre, note Frédéric Loeb. Ils ont **moins de scrupules** à désacraliser la nourriture, à bousculer les règles du savoir-vivre ». Tout est permis : piocher dans le plat, apporter la casserole sur la table, manger du bout des doigts. « Les repas entre amis **ressemblent plus** que jadis à des dînettes-parties, résume Sylvie Bernède, styliste au Bon Marché. La vaisselle s'adapte : les sets de table remplacent la nappe, **plus lourde** et salissante. Les petits contenants, parfaits pour les tapas, et les tasses encastrables, qui **risquent moins de** basculer sur le tapis, sont à la mode. [...]

Véronique Mougin, *L'Express* du 04/10/2004.

7 **a.** Pierre et Régine aiment **les mêmes** couleurs. **b.** Je fais **la même** taille que mon frère. **c.** Mes enfants vont **au même** collège que les tiens. **d.** Nous habitons à **la même** adresse (ou dans **la même** rue). **e.** Samuel et moi avons **les mêmes** goûts (ou aimons **les mêmes** choses). **f.** Marina et Jean-Charles habitent dans **la même** ville. **g.** Mon père et Brigitte sont arrivés à **la même** heure. **h.** François et moi travaillons dans **la même** société.

8 **a.** pareille. **b.** pareilles. **c.** pareilles. **d.** pareil. **e.** pareils. **f.** pareils. **g.** pareils. **h.** pareil.

9 **a.** grandir. **b.** (s')améliorer. **c.** rajeunir. **c.** vieillir. **e.** embellir. **f.** empirer. **g.** s'enrichir. **h.** grossir.

10 **a.** accélère. **b.** diminue. **c.** accroître. **d.** alléger. **e.** s'alourdit. **f.** s'allonge. **g.** s'épaissit. **h.** s'appauvrit.

11 Les Français sont jugés par le reste du monde comme le peuple **le plus inhospitalier** de la planète, **le plus ennuyeux**, et pour couronner le tout, celui qui manque **le plus de générosité**, selon une enquête du site internet WAYN.

46 % des quelque 6 000 personnes interrogées sur le site internet spécialisé dans les contacts entre voyageurs Where Are You Now (WAYN, Où vous trouvez-vous maintenant ?) ont qualifié les Français de peuple **le plus inhospitalier**, mais ils sont suivis par les Allemands qui obtiennent **le deuxième plus mauvais score**, ont rapporté les journaux britanniques Daily Express et Morning Star.
Les Britanniques n'apparaissent nulle part dans les 10 premières réponses du classement pour les quatre questions posées : quels sont les peuples **les plus inhospitaliers, les moins généreux, les moins ennuyeux, les plus cultivés** ?
Le fondateur de WAYN, le Français Jerôme Touze, s'est déclaré stupéfait : « Je n'aurais jamais imaginé que les Français seraient considérés comme **les moins hospitaliers de tous** » [...]
L'Italie est jugée comme le pays **le plus cultivé** et doté de **la meilleure cuisine**, tandis que les États-Unis n'ont aucun style et la cuisine **la plus mauvaise** de toutes. [...]

AFP, lundi 22 mai 2006.

12 **a.** Qui sont **les plus gros consommateurs de** livres en Europe ? (Les Allemands avec 92 € par an et par habitant de dépenses consacrées à la lecture. À titre d'exemple, les Français ne dépensent que 44, 5 € par an.) **b.** Qui consomme **le plus de** bière ? (Les Allemands. Malgré plus de 600 variétés de bières, ce ne sont pas les Belges, mais bien les Allemands qui en engloutissent 131 l par an et par habitant. Viennent ensuite les Irlandais, avec 123 l, les Belges avec 102 l. Les Italiens arrivent bons derniers avec 25 l par an. Rappelons que l'abus d'alcool est dangereux pour la santé.) **c.** Qui boit **le plus de** café ? (Les Finlandais. Les Italiens n'en consomment que 5 kg / an, loin derrière les Finlandais qui en boivent près de 11 kg / an, contre 10 kg pour les Danois et 5, 7 kg pour les Français.) **d.** Qui sont **les plus gros consommateurs de vin** ? (Les Français avec 60 l de vin par an et par habitant. Arrivent ensuite l'Italie (58 l), l'Espagne (37 l), le Portugal (34 l)... **e.** Qui sont **les plus fous de** chocolat ? Avec 11, 5 kg par an et par habitant, ce sont les Suisses qui en mangent le plus. Mais en règle générale, les Européens sont amateurs de chocolat : les Belges, Irlandais et Norvégiens en mangent environ 9, 5 kg par an, les Français 7 kg...) **f.** Quels Européens investissent **le plus d'**argent dans des produits de jardinage ? (Les Luxembourgeois, avec 865 € par personne et par an, sont les plus dépensiers, les moins soucieux de leur carré de pelouse étant les Espagnols qui n'y consacrent que 66 € par an. **g.** Dans quel pays d'Europe consacre-t-on **le plus d'**argent aux sorties dans les restaurants ? (Au Portugal, ces sorties représentent près de 9 % dans les dépenses des ménages. L'Espagne et la Grèce le suivent de très près. Au nord les pays sont moins dépensiers : 3,8 % pour la Finlande, 3,5 % pour le Danemark.) **h.** Quels Européens se reconnaissent **le mieux** dans cette affirmation ? (Les Français sont 93 % à être d'accord avec cette affirmation. La moyenne européenne se situe à 87 %, ce qui amène l'activité d'achat au dixième rang des loisirs préférés des Européens.)

ÉVALUATION 17

❶ PARIS (AFP – 11h04) – [...] Le moral est **bien meilleur** qu'il y a 15 ou 20 ans [...] Près des trois-quarts pensent aussi jouir d'**une meilleure situation** que leurs grands-parents et 60 % que leurs parents. L'avenir en revanche inquiète davantage : 50 % seulement pensent que la situation sera encore **meilleure** pour leurs enfants, contre 35 % convaincus du contraire.
Sur les 5 dernières années, le sentiment des Français est partagé : 43 % pensent que leur situation **s'est améliorée** (surtout les moins de 35 ans et les actifs). À l'inverse, 40 % jugent que leur situation **s'est détériorée (ou s'est dégradée)** (surtout les retraités et ceux qui gagnent autour de 1 500 euros).
Pour ceux qui se sentent **mieux** lotis, 48 % citent parmi les causes une hausse de leur revenu. Au contraire, pour ceux qui trouvent qu'ils vivent **moins bien**, 77 % citent comme première cause la « hausse du coût de la vie » et 75 % « la hausse des prix liée au passage à l'euro ».
Chez ceux dont la situation **s'est dégradée (ou s'est détériorée)**, la grande majorité se serre la ceinture : les deux-tiers **ont préféré réduire** leur train de vie plutôt que de puiser dans leur épargne. [...] Les Français épargnent **un tout petit peu plus** qu'avant (52 % plus, 48 % moins) et ceux qui **économisent davantage** le font surtout pour un projet (immobilier, voiture) ou pour leur retraite. [...]

❷ **a.** aussi...que ; **b.** autant que ; **c.** moins bien ; **d.** moins ; **e.** le moins, les plus ; **f.** moins...que, autant de ; **g.** le moins mauvais ; **h.** Plus...que ; **i.** Mieux que ; **j.** la meilleure, la pire.

2 Le temps page 191

❶ À Madame Tennant.
[Croisset] jour de Noël 1876, [25 décembre].
Ce jour-là, les Anglais sont en fête ! [...] Ma nièce et son mari sont à Paris depuis six semaines. Je n'irai pas les rejoindre avant le commencement de février, afin d'aller plus vite dans ma besogne et de pouvoir publier mon petit volume de contes au printemps. [...] Quand sera-ce ? Quand irez-vous en Italie et surtout quand en revenez-vous ?
Si vous êtes « contente de ce que je m'ennuie de vous », soyez-le pleinement, chère Gertrude ! Pendant les longues années que j'ai vécues sans savoir ce que vous étiez devenue, il n'est peut-être pas un jour que je n'aie songé à vous. [...]
La meilleure partie de ma jeunesse s'y est passée. Depuis que nous étions ensemble sur la plage, bien des flots ont roulé dessus. Mais aucune tempête, ma chère Gertrude, n'a effacé ces souvenirs-là. La perspective du passé embellit-elle les choses ? [...] À ce moment de l'année on se souhaite un tas de choses. Que faut-il vous souhaiter ? À moi, il me semble que vous avez tout. Je regrette de n'être pas dévot afin de prier le ciel pour votre bonheur.

Gustave Flaubert, *Correspondances*, 1876.

❷ **a.** Il y a longtemps que nous voulions nous marier. **b.** Il y a au moins vingt ans que Stéphanie est veuve. **c.** Il y a combien de temps que tu es divorcé ? **d.** Il y a seulement deux mois qu'ils vivent ensemble. **e.** Il y a dix ans que vous n'avez pas de nouvelles de votre père ? **f.** Il y a deux ans que notre grand-père vit avec nous. **g.** Il y a plus d'un siècle que nous sommes installés dans ce pays. **h.** Il y a huit jours que ma sœur a disparu.

❸ **a.** Depuis que je suis né, je suis myope. **b.** Depuis que je suis mariée, mon mari et moi nous entendons très bien. **c.** Depuis que je suis entrée à l'école primaire, j'ai toujours été la première de ma classe. **d.** Depuis que nous avons emménagé, nous n'avons eu que des problèmes. **e.** Depuis que j'ai été embauché(e) dans cette entreprise il y a deux ans, j'ai changé trois fois de poste. **f.** Depuis que j'ai pris ma retraite, je n'ai jamais autant travaillé. **g.** Depuis que je suis sorti(e) de l'hôpital, j'ai du mal à marcher. **h.** Depuis que nous sommes rentré(e)s (ou revenu(e)s) d'Australie, nous avons du mal à nous réadapter à la France.

❹ **a. Depuis** la nuit des temps, les enfants naissent en pleurant, comme s'ils pressentaient ce qui les attend (Didier Daeninckx). **b.** Les filles sont jolies **dès** que le printemps est là (Hugues Auffray). **c. Dès que** tu vois que tu sais faire une chose, attaque-toi à quelque chose que tu ne sais pas encore faire (Rudyard Kipling). **d.** Il paraît que la crise rend les riches plus riches et les pauvres plus pauvres. Je ne vois pas en quoi c'est une crise. **Depuis que** je suis petit, c'est comme ça (Coluche). **e. Dès** l'arrivée, le départ se profile (Ylipe). **f.** La jeunesse de l'Amérique est sa plus vieille tradition : elle dure **depuis** trois cent ans (Oscar Wilde). **g.** Je n'ai plus peur de la mort depuis que j'ai appris que je ne serai pas le premier passer par là (Michel Serrault). **h. Dès que** l'on fait un pas hors de la médiocrité, l'on est sauvé (Ernest Psichari).

❺ **a.** autrefois. **b.** ensuite. **c.** désormais. **d.** souvent. **e.** depuis. **f.** bientôt. **g.** déjà, encore. **g.** cependant.

❻ **a.** Dans. **b.** en. **c.** dans. **c.** En. **e.** Dans. **f.** Dans. **g.** en. **h.** dans.

❼ **a.** pendant. **b.** pendant. **c.** pour. **d.** pendant. **e.** pendant. **f.** pour. **g.** pour. **h.** Pendant.

❽ Michel Piccoli est né à Paris **le** 27 décembre 1925. [...] **Après** la guerre, il décide de devenir comédien et figure dans *Sortilèges* de Christian-Jaque

en 1945. **Trois ans plus tard** il débute au théâtre avec la pièce Le Matériel humain. **Depuis**, il partage sa carrière entre le cinéma et le théâtre. [...]
En 1967, Michel Piccoli a déjà une carrière très abondante, et marié à la chanteuse et comédienne Juliette Gréco, il est **désormais** une valeur sûre du cinéma. [...] Il tournera **dès lors** dans des films qu'il aura au préalable longuement étudiés [...]. **Dans le même temps**, il est la vedette « attitrée » des œuvres de Claude Sautet, Luis Bunuel et Marco Ferreri.
Fin des années 70, Michel Piccoli change encore de registre [...]
C'est en 1997 que Michel Piccoli mène à bien l'aventure de son premier long métrage en tant que réalisateur, *Alors voilà*, après s'être exercé **trois ans plus tôt** sur *Train de nuit*, un court-métrage. [...] **Puis**, Dandy séducteur dans *Party* de Manuel De Oliveira [...]
Michel Piccoli monte **régulièrement** sur les planches pour jouer des pièces prestigieuses. Quant au cinéma, il tourne **toujours** autant. [...]

Extrait de : http://free.fr.festicannes/biopiccoli.html

❾ c ; a ; e ; h ; d ; g ; i ; b ; f.
Un randonneur japonais égaré et blessé en pleine montagne sans autre viatique qu'un pot de sauce barbecue a affirmé **mercredi** avoir réussi à survivre **pendant 24 jours** en « hibernant ». Mitsutaka Uchikoshi, un employé de mairie de 35 ans, était parti pique-niquer avec des amis le **7 octobre** près du mont Rokko, près de Kobe, à 400 km à l'ouest de Tokyo. Mais alors qu'il avait décidé de rentrer avant les autres, il est tombé accidentellement du haut d'un rocher et s'est blessé au dos, a-t-il raconté à la presse.
Seul, incapable de bouger ou de prévenir les secours, il n'avait pour se sustenter qu'un pot de sauce barbecue : « J'en ai goûté un peu mais ce n'était pas vraiment mangeable », a-t-il reconnu. **Le deuxième jour**, il s'est couché sur un coin d'herbe au soleil : « J'étais bien et j'ai fini par m'endormir. C'est la dernière chose dont je me souvienne », a témoigné M. Uchikoshi. **Lorsque** les secouristes l'ont finalement retrouvé **le 31 octobre**, **après 24 jours**, la température de son corps n'était plus que de 22 degrés, a affirmé son médecin. « Il a très rapidement sombré dans un état d'hypothermie similaire à l'hibernation. Grâce à ça, ses fonctions cérébrales étaient protégées. » **Aujourd'hui** il est rétabli à 100 %, a expliqué le docteur.
La mairie de Nishinomiya (ouest du Japon) où travaille le randonneur engourdi a fait savoir qu'il avait repris son poste **mercredi**.

AFP, **mercredi 20 décembre 2006, 16 h 44.**

ÉVALUATION 18

❶ **Deux ans avant** sa mort, mon père m'a remis une petite valise remplie de ses propres écrits, ses manuscrits et ses cahiers. En prenant son habituel air sarcastique, il m'a dit qu'il voulait que je les lise **après** lui, c'est-à-dire **après** sa mort.

« Jette un coup d'œil, a-t-il dit, un peu gêné, peut-être y a-t-il quelque chose de publiable. Tu pourras choisir. » On était dans mon bureau, entourés de livres. Mon père s'est promené dans la pièce en regardant autour de lui, comme quelqu'un qui cherche à se débarrasser d'une valise lourde et encombrante, sans savoir où la poser. Finalement, il l'a posée discrètement, sans bruit, dans un coin. **Une fois** passé ce moment un peu honteux mais inoubliable, nous avons repris la légèreté tranquille de nos rôles habituels, nos personnalités sarcastiques et désinvoltes. Comme **d'habitude**, nous avons parlé de choses sans importance, de la vie, des inépuisables sujets politiques de la Turquie, de tous ses projets inaboutis, d'affaires sans conséquences.

Je me souviens d'avoir tourné autour de cette valise **pendant** quelques jours **après** son départ, sans la toucher. Je connaissais **depuis** mon enfance cette petite valise de maroquin noir, sa serrure, ses renforts cabossés. Mon père s'en servait pour ses voyages de courte durée, et **parfois** aussi pour transporter des documents de chez lui à son travail. Je me rappelais avoir, **enfant**, ouvert cette valise et fouillé dans ses affaires, d'où montait une odeur délicieuse d'eau de Cologne et de pays étrangers. [...]

Je vais parler **maintenant** du sens de ce poids : c'est le sens du travail de l'homme qui s'enferme dans une chambre, qui, assis à une table ou dans un coin, s'exprime par le moyen du papier et d'un stylo, c'est-à-dire le sens de la littérature.

Orhan PAMUK, « La valise de mon père », in *Le Monde* du 14/12/2006.

3 La condition et l'hypothèse page 198

❶ **a.** Si vous partez, je vous suis. **b.** Si elle lui pardonne, je ne comprends plus rien. **c.** Si on le relâche, on ouvre la porte à tous les abus. **d.** Si tu votes contre, je ne te parle plus. **e.** S'ils changent d'avis, ce n'est pas étonnant. **f.** Si nous acceptons leur proposition, nous allons droit au mur. **g.** Si on le condamne à la perpétuité, je trouve cela injuste. **h.** Si vous n'êtes pas d'accord, personne ne vous empêche de protester.

❷ **a.** allez, emmenez. **b.** décide, dis. **c.** pars, n'oublie pas. **d.** ne savons pas, demandons. **e.** veut, réserve (ou réservons, réservez). **f.** à l'intention, passe. **g.** voyagez, prenez. **h.** arrive, attends (ou attendons, attendez).

❸ **Dans le meilleur des cas l'éléphant paraît normal mais il sent la rose.** Si vous **êtes** content pour l'éléphant, vous **êtes** parfumeur. Si cela vous **peine** pour la fleur vous **êtes** poète.

La rose est grise et l'éléphant est rose. À l'évidence, ils ont conservé leur vertu. Si cette nouvelle vous **déçoit**, **renoncez** à la poésie. Si elle vous **attriste**, **écoutez** le silence, il cache peut-être une bonne nouvelle. Si elle vous **met** en joie **dites-vous** que le chemin est encore long avant l'édition de vos œuvres complètes.

L'éléphant et la rose se déclarent amoureux. Demandez-leur de vous fournir une preuve. S'ils **refusent**, **réjouissez-vous** : ils sont faits l'un pour l'autre, et vous pour la poésie. S'ils vous **demandent** l'adresse d'une bijouterie vous **êtes** perdu : ils sont victimes de leur imagination et vous de vos ambitions littéraires. [...]

❹ **a.** importes, devras. **b.** faisons, pourrons. **c.** recommanderont, exportez. **d.** ne présente pas, factureront. **e.** effectuez, n'aurez pas. **f.** apportes, seront admis. **g.** n'aurai, importe. **h.** paie, sera.

❺ **a.** Dépêchons-nous, sinon il n'y aura plus de pain. **b.** Avancez-vous, sinon vous ne pourrez pas voir la préparation. **c.** Ne mange pas tous ces bonbons, sinon tu vas grossir. **d.** Mettez plus de sel, sinon cela va être fade. **e.** Ne laissons pas le lait sur la table, sinon il va tourner. **f.** Mets un couvercle sur le saladier, sinon les mouches vont aller dedans. **g.** Ne faites pas cuire la viande trop longtemps, sinon elle va se dessécher. **h.** Servons les pâtes immédiatement sinon elles vont continuer de cuire.

❻ Texte 1 : souhaitez ; entrez ; subit ; sera affichée ; ne subit pas ; ne sera affichée.

Texte 2 : avez manqué ; pouvez ; arrivez ; assurent ; est ; est.

❼ **a.** Si j'avais un chien, je l'appellerais « Ikare ». **b.** Si on apercevait un tigre, même quelques secondes, on serait heureux. **c.** Si l'éléphant posait sa patte, il l'écraserait comme une mouche. **d.** Si on dératisait plus souvent, il y aurait peut-être moins de maladies. **e.** Si un serpent venimeux surgissait tout à coup, que feriez-vous ? **f.** Si les animaux disparaissaient complètement, comment réagirions-nous ? **g.** Si on prenait des mesures plus draconiennes, on pourrait protéger la faune plus efficacement. **h.** Si tu voyais ses perroquets, tu n'en croirais pas tes yeux !

❽ **a.** Que ferais-tu (ou Comment ferais-tu) si Internet n'existait plus ? **b.** Que répondriez-vous si cet homme vous demandait votre adresse ? **c.** S'opposerait-elle si un inconnu lui disait de le suivre ? **d.** (Comment) Se défendrait-il si on l'humiliait ? **e.** Que diraient-ils s'ils rencontraient le diable ? **f.** Comment nous comporterions-nous si un pays déclarait la guerre à la France ? **g.** Refuserions-nous si quelqu'un nous proposait un million d'euros ? **h.** Que dirions-nous si on nous obligeait à démissionner ?

❾ **a.** Si elle avait un minimum de savoir-vivre, elle arriverait à l'heure. **b.** Si vous possédiez une certaine éducation, vous feriez la queue comme tout le monde. **c.** S'il connaissait les coutumes de ce pays, il ne se moucherait pas à table. **d.** Si tu te comportais en gentleman, tu m'aiderais à enlever mon manteau. **e.** Si elles savaient se comporter en société, elles ne mettraient pas les coudes sur la table. **f.** S'ils étaient pourvus de bonnes manières, ils ne téléphoneraient pas si tard. **g.** Si vous connaissiez la politesse, vous ne me couperiez pas la parole. **h.** S'il ne manquait pas de tact, il ne ferait pas de gaffe aussi souvent.

❿ **a.** un reproche. **b.** un remerciement. **c.** une déduction. **d.** une excuse (ou une justification). **e.** une déduction. **f.** une hypothèse. **g.** Un remerciement. **h.** un regret.

⓫ **a.** Si vous aviez pris un abonnement, vous auriez eu une place. **b.** S'ils avaient lu la critique, ils n'y seraient pas allés. **c.** Si j'avais su que vous vouliez venir, je vous aurais pris un (ou des) billet(s). **d.** Si on avait acheté un (ou des) billet(s) coupe-file, on n'aurait pas fait la queue pendant deux heures ! **e.** S'il y avait eu des audio-guides, on aurait (vraiment) pu apprécier les œuvres. **f.** Si tu avais regardé sur le billet, tu aurais vu que ça commençait à 19 h 00. **g.** Si nous étions allés au kiosque de la Madeleine, nous aurions eu des places moins chères. **h.** Si elles m'avaient écoutée, elles n'y seraient pas allées pour rien.

⓬ **a.** Elle peut venir chez lui à condition qu'il prépare le déjeuner. **b.** Nous sommes d'accord pour t'aider à condition que tu nous prêtes ta voiture. **c.** Tu seras la bienvenue à condition que tu cuisines. **d.** Ils pourront rester à la maison à condition qu'ils ne fassent pas de bruit. **e.** On accepte son chien à condition qu'elle le tienne en laisse. **f.** Vous pouvez cuisiner à condition que vous nettoyiez tout après. **g.** Il dira oui à condition que je m'occupe d'abord des enfants. **h.** Elles ont donné leur accord à condition qu'on vienne tôt.

⓭ a4 ; b6 ; c8 ; d9 ; e5 ; f3 ; g7 ; h1 ; i2.

⓮ **a.** du moment qu'. **b.** à condition de. **c.** Dans ce cas. **d.** sans. **e.** pourvu que. **f.** pour peu que. **g.** à condition qu'. **h.** si.

⓯ **a.** Avec un apport personnel, je pourrais emprunter plus. **b.** Sans, travail, il est très difficile de trouver un logement. **c.** Sans crédit, on ne pourra pas acheter. **d.** Sans l'aide de mes parents, je n'aurais jamais obtenu le bail. **e.** Avec de nouvelles fenêtres, nous ferions des économies d'énergie. **f.** Avec deux chambres, Clarisse nous recevrait volontiers. **g.** Sans cheminée, ça ne m'intéresse pas. **h.** Avec un garage, ce serait plus commode.

⓰ [...]
Quelle utopie **seriez**-vous prêt(e) à défendre ?
– Celle que je définis très précisément dans mon roman Écoland.
– À part être écrivain ou illustrateur, que **rêveriez**-vous d'être ?
– Chef d'orchestre ou metteur en scène.
[...]
– Que **feriez**-vous ou **diriez**-vous à un ogre s'il vous **arrivait** d'en croiser un ?
– « Je ne suis pas comestible ».
– Si vous **aviez** la possibilité de recommencer, que **changeriez**-vous ?
– Un ou deux événements de ma vie, il y a environ 25 ans. De mauvais choix, des voies de garages dans lesquelles je me suis empêtré (euh... oui : je suis opiniâtre, pour le meilleur mais aussi pour le pire !)
[...]
– Que **souhaiteriez**-vous que l'on retienne de vous ?
[...]
– Un lieu où vous **aimeriez** vivre.
– Le Périgord... ça tombe bien : j'y vis !

Extrait de l'interview de Christian GRENIER : jeunes.org/carteblanche.asp?id=4

ÉVALUATION 19

❶ a2 ; b/10 ; c/11 ; d/5 ; e/3 ; f/1 ; g/6 ; h/8 ; i/9 ; j/7 ; k/4.

❷ Si j'**étais** moins triste, si j'**avais** des amis
Si j'**étais** blanc, j'**étais** bleu, si j'**étais** condamné
Si j'**avais été** moins indécis, moins en dessous
Si j'**étais resté**, au pays dans tout ce bain de sang
Si j'**avais** si, si j'**avais** pas **fait** ça
Si j'**avais eu** si, si j'**avais pas eu** ça
Ah si j'**étais** riche, si j'**avais réussi**
Si j'**aimais** pas le rap, si je n'**étais** pas dans le son
Si j'**étais** pas ici, qui **pourrait** dire tout ça
Si j'**étais** paresseux, qui **pourrait** dire tout ça
Alors assez des si, je **serais** beaucoup plus connu qu'ACDC [...]

Avec des si on mettrait Paris enbouteille
Parole : Diam's/Antilop SA
Musique : Franck Prince

❸ **a.** sinon. **b.** si. **c.** À défaut de. **d.** à condition que (ou pourvu que). **e.** Dans ce cas. **f.** Avec. **g.** à moins que. **h.** Sans. **i.** pourvu qu' (ou à condition qu'). **i.** Au cas où.

4 Le but, la cause, la conséquence p. 212

❶ **a.** Les conseillers de Napoléon III, l'ont prié de se marier de manière à avoir un successeur et de continuer la dynastie. **b.** Pour pouvoir se marier à New York, il faut au préalable obtenir un « permis de mariage ». **c.** Vous pouvez contacter l'ambassade ou le consulat de votre pays afin d'obtenir éventuellement les papiers nécessaires au mariage. **d.** Rendez-vous sur notre site, afin de trouver tous les renseignements utiles pour que vous puissiez organiser le mariage de votre rêve. **e.** Vous devrez passer par l'Ambassade avant le mariage afin que, sur présentation de votre acte de naissance de moins de trois mois, nous puissions vous délivrer un certificat de célibat. **f.** Préparez votre cérémonie de mariage de sorte qu'elle soit aussi fabuleuse que la personne que vous épousez. **g.** Cette enquête a été réalisée à l'initiative du ministère de la Justice, pour fournir un supplément d'information au législateur, en vue d'une réforme du divorce. **h.** Elle n'ose pas divorcer de peur de rester seule par la suite.

❷ a7 ; b/5, c/9, d/2, e/6, f/8, g/1, h/3, i/4.

❸ **Nous en appelons :**

Aux femmes pour qu'elles **se mobilisent** et **se fassent** entendre sur les questions de violence et d'insécurité, en s'inspirant des actions réalisées par d'autres femmes à travers le monde. [...]

Aux hommes pour qu'ils **écoutent**, **accompagnent** et **soutiennent** les femmes dans leur démarche vers l'autonomie et le renforcement de leurs capacités d'action. [...]

Aux villes et municipalités pour qu'elles **mettent** en place des politiques locales de sécurité et d'aménagement sécuritaire et **développent** des pratiques qui intègrent l'approche de genre. [...]

Aux services de police pour qu'ils **adoptent** une approche préventive et non répressive vis-à-vis de la violence et de l'insécurité. [...]

Au milieu de l'éducation pour qu'il **développe** des programmes contre la violence, sur les rapports entre les sexes et sur les droits de la personne, afin de permettre aux jeunes de remettre en question les stéréotypes et les attitudes touchant à la violence à l'endroit des femmes. [...]

Au milieu de la recherche pour qu'il **encourage** la recherche sur la sécurité des femmes et l'intégration de l'approche de genre dans la prévention de la criminalité, incluant le développement de méthodes d'enquête et d'outils d'évaluation adéquats. [...]

Au secteur privé pour qu'il **reconnaisse** l'impact social et économique de la violence faite aux femmes et le fait que la prévention est efficace en termes de coûts et bénéfices. [...]

Aux gouvernements pour qu'ils **développent** des politiques et des programmes afin d'assurer l'autonomie financière des femmes incluant le droit des femmes à la propriété foncière. [...]

Aux réseaux internationaux et agences des Nations Unies pour qu'ils **soutiennent** et **contribuent** au développement, à la collecte, à l'adaptation, à la diffusion, ainsi qu'à la multiplication des outils d'intervention et des bonnes pratiques. [...]

Extrait de http://www.femmesetvilles.org/seminar/francais/set_declaration.htm

❹ **a.** pour (ou afin) que vous ayez. **b.** pour (ou afin) qu'on puisse. **c.** pour (ou afin) que je fasse [...] et que je devienne. **d.** pour (ou afin) qu'il prenne. **e.** pour (ou afin) qu'ils aillent. **f.** pour (ou afin) qu'il parvienne. **g.** pour (ou afin) que nous voyions. **h.** pour (ou afin) qu'elle soit.

❺ **a.** Nous ne lui prêtons pas notre voiture de crainte (ou de peur) qu'il n'ait un accident. **b.** Il nous a demandé de ne rien toucher de crainte (ou de peur) qu'on ne lui casse quelque chose. **c.** Elle avait barricadé toutes les portes de crainte (ou de peur) que quelqu'un n'aille s'introduire chez elle. **d.** Ils avaient baissé le son de crainte (ou de peur) que leurs parents ne les surprennent en train de regarder la télévision. **e.** Je t'accompagnerai jusque chez toi de crainte (ou de peur) que tu ne te fasses agresser. **f.** Ma fille ne rentre jamais seule de crainte (ou de peur) qu'on ne l'enlève. **g.** Mets une muselière à ton chien de crainte (ou de peur) qu'il ne morde les policiers. **h.** Il avait mis son pied en travers de la porte de crainte (ou de peut) que je ne lui interdise d'entrer.

❻ **a.** J'ai demandé mon affectation en vue de partir (ou d'un départ) à Tahiti. **b.** Ségolène a acheté une maison en Corse en vue d'ouvrir (ou de l'ouverture d') une chambre d'hôtes. **c.** Nous avons contacté une galerie en vue d'exposer (ou d'une exposition de) nos photos de Chine. **d.** Le ministère du tourisme a lancé une campagne publicitaire en vue de promouvoir (ou de la promotion de) la Calabre. **e.** Mes deux sœurs cherchent des sponsors en vue de traverser le désert de Gobi (ou de la traversée du). **f.** Voilà le formulaire que tu dois remplir en vue d'obtenir (de l'obtention d') un visa. **g.** On a besoin de trois personnes en vue d'organiser (ou de l'organisation d') un séjour en Angleterre. **h.** Vous êtes invité à contacter votre agence de voyages en vue de rechercher (ou d'une recherche d') une solution amiable.

❼ **a.** Tous les tarifs disponibles ainsi que les catégories de chambres de l'hôtel choisi sont indiqués de sorte que (ou de manière que ou de façon que) vous ayez la possibilité de réserver toujours au tarif le plus avantageux. **b.** Dans cet hôtel, on s'occupera de toi personnellement de sorte que (ou de manière que ou de façon que) tu te sentes comme à la maison. **c.** Demande à la réception de nous réveiller à 6 h 00 de sorte que (ou de manière que ou de façon que) nous ne rations pas notre avion. **d.** Je leur ai indiqué l'adresse de notre pension de sorte qu' (ou de manière qu'ou de façon qu') elles nous rejoignent pour dîner. **e.** Dans notre formule tout est inclus de sorte que (ou de manière que ou de façon que) vous ne deviez pas payer d'extras. **f.** Nous leur donnerons tous les renseignements nécessaires de sorte qu' (ou de manière qu'ou de façon qu') ils sachent exactement comment se rendre à cette chambre d'hôtes. **g.** Il va écrire une lettre de plainte au groupe hôtelier de sorte que (ou de manière que ou de façon que) nous obtenions un dédommagement. **h.** Nous vous enverrons des bons de réduction pour un prochain séjour de sorte que (ou de manière que ou de façon que) vous en fassiez profiter quelqu'un de votre entourage.

❽ **a.** C'est <u>parce que</u> je ne suis pas belle qu'il ne me regarde pas. **b.** Ils vont me trouver impoli <u>car</u> j'ai quitté la réunion plus tôt. **c.** Tout le monde se moque d'elle <u>sous prétexte qu'</u>elle a dit une bêtise. **d.** <u>Comme</u> nous sommes timides, nous sortons peu. **e.** <u>Étant donné qu'</u>il est radin, personne ne veut sortir avec lui. **f.** Camille est triste ; <u>en effet</u> son petit ami vient de la quitter. **g.** Tu n'oses pas sortir <u>à cause de</u> tes boutons ? **h.** <u>Faute d'</u>argent, on ne peut pas aller en vacances avec eux.

❾ **a.** Parce qu'elle n'a pas assez étudié. **b.** Parce que mon réveil n'a pas sonné. **c.** Parce qu'il a fait une bêtise. **d.** Parce que leurs conditions de travail se sont détériorées. **e.** Parce qu'il n'a plus eu envie d'y retourner. **f.** Parce qu'elle a refusé d'enlever son signe d'appartenance religieuse. **g.** Parce que je me suis fait opérer de l'appendicite. **h.** Parce que je l'ai perdu dans le métro.

❿ **a.** On ne sait pas ce qui a provoqué cette fièvre **car** tous les examens ont été négatifs. **b.** Il vaut mieux consulter un médecin **car** il peut y avoir une petite fracture. **c.** Évitez de vous exposer **car** ce médicament peut rendre votre peau plus sensible au soleil. **d.** Il s'agit d'une maladie redoutable **car** elle est volatile et contagieuse. **e.** Pour les pays chauds le paracétamol est plus adapté **car** il résiste mieux à la chaleur. **f.** Les antibiotiques sont inutiles en cas de rhume **car** ils sont incapables de détruire les virus. **g.** Ils ont été refoulés à l'entrée de l'hôpital **car** ils n'ont pas d'argent pour payer leur traitement. **h.** Il faut être prudent **car** certaines huiles essentielles ont une toxicité aiguë.

⓫ **a.** Puisque vous n'êtes pas là demain, je vais demander à Sonia de venir. **b.** Puisqu'il est en colère, qu'il aille se plaindre auprès de son chef. **c.** Puisque nous ne pouvons pas entrer, eh bien, partons ! **d.** Puisqu'ils ne te font pas confiance, à ta place, je démissionnerais. **e.** Puisqu'elle n'a pas l'intention de faire ce qu'on lui demande, elle va être sanctionnée. **f.** Puisque tu n'as pas lu le dossier, je te conseille vivement d'en prendre connaissance. **g.** Puisque nous voulons être efficaces, ne comptons que sur nous-mêmes! **g.** Puisqu'elles ne sont jamais à l'heure, eh bien, renvoyons-les!

⓬ **a.** Comme j'adore chanter, je vais à la chorale de l'école. **b.** Comme mes enfants ne connaissent pas l'opéra Garnier, j'achèterai des billets pour *La Flûte enchantée*. **c.** Comme nous ne voulons pas rater le début du récital, nous devons nous dépêcher. **d.** Comme il pleut, le concert est (ou a été, ou sera) annulé. **e.** Comme Stephen a reçu une bourse Fulbright il a étudié (ou il va étudier) la musique informatique à l'IRCAM. **f.** Comme tu es musicien, tu as certainement entendu parler de ce compositeur. **g.** Comme Paola et Marco ont acheté une nouvelle chaîne, nous leur avons offert (ou nous leur offrirons, nous allons leur offrir) des CD. **h.** Comme vous jouez du violon, vous pourrez jouer quelque chose pour mon mariage.

⓭ **a.** Nous pourrons venir dimanche; en effet nous venons d'acheter une voiture. **b.** Comme les freins ont lâché, Myriam a eu un accident de moto. **c.** Mehdi et Christophe sont tombés à l'eau; en effet leur bateau a chaviré. **d.** Comme mon fils a peur en avion, nous prenons le train pour aller à Madrid. **e.** On vous appellera quand on arrivera; en effet le bus aura au moins deux heures de retard. **f.** Comme un camion m'a coupé la route je me suis retrouvée au fossé avec la voiture. **g.** On n'entend pas le tramway arriver; en effet, il est très silencieux. **h.** Comme il y a maintenant de nombreuses pistes cyclables, c'est agréable de faire du vélo en ville.

⓮ **a.** Étant donné que plus de la moitié de la population mondiale vivra bientôt en milieu urbain, il devient important, pour la santé future de notre planète, d'avoir des villes durables. **b.** Étant donné que les ours polaires ne peuvent pas se nourrir pendant de longues périodes ils doivent se constituer beaucoup de réserves. **c.** Étant donné que les forêts peuvent absorber du carbone et le stocker pendant longtemps, elles sont considérées comme des « puits de carbone ». **d.** Étant donné que la baleine grise est une espèce marine qui vit dans les eaux territoriales du Canada, elle relève du ministère des Pêches et des Océans (MPO). **e.** Étant donné que la formation de l'ozone au niveau du sol dépend du rayonnement solaire, les niveaux d'ozone sont les plus élevés durant l'été. **f.** Étant donné que le climat de l'hémisphère nord devrait continuer à devenir plus chaud et plus sec, les feux de forêt à grande échelle deviendront de plus en plus fréquents. **g.** Étant donné que le respect du patrimoine naturel et culturel constitue l'un des fondements du développement économique et social, l'État s'engage à préserver les caractéristiques écologiques et l'équilibre des ressources naturelles qui contribuent au développement de l'activité touristique. **h.** Étant donné que le réchauffement accroît la teneur en eau de l'atmosphère, on doit s'attendre à une augmentation marquée des fortes précipitations, surtout sur le flanc sud des Alpes.

⓯ **a. Étant donné leur éloignement** du soleil, les grosses planètes (Jupiter, Saturne, Uranus, Neptune) sont très froides et contiennent de la glace. **b. Étant donné l'immensité** du système solaire, il est très difficile d'avoir des renseignements précis sur les planètes. **c. Étant donné le manque** d'air dans l'espace, la glace des comètes, exposée au rayonnement solaire, se transforme directement en gaz. **d. Étant donné les distances** des étoiles entre elles, les sondes Pioneer ou Voyager ne pénétreront jamais dans des systèmes stellaires. **e. Étant donné l'absence** d'océans sur Mars, la surface des terres sèches accessibles de Mars est approximativement égale à celle des terres émergées de la Terre. **f. Étant donné l'étendue** de l'Univers, le meilleur moyen pour trouver des extraterrestres intelligents est de chercher les messages qu'ils pourraient émettre. **g. Étant donné la chaleur** qu'il fait sur Vénus (220 °C), la pluie n'atteint jamais la surface de la planète. **h. Étant donné l'importance** de sa taille, la durée de vie de cette étoile sera plus courte.

⓰ **a.** a7 ; b/6, c/9 (ou 3), d/5, e/8, f/2, g/1, h/3, i/4.

⓱ **a.** Un employeur a dû dédommager un employé **pour non respect du** contrat de travail. **b.** Dix dirigeants ont été mis en examen p**our malversations**. **c.** Un comptable a été condamné **pour falsification d'**écritures comptables. **d.** Une secrétaire a été sanctionnée **pour un retard** de trois minutes. **e.** Des travailleurs se sont mis en grève **pour non paiement de** leurs salaires. **f.** L'agence Moni a poursuivi l'entreprise Vallory **pour abus de confiance**. **g.** Une infirmière a porté plainte contre un médecin de son service **pour harcèlement moral**. **h.** Un employé a reçu une lettre d'avertissement **pour absence non justifiée**.

⓲ **a. Faute d'argent** la réforme du permis est sans cesse repoussée. **b. Faute de volonté politique** les possibilités d'ouverture de relations diplomatiques ne sont pas concrétisées. **c. Faute de régime solide** nous assisterons à une augmentation inévitable et incontrôlée du nombre d'États dotés d'armes nucléaires. **d. Faute de textes** la représentativité politique au féminin reste menacée dans ce pays. **e. Faute d'accord** entre ses membres sur nombre de dossiers l'Union européenne ne parvient pas à convertir son poids financier en influence politique. **f. Faute d'alternatives politiques**, les altermondialistes espèrent qu'un Forum Social mondial plus concret deviendra une force de propositions. **g. Faute de réformes** le vieillissement fera peser un fardeau énorme sur les jeunes générations. **h. Faute de personnel** pour les aider les députés, comme les conseillers municipaux, n'ont pas les moyens de suivre les dossiers.

19 **b2 :** Faute d'avoir été dépisté à un stade précoce de la maladie, il a dû subir des traitements lourds. **c7 :** Faute d'avoir été opéré à temps, monsieur Martin est décédé ce matin. **d9 :** Faute de pouvoir traiter cette maladie, il faut au moins essayer de la prévenir. **e3 :** 4 millions d'hommes, de femmes et d'enfants sont atteints de maladies dites orphelines car ne faisant pas l'objet de recherches médicales (faute d'être suffisamment nombreux à en souffrir). **f5 :** Faute de connaître suffisamment les modes de transmission, l'éradication de l'ESB n'est pas en vue à court terme. **g8 :** Faute de ne pas m'être assez alimenté ce matin, je suis tombé d'inanition. **h4 :** Faute de s'être protégée du soleil, elle a été brûlée au second degré. **i1 :** On constate que 20 à 30 % des personnes en attente de greffe pulmonaire décèdent faute d'avoir pu en bénéficier.

20 **a.** à cause d'. **b.** faute de. **c.** Par manque de. **c.** Compte tenu de. **e.** d'autant plus que. **f.** en raison d'. **g.** sous prétexte que. **h.** à force de.

21 **a.** Le concert était vraiment nul <u>si bien que</u> nous sommes partis avant la fin. **b.** Quand Madonna fait des concerts, il y a un monde fou. <u>Par conséquent</u>, il faut un maximum de sécurité. **c.** La jeune violoniste a joué avec une virtuosité époustouflante. <u>Aussi</u>, le jury lui a-t-il attribué le premier prix. **d.** Le piano était désaccordé. <u>Du coup</u>, je n'ai pas pu jouer. **e.** Un de mes amis m'a proposé de faire un habillage musical pour mes textes, <u>d'où</u> la sortie le 27 mars de mon premier album. **f.** Vous aimez ma musique ? <u>Alors</u>, défendez-la et diffusez-la ! **g.** Aujourd'hui est mort l'un des plus grands chanteurs de musique cubaine. <u>C'est pourquoi</u> nous sommes tristes. **h.** Après le concert on m'a conduit à la loge des artistes <u>de sorte que</u> j'ai pu discuter avec eux.

22 **a.** Les rideaux étaient très vieux alors / donc j'en ai acheté d'autres. **b.** Le peu de temps qu'ils passent dans leur salle de bain est important pour certaines personnes, alors / donc ils veulent investir dans du mobilier haut de gamme. **c.** Nous n'aimons pas la tapisserie alors / donc nous avons peint tous les murs de notre appartement. **d.** Audrey voulait un endroit chaleureux où passer ses week-ends alors / donc elle a redécoré sa maison de campagne. **e.** La maison datait de 1920 alors / donc on a fait refaire la toiture et on a fait isoler la maison. **f.** Les meubles avaient une grande valeur mais ils s'étaient beaucoup dégradés avec le temps alors / donc ils ont été restaurés minutieusement. **g.** À l'heure actuelle, c'est très tendance de rajeunir sa déco avec des accessoires modernes alors / donc allez chez Ikea et prenez des couleurs vives dans les camaïeux d'ocre à orange vif. **h.** Comme beaucoup de femmes et de mamans, j'aime la déco et particulièrement la déco des chambres d'enfants, alors / donc j'ai beaucoup fouiné sur les différents sites Internet.

23 **a.** Le budget des Affaires indiennes a augmenté plus Le budget des Affaires indiennes a augmenté plus rapidement que l'ensemble des dépenses du gouvernement de sorte que l'écart s'est encore creusé. **b.** Une lutte constante oppose les journalistes et le gouvernement de sorte que les puissants qui veulent nuire au gouvernement utilisent les médias. **c.** Dans l'état civil, la loi protège les individus et leurs biens de sorte qu'ils n'ont plus rien à craindre les uns des autres mais tout à craindre de ceux qui sont chargés de veiller à ce que la loi soit respectée, donc de l'État. **d.** La date de l'élection générale est choisie par le gouvernement de sorte qu'il est rare que le jour du scrutin coïncide avec un jour revêtant une importance culturelle ou religieuse. **e.** Il me semble que la vie politique française est financée d'une façon étrange de sorte que l'expression démocratique des nouveaux partis est impossible. **f.** Dans une culture de responsabilisation, les rôles et responsabilités sont clairement définis de sorte que les gens savent ce que l'on attend d'eux. **g.** le Danemark connaît aujourd'hui à la fois une politique mûre et un logement de grande qualité de sorte que même si des problèmes subsistent ils sont beaucoup moins aigus que dans les États membres moins favorisés de l'Union européenne. **h.** Les projets d'investissement public font augmenter les recettes de sorte que les impôts et taxes et les emprunts ne sont pas les seules sources de financement des dépenses d'équipement de l'État.

24 a3 ; b7 ; c2 ; d5 ; e1 ; f4 ; g6.

25 **a.** La définition de l'efficacité productive se transforme de sorte que ce que l'on attend des salariés se transforme également. **b.** Il y a aussi pas mal de phénomènes de replacement de travailleurs, de sorte que l'emploi total n'augmente pas mais que les emplois se trouvent redistribués entre différentes personnes. **c.** L'importance croissante des services dans les pays avancés a permis une plus grande spécialisation, de sorte que le travail intellectuel est devenu plus modulaire. **d.** Un important travail de mise au point, qui requiert un personnel expérimenté, s'impose avant et après la saisie de sorte que nous n'avons pas pu avancer aussi vite que prévu. **e.** Cette machine nous apporte aussi un gain de temps important de sorte que nous travaillons maintenant en 3 x 8. **f.** Les programmes d'enseignement de Campus Canada sont tous dispensés à distance de sorte que les travailleurs peuvent suivre ceux qu'ils désirent de leur propre résidence ou de leur lieu de travail. **g.** L'action dite de substitution est ouverte aux organisations syndicales en matière de discrimination de sorte que les salariés ne sont pas tenus d'engager eux-mêmes un procès pour discrimination à leur employeur. **h.** On a segmenté et complexifié le Code du travail de sorte que plus personne n'y comprend plus rien.

㉖ **a.** Mon père ne dort plus si bien qu'il est irritable. **b.** Une tasse de café ou de thé n'a pas d'effet déshydratant si bien qu'elle peut contribuer aux besoins totaux en eau. **c.** Aucune étude ne démontre l'efficacité du traitement aux rayons laser si bien qu'il est impossible de formuler un avis à ce sujet. **d.** L'acupuncture est une médecine efficace, si bien qu'elle s'est transmise de génération en génération pendant plusieurs milliers d'années. **e.** Les produits bio et non-bio sont tous mélangés dans ce magasin si bien qu'il faut chercher une demi-heure pour trouver un paquet de spaghetti bio parmi une cinquantaine de marques. **f.** Nous mangeons des produits de plus en plus sains si bien que nous sommes entrés dans l'ère de l'anti-gourmandise. **g.** Certaines personnes travaillent du matin au soir si bien qu'il leur est difficile d'avoir une activité sportive pendant la semaine. **h.** Mon père tousse beaucoup si bien qu'il a décidé d'arrêter de fumer

ÉVALUATION 20

❶ **a.** de peur que. **b.** en vue de. **c.** Pour ne pas. **d.** de façon à. **e.** de sorte que. **f.** afin de. **g.** pour que. **h.** pour ne pas. **i.** Afin que vous ne passiez pas. **j.** de crainte qu'.

❷ **a. Puisque** l'Université d'Ottawa est un établissement bilingue, est-ce que je dois parler le français et l'anglais pour y étudier? **b.** La note de contrôle continu est conçue pour favoriser l'étudiant. **En effet**, à l'issue de l'épreuve terminale, écrite ou orale, si la note de contrôle continu attribuée est supérieure à la note de contrôle terminal obtenue, on fait la moyenne de ces deux notes pour obtenir le résultat final. **c. Sous prétexte qu'**un étudiant participe à une grève on ne peut pas lui interdire d'assister à ses cours. **d.** Le Tribunal de Grande Instance de Vannes a condamné quatre étudiants **pour avoir piraté** les comptes de leurs camarades de l'université. **e. En raison de** l'état de santé de certains étudiants, certaines mesures particulières ont été prises, afin de répondre à leurs besoins. **f.** Que peuvent faire les étudiants qui ont pu obtenir le diplôme permettant de concourir, à **force de** travail et de sacrifice, et qui voient les portes de la fonction publique se refermer brutalement. **g.** Quand on nie l'accès à l'enseignement supérieur à un grand nombre d'étudiants, **à cause de** leur incapacité de payer, ce ne sont pas seulement les étudiants qui y perdent. **h.** Près d'un quart des étudiants français renoncent aux soins, **faute de** moyens. **i.** L'objectif du service de médecine préventive universitaire est de privilégier le bien-être des étudiants **grâce aux** divers services gratuits qui leur sont proposés. **j.** Un étudiant a été récemment exclu pour deux ans, sans aucune preuve, de tout établissement d'enseignement supérieur **pour fraude** au bac.

❸ **a.** Au Gabon, il n'existe pas de compagnies qui offrent le service d'envoi de taxi, **par conséquent**, le seul moyen d'obtenir un taxi est de se rendre dans la rue ou de s'orienter vers l'entrée de l'hôtel où se. **b.** Il se pilotait avec une facilité déconcertante, **si bien qu**'il a déclaré que les caractéristiques aérodynamiques de notre avion étaient extraordinaires. **c.** Les freins classiques bloquent les roues, **de sorte que** les pneus ont un effet chasse-neige, ce qui aide la voiture à s'arrêter plus rapidement. **d.** J'avais envie de voyager et de découvrir d'autres horizons, **c'est pourquoi** je me suis embarqué sur ce navire école et je ne regrette pas. **e.** Comme je l'ai dit, je débute, c'est ma première moto, **donc** je n'ai pas vraiment d'éléments de comparaison. **f.** De par sa conception, l'ULM est un aéronef capable de planer, **aussi**, si le moteur s'arrête, le pilote peut manœuvrer son ULM pour le faire atterrir sur un terrain d'atterrissage improvisé. **g.** En matière de ventes de deux roues, les occasions ne manquent pas sur le net, **du coup**, pour un scooter d'occasion, vous pourrez réaliser de réelles économies en comparant les prix demandés d'un commerçant à l'autre pour un produit équivalent. **h.** Les Malamutes d'Alaska sont les plus forts et les plus rapides compte tenu de la charge importante: 7 km/h quel que soit le poids du traîneau; **c'est pour cela qu**'il faut souvent courir derrière. **i.** La Montgolfière est entièrement tributaire de la force et de la direction du vent (maxi 10 k/t / 20 km/h), elle ne revient jamais à son point de départ! **En conséquence** chaque montgolfière dispose de sa propre équipe de récupération qui suit son évolution tout au long du vol (à vue, liaison radio) et assure la récupération du matériel et des passagers à l'issue. **j.** La baie du mont Saint-Michel n'est pas sans dangers, **c'est la raison pour laquelle** pour la traversée de la baie à cheval, vous serez encadrés par deux guides: celui qui vous accompagne depuis le début de l'aventure, et un guide qui a l'expérience de la traversée.

5 L'opposition et la concession page 238

❶ **a.** En revanche. **b.** mais au lieu de. **c.** À l'opposé. **d.** Inversement. **e.** contrairement. **f.** tandis que. **g.** Au contraire. **h.** Par contre. **i.** à l'inverse des.

❷ **a.** Nous avons attendu trois heures à la réception **alors que** l'hôtel était vide. **b.** Les vacances sont censées représenter détente, joie et repos **alors que** les préparatifs sont souvent épuisants. **c.** La plage de Colva [...] **alors que** celle d'Agunda [...]. **d.** L'escalade, le vélo de montagne et le parapente constituent une attraction majeure à La Canée en

Crète **alors que** l'arrière-pays montagneux se prête à la chasse. **e.** Les familles avec enfants vont plus naturellement à la mer [...] **alors que** venir à la montagne [...]. **f.** Je n'imaginais pas voir la rosée en été en Tunisie **alors qu'**il fait si chaud et sec. **g.** Vous avez de la chance de partir en vacances **alors que** nous, nous devons rester travailler tout l'été. **h.** Vacances Carrefour et Havas Voyages ont des brochures par pays ou continent **alors que** je préférerais des brochures par thème (circuits, escapades, séjours et à la carte).

❸ a4 ; b2 ; c5 ; d9 ; e8 ; f6 ; g1 ; h3 ; i7.

❹ Le château de Chambord est du (ou a été construit au) XVIe siècle **tandis que / alors que** le château de Vaux-le-Vicomte est du XVIIe siècle. Le château de Chambord est presque vide **tandis que / alors que** le château de Vaux-le-Vicomte est entièrement meublé. Le château de Chambord a été autrefois propriété du roi **tandis que / alors que** le château de Vaux-le-Vicomte a été propriété d'un ministre de Louis XIV. Le château de Chambord est propriété de l'État depuis 1932 **tandis que / alors que** le château de Vaux-le-Vicomte est (une) propriété privée. Le domaine du château de Chambord fait 5 440 hectares **tandis que / alors que** le domaine (ou celui de) du château de Vaux-le-Vicomte fait 35 hectares. La durée des travaux du château de Chambord a été de 30 ans **tandis que / alors que** celle du château de Vaux-le-Vicomte a été de 5 ans. La construction du château de Chambord a nécessité 1 800 ouvriers **tandis que / alors que** celle de Vaux-le-Vicomte a nécessité 18 000 ouvriers (ou en a nécessité 18 000). Le château de Chambord attire 800 000 visiteurs par an **tandis que / alors que** le château de Vaux-le-Vicomte attire 250 000 visiteurs par an (ou en attire 250 000).

❺ **a.** En revanche. **b.** au contraire. **c.** Contrairement. **d.** Au lieu de. **e.** Inversement. **f.** en revanche. **g.** Par contre. **h.** À l'opposé.

❻ **a.** Pourtant. **b.** quoiqu'elle. **c.** même s'il. **d.** quand même. **e.** Pourtant. **f.** sans que. **g.** malgré. **h.** J'ai beau.

❼ **a.** Ma sœur parle couramment l'Espagnol mais elle préfère l'italien quand même. **b.** On dit que la langue française se meurt. Pourtant elle est parlée par 200 millions de personnes. **c.** Hier soir j'ai parlé russe dans mon sommeil. Pourtant je n'ai jamais étudié le russe. **d.** Je parle français à la maison mais je garde mon accent quand même. **e.** L'importance du portugais est assez méconnue. Pourtant c'est une langue de travail à l'ONU et à l'UNESCO et l'une des langues officielles de la Communauté européenne (être). **f.** Le texte est difficile mais il va quand même tenter une traduction. **g.** Le nombre d'élèves augmente dans cette école d'interprétariat. Pourtant l'admission reste très difficile (ou mais l'admission reste très difficile quand même). **h.** Les études de langues sont internationales. Pourtant à l'Université, les séjours à l'étranger ne sont que rarement obligatoires.

❽ **a.** Bien qu'il fasse froid, les gens se promènent. **b.** Bien qu'il y ait du vent, la chaleur reste très forte. **c.** Bien que la température soit douce pour la saison, il faut se couvrir. **d.** Bien qu'il veuille skier, le brouillard l'en empêche. **e.** Bien qu'ils connaissent la région, la neige rend difficile leur orientation. **f.** Bien que nous sachions que des inondations menacent la région, nous ne voulons pas partir. **g.** Bien que l'ouragan prenne la direction de la côte, il s'affaiblit d'heure en heure. **h.** Bien que vous partiez avant la nuit, faites attention au verglas.

❾ **a.** Bien que tu partes, je ne t'oublierai pas. **b.** Quoique tu ne sois pas d'accord, je quitterai tout pour toi. **c.** Je te retrouverai sans que tu me dises où tu es. **d.** Nous quitterons le pays bien que tu ne sois pas d'accord. **e.** Quoique tu ne veuilles pas, j'irai en Afrique tout seul. **f.** Tu es parti sans que je ne sache pourquoi. **g.** Bien que tu aies souvent raison, cette fois-ci tu as tort. **h.** Quoique je te fasse confiance, j'ai peur.

❿ **a.** Je vais continuer à aller au bureau même si je n'aime pas mon travail. **b.** Nous devrons nous plier aux règles même si nous ne sommes pas d'accord. **c.** On peut être compétent même si on est jeune et qu'on n'a pas d'expérience. **d.** Vous devrez les déclarer même si vos rémunérations sont très faibles. **e.** L'employeur ne peut pas obliger une employée à commencer son congé de maternité même si elle est malade ou que sa grossesse limite le genre de travail. **f.** Le permis G (délivré dans le Canton de Bâle-ville) permet de venir travailler en Suisse même si le lieu d'habitation est situé dans la zone frontalière française ou allemande. **g.** Il faut accepter cette offre d'emploi même si le salaire est minable. **h.** Vous pouvez vous faire embaucher par une autre entreprise avant la fin du préavis même si votre employeur vous dispense de faire votre préavis de licenciement.

⓫ **a.** Malgré le verglas, nous sommes venus. **b.** Malgré la forte pluie, Paul a continué à rouler imperturbablement. **c.** Malgré votre retrait de permis, vous avez continué à conduire ? **d.** Malgré le bâclage de la finition, c'est une grande voiture pour sa catégorie. **e.** Malgré l'ouverture des vitres, il fait 39,5 °C derrière le pare-brise de la voiture. **f.** Malgré sa petite taille et sa consommation (ou sa trop grande consommation), la Clio est une bonne voiture. **g.** Malgré une réservation faite deux semaines auparavant, en arrivant, on m'a annoncé qu'il n'y avait plus de véhicule. **h.** Malgré une perte de ses 12 points, le tribunal administratif de Bordeaux vient d'autoriser un automobiliste à conduire.

⓬ **a.** Pour un logement neuf, un entrepreneur doit réparer les défauts mentionnés par le propriétaire sans qu'il faille prouver une quelconque faute de sa part. **b.** Vous pouvez proposer à votre assureur faire exécuter les travaux par l'entreprise de votre choix sans que vous ayez à intervenir de quelque manière que ce soit. **c.** Le dégât des eaux a pris naissance chez moi sans qu'on puisse me reprocher une faute ou une négligence. **d.** En pratique, souvent le loyer se paie chaque mois et d'avance sans que vous soyez obligé de le rappeler au locataire. **e.** L'agent immobilier m'avait trouvé l'appartement de mes rêves sans que je m'y attende. **f.** Hier j'ai mis mon contrat de location à la poubelle sans que je ne le veuille. **g.** Vous souhaitez vendre votre maison? Alors contactez-nous, nous viendrons vous voir sans que vous vous engagiez à rien. **h.** Imaginez que vous ayez une jolie maison et que celle-ci fasse la une d'un journal ou serve la publicité d'une société de crédit sans que vous ne sachiez qu'elle a été prise en photo.

⓭ **a.** On a beau le savoir ça surprend toujours. **b.** Vous avez beau être blasé sa réussite est impressionnante. **c.** Annie a beau avoir bac + 5, elle ne trouve pas de travail. **d.** Nous avons beau essayer de comprendre nous n'y arrivons pas. **e.** Marc a beau faire attention, il se trompe souvent. **f.** Ses enfants ont beau prendre des cours de soutien ils continuent à avoir des difficultés à l'école. **g.** J'ai beau enseigner depuis vingt ans, je n'en reviens pas. **h.** Les élèves ont beau éprouver des difficultés en classe, ils n'échouent pas.

ÉVALUATION 21

❶ **a.** tandis que. **b.** inversement. **c.** À l'inverse. **d.** En revanche. **e.** Au lieu d'. **f.** À l'opposé. **g.** À l'opposé de. **h.** Contrairement au. **i.** Au contraire du). **j.** Au contraire.

❷ **a.** Je ne sais pas si Robert Redford est un grand acteur? **Pourtant**, je suis touchée quand je le vois. **b. Même si** le film est agréable à l'œil, ce n'est, encore une fois, pas l'esthétisme japonais qui a été respecté. **c. Quoique** le film soit un peu long par moment j'ai trouvé l'ensemble très agréable à regarder. **d.** Takeshi Kitano possède plusieurs acteurs fétiches qu'il dirige régulièrement. **Cependant** il ne faut pas penser que le cinéma de Kitano soit un univers uniquement masculin: Kayoko Kishimoto, Yuko Daike apparaissent dans plusieurs films. **e. Malgré** une intrigue palpitante, une superbe réalisation et de magnifiques acteurs je ne peux m'empêcher de penser que l'histoire est romancée et embellie. **f.** Auriez-vous accepté de tourner avec Patrice Chéreau quel que soit le sujet? Oui, je crois, parce que c'est **quand même** rare de tomber sur des vrais directeurs d'acteurs. **g.** La critique **a beau** être divisée le public suit la star les yeux fermés. **h.** Le héros perd la vue et le père qu'il retrouve alors perd la vie pratiquement juste au moment de son arrivée **sans qu'**ils n'aient pas pu se pardonner un secret qu'on ne découvrira qu'à la fin. **i.** Isabelle Huppert construit sa carrière sur son charme **mais** avant tout sur son talent et la rigueur de ses choix. **j.** Hyde tombe éperdument amoureux de la jeune actrice **bien qu'**il soit de trente ans son aîné.